Learning from the Other

Edited by
Michael Paulsen,
Oleg Koefoed,
Christian Ydesen and
Joakim Kromann

Learning from the other

Intercultural Metalogues

NSU Press

Published in Sweden by NSU Press
Norra Vallgatan 16
SE-211 25 Malmö, SWEDEN
http://www.nsuweb.net

Produced by Söderströms Förlag
Georgsgatan 29A, 2 vån
PO Box 870
FI-00101 Helsingfors, FINLAND
http://www.soderstrom.fi

Printed by Nord Print Ab
Helsingfors, 2011

Distributed by Århus University Press
Langelandsgade 177
8200 Århus N DENMARK
http://www.unipress.dk

ISBN 978-87-87564-58-8

Contents

IV. Intercultural Learning

V. Intercultural Blindspots

Introduction

The Genesis of the Book

This anthology on intercultural dialogue is the result of work done in Study Circle 2; "Intercultural history of ideas, world philosophy, and interreligious dialogue" under the auspices of Nordic Summer University (NSU) between 2007 and 2009. The study circle participants all have different Scandinavian backgrounds in grass root, business, educational, and research institutions, but they all shared a philosophical interest in the question of conditions and actualizations of intercultural and interreligious dialogue.

The work program of the circle was characterized by very dynamic approaches and methods, spanning from traditional lectures to so-called 'incomprehensibility workshops'. This span has reflected the diversified group of participants with very different approaches to the overall subject area. Thus, the circle consisted of people with a practical approach and practical experience with intercultural and interreligious dialogue, as well as people with a completely theoretical understanding of this field. However, this diversity proved to be the circle's strength because it called for openness towards other views and work methods. It is in continuation of this diversity among the participants that the central idea about metalogues was launched. Therein lies a respect for other views which have not been standardized and conformed; a dimension which is also reflected in this anthology.

The majority of contributions were presented as talks or papers at the circle's winter and summer sessions, and as such they represent the work done by the circle. In other words, the anthology shows a status of the work before a renewed circle began work on transcultural processes in the winter of 2010. We found it useful to publish some of the circle's talks and papers in an anthology because the literature on intercultural and interreligious dialogue is very sparse in Scandinavia. Thus, the anthology fills a gap and introduces and develops diverse views of different aspects of the subject area. One key ambition with this anthology is to expand the knowledge about thinkers and philosophical schools which, in one way or another, have worked with or might be considered perspectives on intercultural and interreligious dialogue. This ambition is made topical by a growing polarization between ethnic and religious groups in Scandinavia. The dichotomous us-them antagonism is allowed to take root by political forces and frequently simplistic journalistic logic. This anthology points beyond that reality affecting the many, and is an attempt to reduce the dichotomy of us-them while calling for reader reflection. In this respect, the anthology is a defense for thinking and contemplation.

Intercultural Metalogues: A Double Format

The contributors to this book have been forced to adhere to a unique form called an *intercultural metalogue*. The concept 'metalogue' has been defined as "a conversation about some problematic subject. This conversation should be such that not only do the participants discuss the problem but the structure of the conversation as a whole is also relevant to the subject" (Bateson 2000: 1). Pursuing this definition, an *intercultural* metalogue is a conversation about the problem of interculturality. Etymologically, this implies a focus on what happens when cultures intersect and eventually emerge from such junctures. Following the definition, the conversation must be framed in such a way that it produces an intercultural dialogue between the subject matter and the structure of the text within the text.

Each metalogue 'performs' this reflective task in its own way. Yet they all address particular intercultural subject matters and reflect implicitly or explicitly on how they do it. Each metalogue not only describes how it is possible – through cross-cultural encounters – to learn from 'the other'. They also try to do it, i.e. learn from otherness in different ways. As editors of the book, we have adopted an open view of what is particularly problematic about interculturality: We ascribed the concept an open definition. The contributors have been set free to define the meaning of the concept. One consequence is that each metalogue deals with interculturality in its own way. Yet it might be that subtle and unspoken dialogues emerge between the metalogues for the careful reader. The metalogues even 'speak' to each other, not in spite of their difference, but through it.

Despite any differences, the metalogues adhere to the same format. In this way, the book can be regarded as one big experiment that varies the content but keeps the form. It is debatable whether this format is truly 'intercultural' at all. Even if one accepts that the format has intercultural 'aspirations', one might ask whether there might not be other, or even better, forms of intercultural exchange in writing? The aim of this book is to ask these questions and to answer them, not just theoretically, but through genuine textual experiments. These questions cannot be answered exhaustively, but the reader can get an idea of the (dis)advantages of the chosen format, perhaps even coming up with alternatives. The aim of the book is not to convince the reader about the superiority of this particular format, but rather to start a creative and productive dialogue between the book and its readers.

All the same, the format is this: One author opens each metalogue with a text called 'part I' or the prologue of the metalogue. This sets the scene and determines 'the problematic subject' of the whole metalogue. This text is followed by two brief replies (parts II and III, metalogue 1 and 2) written by the *medialogue* or *dialogue partners*. The dual task for the dialogue partners is to be open to the point of view and the voice(s) of the initiating author, and to introduce other – but related – perspectives, voices, and different points of view. The aim is not merely to 'tolerate' the initiating voice, but to respect the opening text, which literally means to create a view that re-views the opening text through a different point of view that could not be established without the starting point of view. Such an operation can be called *a dialogical difference* or *a dialogical creation*. Finally, the first author responds to his/her dialogue partners in part IV, the epilogue of the metalogue. This is not an easy task. It requires that the author, who at the outset controlled everything, accept to re-route his/

her project in directions suggested by others. Even more importantly, it requires that the author is able to *learn from the other* – in this case her/his dialogue partners and their suggestions.

In this volume, some authors have only responded to one of their dialogue partners. Some have chosen to answer both, but separately. Others have produced answers that synthesize multiple perspectives and even create a fourth position, transgressing both the initial text and the replies. Through these manoeuvrings, different polyphonic progressions and examples of intercultural dialogue emerge, i.e. different logos.

The metalogues not only represent progression and true learning, but also failures, disruptions and unresolved learning-barriers as a consequence of misunderstandings, problems with collaboration, and problems with accepting and altering one's perspective. Both learning and not-learning are present throughout the book. All this reveals the opportunities and obstacles within the intercultural project. It is likely that it is always hard to learn from 'the other'; and not just when the unique format created in this book is applied. Yet, it is – as hinted at in several of the contributions to this volume – perhaps also the only genuine way to learn. If this is at least partly true, there is no learning except learning from 'the other', hard as it might be.

The Structure of the Book

The metalogues are divided into five sections each one dealing with different intercultural problematics – a specific introduction to each metalogue precedes each metalogue and will be omitted from this introduction.

The first section, *Intercultural Encounters*, deals with the actual encounter with "the other". Engaging with 'the other' requires a first encounter to establish the premises for new encounters. The two metalogues in this section explore these types of encounters, and the potential of such an encounter as well as a conceptual framework for these encounters. The approach is minimalistic, and relies on just a few dynamic principles and concepts, which are applied to different inter-cultural challenges.

The second section, *Intercultural Hermeneutics*, explores specific ways to approach the encounter with "the other". In this section, the encounter becomes a relation to "the other", and certain theoretical and philosophical perspectives are used to characterize this relation. In phenomenological and hermeneutical interpretations, encounters are dealt with in relation to a specific person. A foundation for an "ethical" encounter is thereby defined, but one problem that emerges is which processes such an ethics and understanding of relations should rely on – on dialectics, analectics, contemplation, or through dialogue? This is a central concern when dealing with "the other". After such a person-oriented approach that is focused on ethical processes, the third section, *Intercultural Rationalites*, explores a broader interpretation of the encounter: Relations to "the other" do not solely unfold in relationships at a micro-level, but also at a macro-level; intimate relations are formed by their societal context. At this macro-level, different rationalities collide with each other, which prevents micro-encounters from being actualized. These "rationalities" are dressed in a variety of abstract concepts, such as religion, culture or politics. The third section concerns interpretations of these rationalities and intends to bridge the gaps between them.

All these preliminary efforts represent different ways to learn from "the other". The fourth section, *Intercultural Learning*, includes reflections on a more concrete level, not about how we can learn from the other, but how we teach the others to be like us. Focus is, therefore, on how a certain local culture disciplines people from other cultures to be subsumed into the reigning culture. The general discussions in the three first sections are thus accompanied by concrete and empirical examples of how a specific culture deals with a different culture. Lastly, the final section, *Intercultural Blindspots*, is a voyage into the domains, which interculturality cannot grasp adequately. In many discussions on interculturality the encounter with the other is the central aspect of the discussions potentially ignoring the general discussions that may be of fundamental importance for the intercultural discussions; viz. the role of the mystical, nature and certainly also the individual. With this final section we hope to challenge the field of interculturality and to create new foundations we can base new encounters upon.

We would like to thank all the contributors to this anthology. New concepts, structures and approaches have inspired us all. We would also like to thank Jesper Garsdal for his support and advice through the process. Lastly we would like to thank the Nordic Summer University for financial support and for making the encounters possible to begin with.

We hope the book will be of value to those either already exploring intercultural fields or to the curious who are open to a new encounter.

Michael Paulsen, Oleg Koefoed, Christian Ydesen & Joakim Kromann

Different places, 2010

Bibliography

Bateson, G. (2000/1972). *Steps to an Ecology of Mind.* Chicago and London: The University of Chicago Press.

I. Intercultural Encounters

Metalogue 1

Bosporus, Oh Bosporus: A Metalogue on the Meeting

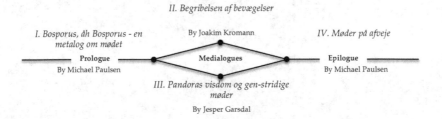

II. Begribelsen af bevægelser

By Joakim Kromann

I. Bosporus, åh Bosporus - en metalog om mødet

Prologue

By Michael Paulsen

Medialogues

IV. Møder på afveje

Epilogue

By Michael Paulsen

III. Pandoras visdom og gen-stridige møder

By Jesper Garsdal

This metalogue is about – in an experimental modus – how it would be fruitful at all to construct a principle for encountering and conceiving of the world, language and encounters. It opens with a prologue attempting to tell how to encounter the encounter. This part is written as a dialogue with Plato as its model, expressing a careful transformation of tendencies in Plato's philosophy. This is carried out by letting the dialogue meet other voices and other models, fore- and aftershadowing. A principle of encounters expresses how these may breed and proliferate constructively. The principle is expressed from a philosophical and an anthropological perspective. The aim is to avoid conceptions through which entities would be principally prevented from encountering one another. The cardinal point of the metalogue is a discussion of the consequences of conceiving and encountering the world and others through the encounter principle. The first dialogue dwells in the opening movement and suspension of the encounter, absolute, relational, political, the difference, then accuses Vola of only speaking of Bosporus, but never daring to actually enter it, staying outside the waters of the other. The second dialogue celebrates the concept of love as it is unraveled in the prologue and describes this

15

as a transparent, yet sensual world. The epilogue revolves around the possibility of several movements: the descent, down to, into, nearing, Bosporus; the landing, drawing Vola and Pük back after their journey into incomprehensibility, questioning the principle of encounters; and of course, finally, the bridge. Only mentioned, not entered in depth, as the bridge is the voicing of the principle itself and of all the roads leading to its exploration.

Language: Danish

I. Bosporus, åh Bosporus
– en metalog om mødet

Michael Paulsen

Østen og vesten tilhører Allah.
(Koranen, "Koen": 116)

Vennen: Er du kommet hjem, Vola? Nå ja, det er jo et dumt spørgsmål, når du står her. Godt at se dig igen. Men fortæl mig: var det en god tur til Istanbul? Fik du set *Hagia Sofia*? Var *Den Blå Moské* ikke fantastisk? Sig noget Vola?

Vola: Jamen jeg ved ikke om jeg virkelig er vendt hjem. Jeg føler, at mit hjerte stadig er i Istanbul. Men ak, kære ven, jeg turde ikke gå ind i Hagia Sofia. Bedre gik det mig ikke med Den Blå Moské. Jeg nåede kun til dens indgang. Hvordan skal jeg forklare det? Det var ikke nødvendigt at gå ind.

Vennen: Det er jo indefra, at man skal se Den Blå Moské. Vola, det syn må du ikke gå glip af, hvis du kommer til Istanbul igen.

Vola: Jeg synes også det er underligt. Men jeg kunne ikke. Og jeg blev ikke ked af det. Det var som om en kærlighed hvilende på "et grundlag af ikke-eksistens" blev til.[1] Jeg behøvede ikke at være inde i moskéen. Og moskéen behøvede ikke at omslutte mig. Istanbul var mere end jeg erfarede, og jeg behøvede ikke at erfare dette 'mere'. En kærlighed voksede og fangede mit hjerte. En mærkelig fryd ved at kunne både mere og mindre end det jeg foretog mig. En passion for nuets kraft snarere end for det jeg udlevede i Istanbul. Ja, kære ven, måske gik det op for mig, at det værdifulde ved nuet er den overflod af muligheder og umuligheder, der kan bryde frem og forsvinde.

Vennen: Men sig mig, kære Vola: hvad var den største oplevelse i Istanbul?

Vola: En nat slentrer jeg gennem Istanbuls halvtomme gader med mine to venner Pük og Lulu. Vi har spist og drukket på en fiskerestaurant ved *Galatabroen*. Vi nyder nattens magi: de smukke træbygninger, de krumme gader, og den mærkelige stemning af pragtfuld tomhed midt i millionbyen. Ord er ikke nødvendige. Vi driver blot af sted. Måneskinnet falder blidt på de toppede brosten. Luften er fyldt af stille intensitet. Foran mig går min ven Pük. Smilende går han. Skuldrene arbejder sig skiftevis og harmonisk gennem det lysende mørke. Bag mig går Lulu. Jeg kan høre de højhælede skos æggende duet med brostenene. Jeg ser for mig hendes blonde hår. Jeg ved, at hvis jeg blot drejer hovedet en anelse, kan jeg møde hendes blik og hendes smil. Jeg ved, at min dyrebareste ven Pük kan gøre det samme, og i ét nu se mig, og igennem mig. Vi går der, kære ven, vi går der stadig, vi går der altid, og kan, men gør det ikke. Gør det, men kan ikke. Går der i virkeligheden aldrig, og har aldrig gjort det.

Vennen: Smukke kvinder med flagrende hår har altid haft en særlig indvirkning på mit intellekt! De får det bedste frem i én, gør de ikke?

Vola: Måske, men senere glemte vi vor smukke veninde. Vi blev opslugt af noget andet, og dog beslægtet.

Vennen: Hold da op! Men fortæl dog, jeg er lutter øre.

Vola: En dag sad jeg sammen med Pük i en af *Galatabroens cafe*-restauranter og nød Bosporus; færgerne, virvaret, lydene, duftene og menneskemyldret. Foran os kom fisk flyvende op fra vandet med en krog i munden; trukket på liner nedkastet fra broens øvre del. Siddende dér, begyndte en samtale, som i virkeligheden begyndte længe før, men som jeg nu vil fortælle dig om.

* * *

Pük: Kære ven, sikke et liv! Istanbullu'erne forstår i sandhed at holde en fest. Eller måske er det i virkeligheden en uendelig serie af fester, der som fyrværkeri, antænder hinanden. Et væld af befrugtninger uden fælles retning.

Vola: Sandt nok min ven. Men alligevel er der så meget i verden, som ikke mødes, og ikke løber sammen på fantastisk vis; vel også her i Istanbul. Så mange misforståelser, så meget had og isolation. Så mange, der er bange for at være dyr eller bange for at miste sig selv. Bange for at være i samme båd. Så mange mennesker, der bekriger hinanden og slår ihjel. Jeg synes det er ubegribeligt. Ligesom dig er jeg glad for forskellighed, men det forekommer mig skadeligt at tro, at verden består af radikalt forskellige ting.

Pük: Dette er en interessant tanke. Lad os prøve at bibeholde forskellighederne samtidig med, at vi opfinder en tanke om, at intet er helt forskelligt fra noget andet. Man kunne kalde noget sådan for et mødeprincip. Hver gang du møder noget nyt skal du forsøge at tænke det som *mere eller mindre* beslægtet med alt, hvad du hidtil har stødt på uden at opfatte det blot som det samme.

Vola: Det minder mig om et udsagn fremført af Protagoras, dette evige spøgelse, ikke blot i Platons dialoger, men i hele den platoniske serie, og måske videre end det. Om jeg erindrer det ret siger Protagoras: "en hvilken som helst ting ligner i nogen grad en hvilken som helst anden ting".[2]

Pük: Det er en smuk formulering. Lad os arbejde med den. Vær ikke bekymret over, at sætningen kommer fra sofisten over alle sofister. Protagoras er en lige så nødvendig begrebsperson i den platoniske serie som Sokrates. Og begge er de blot inkarnationer af en mangfoldig bejlen til Sofia. Protagoras-Sokrates er som to tynde hår i et uendeligt spektrum af bejlere. Og selv Sofia, må hun være os nådig, spalter sig i denne tanke til en uendelighed af forskudte, men ikke helt forskellige Sofia'er. Et uendeligt familiedrama, hvor alle i nogen grad ligner hinanden, uden at være ens, og endda kan blive næsten uskelnelige, som når den elskede elsker at blive elsket af elskere og fremelsker disse af sig selv, som en uendelig fordobling.

Vola: Det minder mig om et andet udsagn. Det kommer fra en samtale mellem Meng Zi og Kongen, endnu et bejlerpar, der ligesom Protagoras og Sokrates føler sig draget af ubegribeligheden om, "hvorledes der kan skaffes ro og orden i verden".[3] Meng Zi siger: "hvis du selv elsker kvindelig skønhed, så del den med dit folk. Hvad står da i vejen for, at du bliver Storkonge?".[4] Et andet udsagn lyder: "Elsker du selv rigdommen, så del den med dit folk! Hvad står da i vejen for, at du kan blive Storkonge?".[5] Endelig siger Meng Zi: "Den som deler både sin glæde og sin sorg med hele verden, han vil uvægerligt blive Storkonge over hele verden".[6]

Pük: Her er snarere tale om et princip end et udsagn, om end princippet og udsagnet i nogen grad ligner hinanden, og kan blive uskelnelige.[7] Et eksempel på en sådan uskelnelighed er, når Platon/Sokrates hævder, at "der ikke er brug for at fremmede stemmer høres".[8] I øvrigt modgår dette sidste udsagn mødeprincippet. Følger vi mødeprincippet er der ikke sådan noget som "rent fremmede" eller "rent egne". Og selv, hvis vi står i en situation, hvor det er muligt at skrue op eller ned for det egne relativt det fremmede, så er det vel næppe af det onde at føre flere stemmer sammen.

Vola: Men hvad tænker du om delingsprincippet?

Pük: Det delingsprincip, som Meng Zi opfinder, i samtalerne med kongerne, og som afføder en serie belærende udsagn, tror jeg ikke vi skal identificere med mødeprincippet, om end de er beslægtede. Delingsprincippet går ud på, at den gode konge er den, som ikke blot deler det han elsker med resten af verden, uanset hvad det er, men som *i det hele taget* gør alle sine følelser og det som de retter sig mod til noget "dividuelt". Den gode konge er den, som udelukkende kerer sig for hele verden. Slægtskabet med mødeprincippet er vel det, at begge fraråder udelelighed. Jeg for min del føler dog, at Meng Zi går for strengt til værks. Hvis det lader sig gøre at blive den "verdensmand" delingsprincippet foreskriver, så tænker jeg, at Storkongen mister den del af slægtskabet med alle andre mennesker, som består i det som bliver særegent for disse, nemlig, at de ikke *kun* har "verdensfølelser", men også "egenfølelser".

Vola: Måske er hensigten blot at rette *lidt* op på kongernes egoisme; noget som ikke synes mindre relevant i dag. Men Pük, må vi ikke først udvikle tanken om mødeprincippet for at kunne differentiere og forbinde det med andre principper?

Pük: Det er jeg med på. Jeg tænker, at mødeprincippet kan tænkes på forskellige måder. Som et religiøst princip kan det opfattes som en tolerancemaksime, hvor man møder andre religiøse bevægelser med den forhåndsindstilling, at der aldrig er absolut forskel på forskellige religiøse bevægelser. Som et pædagogisk princip kan det forstås som en indstilling, der går ud på, at forskellen mellem elev og lærer aldrig er absolut. Som en filosofisk maksime vil jeg foreslå følgende: "begrib således, at ethvert møde kan ske". Pointen er ikke, at man skal begribe verden på den måde, at alt faktisk mødes med alt, når og hvor som helst. Sigtet er at undgå begribelser, hvorigennem størrelser principielt ikke kan mødes hinanden. Hvis man f.eks. opererer med et begreb om størrelser, der er udstrakt i tid og rum (*res extensa*) og andre som slet ikke er det (*res cogitans*), forbryder man sig mod mødeprincippet.[9] Formuleret som en hypotetisk ontologi indebærer det mødefilosofiske princip, at hvis noget er et eller andet, er alting andet det også i større eller mindre grad.

Vola: Kan man ikke sige, at delingsprincippet er en *politisk* variant af mødeprincippet? Formuleret som en politisk maksime kunne det lyde: "regér således, at enhver kan delagtiggøres". Hvis jeg forstår dig ret, betyder dette ikke, at man skal regere på en måde, så alt og alle får del i alt når og hvor som helst. Snarere betyder det, at man skal undgå at regere på måder, hvor der skabes principielle og uoverskridelige kløfter mellem de regerende og de regerede.

Pük: Jeg synes 'det politiske' er noget af det vanskeligste.

Vola: Sådan har jeg det også. Måske hjælper det os, hvis vi får større klarhed over implikationerne af tankegangen i mødeprincippet. For det første kunne jeg lide at vide, hvad du mener med, at mødeprincippet ikke kun er filosofisk.

Pük: Følger vi den hypotetiske ontologi, som kan udledes af møde-princippet, så opstår den betragtning, at hvis noget er filosofisk, så er alting andet det også, *mere eller mindre*. Hvis vi accepterer, at der er forskellige aktiviteter, som f.eks. filosofi, pædagogik og religion, så må disse være mere eller mindre filosofiske. Selv hvis mødeprincippet opstår som en filosofisk aktivitet er dette princip ikke kun filosofisk allerede af den grund, at enhver filosofisk aktivitet også er mere eller mindre pædagogisk, religiøs osv. Desuden tænker jeg, at mødeprincippet kan varieres ved at skrue op eller ned for det filosofiske. Hvis jeg skruer op for det kærlighedsaspekt, der er iboende filosofien, så får jeg måske en maksime, der lyder: "elsk således, at hvis x er elskværdig, så er alt andet det også". Dette teorem kan ikke udledes rent af filosofien, men heller ikke rent af kærligheden, thi kærligheden er i sig selv blind. I en kærlighedsaktivitet, hvor der er skruet ned for det filosofiske kan man forestille sig en kærlighed til x, som indebærer et had til resten af verden. En isolerende kærlighed.

Vola: Det virker som om at filosofi, politik og kærlighed har hvert deres væsen. Er det virkelig sådan du tænker?

Pük: Ligesom jeg ikke synes vi skal overdrive opgøret med sofisterne, de er virkelig ikke fjender, men medskabere, så føler jeg ikke noget behov for en absolut negation af tanken om, at forskellige bevægelser i verden udfolder hvert deres væsen. For mig er det klart, at noget som filosofi, politik og kærlighed "væsner" forskelligt. Dette udelukker ikke, at der også kan være fællestræk i den måde de væsner på. Ej heller udelukker det, at de i deres væsen, og den måde de kommer til live på, kan udfolde sig sammen med hinanden, via hinanden og i og igennem hinanden. Jeg forestiller mig verden som en uendelig række af bevægelser, der er *mere eller mindre* til stede i hinanden. Hvis man kunne skrue ned for en række af bevægelserne og op for andre, vil det være muligt at f.eks. omkonfigurere "Istanbul" til "Odense" og omvendt.

Vola: Hvad mener du med bevægelser, og hvorfor introducerer du dette begreb i vor drøftelse af mødeprincippet?

Pük: Kære ven, sandt at sige så ved jeg det ikke. Bevægelserne kom bare.

Vola: Måske ankommer de til os fordi tingsbegrebet illuderer for meget isolation og stilstand. Måske er den hypotetiske ontologi, som kan udledes af mødeprincippet i højere grad prædisponeret for en bevægelsesmetafysik end en tingsmetafysik. En ting kan være alene og være blot hvad den er. En bevægelse må for at vedblive at være en bevægelse blive noget andet end hvad den blot er. Hverken filosofi, pædagogik, religion eller kærlighed er blot "ting". De er bevægelser og altid i form af en flerhed af bevægelser. Filosofiske bevægelser, religiøse bevægelser osv. Hvis verden består af bevægelser af bevægelser, åbner der sig et billede, hvor ethvert møde mellem disse bevægelser i det mindste i princippet kan lade sig gøre. Hvis verden er bevægelse kan alt ske.

Pük: Hvordan sondrer du mellem tingsmetafysik og bevægelsesmetafysik?

Vola: Et eksempel er Aristoteles, der har en lære om tre slags bevægelser, men alligevel reducer bevægelserne til en tingsmetafysik, hvor verden består af ting, som kan bevæge sig: "der er ingen bevægelse af bevægelsen".[10] Bevægelser bliver til tings tilfældige egenskaber. Anderledes er tænkemåden i Paul Klees værker, hvor såvel ting som væsner manifesterer sig som forskydninger og aspekter af en uendelig linjes udstansning af f.eks. en serie muldyr, der bliver til og forsvinder i bevægelsen.[11] Her er det bevægelserne, der konstituerer objekterne og subjekterne. Men kære ven, jeg frygter, at spørgsmålet om bevægelsernes bevægelse er for stort til os her og nu. Det er en rigelig opgave at få hold på implikationerne af mødeprincippet. Måske har denne samtale en "skjult symmetri",[12] der ødelægges, hvis vi opholder os længere ved bevægelsesbegrebet.

Pük: Du har ret. Bevægelsesbegrebet er større end stort.

Vola: Jeg kunne godt tænke mig at udvikle to eksempler: ét, hvor mødeprincippet anvendes i sin filosofiske variant, og ét, hvor vi bevæger os fra filosofien over i religionen. I forhold til det første kommer jeg til at tænke på historien om *Den lille prins*.[13] Her lærer historiens jeg, at det vigtigste i verden er det, som man ikke kan se. Men står det ikke i modsætning til mødeprincippet?

Pük: Mødeprincippet lægger op til, at hvis man begriber noget som synligt, så bør man også begribe alt andet som mere eller mindre synligt.

Tænker du, at så kan man ikke som Den lille prins tale om noget helt usynligt?

Vola: Ja, sådan tænker jeg.

Pük: Men hør så her, om du ikke, ligesom jeg, kan finde nyt mod. Det jeg tænker er, at Den lille prins gør oprør mod dem, som kun anerkender værdien af det, som de ud fra et mødefilosofisk set reduktionistisk synlighedsbegreb kalder for synligt. Jeg tror, at Den lille prins vil være enig med os i, at det han kalder for det "ikke-synlige" kun er ikke-synligt ud fra dette greb. Ja faktisk, føler jeg mig så bevæget af min erindring om den melankolske lille fyr, og hans flyvske forfatter, at jeg vil dristige mig til at sige, at Den lille prins vil være med på, at der "kun" er tale om en bevægelse fra én slags synlighed hen imod en anden. Mødeprincippet gør det ikke af med vor lille ven. Tværtimod tilsiger det os at se gennem flere beslægtede synligheder.

Vola: Det minder mig om en sufi-historie. Et menneske leder i lyset fra en gadelygte efter noget han har tabt. En passerende undrer sig over, hvad mennesket leder efter. Den ledende svarer: jeg søger efter mine tabte nøgler. Den passerende giver sig til at hjælpe, men de finder ikke nøglerne. Så siger hjælperen: er det virkelig her du har tabt dem? – det tror jeg ikke, svarer den ledende. Formentlig har jeg tabt nøglerne ude i mørket, men dér kan jeg ikke se noget.

Pük: Den ledende svarer til de, som den lille prins kalder for "voksne". Alle de, som kun leder og ser dér, hvor de ser klart, og derfor kun ser dét, som de allerede kan se, frem for at se dér, hvor der for dem er usikkert og mørkt, og hvor de kan udvide deres synssans, og finde "de tabte nøgler" til livets hemmeligheder.

Vola: Pük, du er en sand ven. Du har reddet min barnetro og udvidet mit voksensind. Jeg er tilmed kommet på et eksempel, der kan hjælpe os til at foretage en bevægelse fra det filosofiske til det religiøse. Jeg tænker på et tidsbillede opfundet af Cusanus i samme år, som han skrev *Trosfreden*,[14] nemlig 1453. Det sker i det lille skrift *Gudsseendet*.[15] En samling munke står i en halvcirkel. Alle ser de på det samme portræt, hvis øjne ser på hver af munkene, uanset hvor munkene står. Hver af munkene tror, at øjnene ser på netop dem. Den yderste munk på hver fløj bevæger sig til den modsatte fløj. Mens de bevæger sig oplever de, at portrættets øjne følger dem. Portrættets ansigt er ubevægeligt samtidig med at det følger alle med sit blik i alle retninger.

Pük: Ved Gud, det er et bemærkelsesværdigt billede. Jeg går ud fra at portrættet svarer til Guds ansigt. Men hvad vil Cusanus sige dermed?

Vola: Det er næppe tilfældigt, at Cusanus udvikler billedet i 1453. Med billedet prøver han at tænke, at vi alle på forskellig vis forholder os til én og samme Gud. For en løve vil Guds ansigt vise sig løveagtigt. Det betyder dog ikke, at Gud er en løve. For Cusanus viser selve det guddommelige sig først, når vi samler de individuelle oplevelser i ét intellektualistisk syn. Ifølge Cusanus er enhver partikulær tro derfor lige langt væk fra Gud.

Pük: Hvad har dette med mødeprincippet at gøre?

Vola: Cusanus opfinder ikke blot en religiøs variant af mødeprincippet – "vi er alle lige langt væk fra Gud" – men folder hele sin tænkning omkring mødeprincippet.

Pük: Det må du forklare.

Vola: I vinteren 1438 sejler Cusanus ud fra havnen i Istanbul. På dette tidspunkt har han intet skrevet af filosofisk betydning. På det åbne hav "falder alting på plads" for Cusanus. Han beskriver senere et møde med en mystisk handelskræmmer i Istanbul som afgørende. I 1440 kommer det store trebindsværk,[16] og efterfølgende et hav af dialoger, hvori Cusanus udfolder den indsigt, der kom til ham på vej tilbage fra Istanbul, og som han sammenfatter i princippet om alle modsætningers sammenfald.

Pük: Men gode Gud, antyder du, at den europæiske renæssances største tænker og "åbner af hele moderniteten" er blevet inspireret af en Sufi?[17]

Vola: Måske. Men Cusanus drejer sin egen "toøjnelærer" som en syntese af Protagoras og Sokrates.[18] På den ene side den rationelle og sanselige erkendelse, der sammenligner relative størrelser – en verden af *mere eller mindre*. På den anden side den intellektuelle skuen af modsætningers sammenfald i det ene absolutte princip, der betinger alt relativt. Som i den negative teologi er det absolutte dét som unddrager sig enhver modsætning mellem *mere eller mindre*. Det absolutte er den totale sammenfoldning af alle modsætninger, mens den sanselige verden, som vi kan begribe rationelt, altid er mere eller mindre foldet. Platonisk formuleret indebærer det, at fænomener er endelige, foranderlige og relative, mens ideerne er uendelige, uforanderlige og absolutte. Det fører også til, at ideerne er ét, eftersom at fænomener er mangfoldige. Sofia er ikke blot noget relativt større, men det absolut største hinsides enhver sammenligning. Trods denne radikale forskel, stræber det betingede, elskerne, mod det betingende, den elskede, og forudsætter i sine bevægelser det betingende. I forhold til det absolutte er alt endeligt lige langt væk. Der er ingen privilegeret vej til det absolutte. I den relative verden, hvor mennesket befinder sig, kan intet isoleres absolut, eftersom alt kun er i forhold til alt andet. En frelse må derfor inkludere alt.

Pük: Jeg føler mig ikke tryg ved det absolutte. Er det ikke en overskridelse af mødeprincippet?

Vola: Historien om Cusanus kan lære os, at mødeprincippet har sin grænse i den relative verden, som udgør alt, men at princippet for denne verden, altså mødeprincippet, ikke selv er relativt. Det er et princip for det hele. Mødeprincippet forudsætter en verden eller helhed, der ikke er sammenlignelig og derfor relativ i forhold til noget andet, da den netop er "alt".

Pük: Jeg er ikke glad for, at princippet bliver et princip for alt andet end sig selv. Som jeg har opfattet ideen om mødeprincippet er det netop det autologiske element, som gør det attraktivt. Hvis man opfatter andre som dumme, og samtidig skal følge mødeprincippet, indebærer det, at man også selv er mere eller mindre dum. Hvis noget i verden er relativt, må mødeprincippet, for så vidt at det er noget i verden, også være relativt. Princippet er kun ét regulativt princip blandt uendelig mange andre.

Vola: Måske er vi ikke kloge *nok*, kæreste ven, til at træffe afgørelse herom. Måske må vi samle flere venner og tage hele spørgsmålet om mødet op på ny.

Pük: I sandhed tror jeg du har ret. Der må mere end Volapük til at klare disse vanskeligheder.

* * *

Vennen: Jeg vil ikke tage modet fra dig, men for mig at se er mødeprincippet problematisk. Hvis jeg har forstået Jer rigtigt prøver I at udtænke et princip, der udstikker minimumsbetingelserne for det frugtbare møde. I tænker Jer, at hvis alle parter accepterer betingelserne, så kan mødet blive frugtbart. Men hvad hvis man slet ikke kender det og heller ikke har mulighed derfor? Hvad hvis man ikke er interesseret? Jeg tænker også: er princippet åbent for andre tankegange? Ideen om ét princip forekommer mig at være usund. Desuden er princippet indholdsmæssigt tomt. Det siger ikke noget om, hvorvidt møder er gode eller onde. Hvis nogle er onde er alle onde. Hvis nogle er gode er alle gode. Man kan anbringe hvad som helst i Jeres lille formel. Indebærer det ikke en trivialisering af verden? Hvis nogle er døde er alle døde! Alt skal bringes på samme formel. Er det ikke en "klassisk" kolonistisk tankegang? I vil have alle andre til at godtage Jeres princip. Hvad nu hvis verden slet ikke er som I lægger op til? Jeg kan da godt tænke mig, at der er radikal forskel på verdens bestanddele, så som mennesker og sten. I mangler at gennemtænke tiden i Jeres betragtninger. Hvis der er mennesker til, må alt ifølge Jer være mennesker, hvilket vil sige, at der i al fortid og fremtid vil være mennesker. Det kan da ikke være rigtigt? Med Jeres tankegang fjerner I spørgsmålet om hvornår og hvordan livet og andre højere størrelser er opstået og kan opstå, eftersom I må mene, at der altid har været sådan noget som liv, hvis der altså er liv. Og hvad med døden? For mig er døden absolut. En total tilintetgørelse. Men det kan den jo umuligt være for Jer. For døden betyder vel, at noget levende holder *helt* op med at være levende, og det kan det ikke ifølge mødeprincippet. Jeres princip indeholder et væld af ontologiske fejlantagelser. Det er et princip for en helt igennem forrykt verden.

Vola: I det du siger og spørger om, rammer du ikke helt ved siden af. Faktisk føler jeg, at du allerede er i gang med at udvikle mødeprincippet. Inden du iler videre, så lad mig navngive de tråde, som for mig at se virker *mest* konstruktive.

Vennen: Det vil jeg være taknemmelig for.

Vola: Den første tråd vil jeg kalde for "livet-døden". Her tænker jeg, sandt nok, at mødeprincippet lægger op til et opgør med den absolutte død. Denne især vestlige angst for døden som noget absolut forekommer mig at hænge sammen med forestillingen om det individuelle liv. For at anskueliggøre dette kan du tænke på de, som i kærlighed til livet mister modet til at slå noget levende ihjel for at spise det, selv et blad. Denne sympatiske, men livsnegerende bevægelse, har efter min mening sin grund i begribelsen af liv som individualiseret. Hvis liv i stedet begribes som et flokfænomen, har det ikke den samme negerende virkning på flokken, hvis en del af denne spises som led i en floks livsbevægelse. Den anden tråd vil jeg kalde for "tiden-bevægelsen". Du nævner gåden om livets opståen. Mødeprincippet fjerner ikke denne ubegribelighed, men transformerer og multiplicerer den. Det transformerede spørgsmål kommer til at handle om tærskelværdier, tænker jeg. Hvornår og hvordan intensiveres der så *meget* liv, at f.eks. plantebevægelser bliver synlige for historisk interesserede botanikere med en særlig teknologi til rådighed? Tiden-bevægelsen lægger desuden op til om ikke helt nye, så beslægtede, men anderledes måder at spørge til livets herkomst på, som jeg antydede for dig da du tidligere spurgte om, hvordan jeg opfattede Istanbul.

Vennen: Mener du din ide om nuets muligheder og umuligheder?

Vola: Lige præcis. Den tredje tråd vil jeg kalde for "verden-i-verden". Du opfatter sten og mennesker som forskellige. Jeg tror dog, at vi kan mødes om, at begge har en fysisk udstrækning, og at en sten kan ligge i vejen for et menneske. Jeg tror også vi kan blive enige om, at koglekirtlen hos Descartes ikke er en frugtbar løsning, men kun afslører det problem, der vokser al den udstrækning, at vi opfatter verden som bestående af helt forskellige størrelser.

Vennen: Måske er vi slet ikke så uenige endda.

Vola: Den sidste tråd vil jeg kalde for "frugtbarhed-åbenhed". Som anskuelse vil jeg bede dig tænke på, at den frugtbarhed vi forbinder med menneskeavling, hesteavling, træavling og så fremdeles indeholder en umådelig åbenhed samtidig med formmmæssige grænser, der dog gennem åbenheden forandrer sig. Mødeprincippet er et forsøg på at tænke en algoritme herfor. De eksempler du selv fremfører viser, at princippet er åbent, *samtidig med* at det har videre ontologiske og substantielle følger

27

end man umiddelbart skulle tro (om end disse kun opstår som et samvirke mellem mødeprincippet og resten af verden – det er ikke følger, der alene kan uddrages af princippet). Disse følger indebærer, som du siger, at der kan være bevægelser, som ikke i så høj grad kan acceptere princippet som ledetråd. Det væsentlige spørgsmål, som jeg ikke kan give dig svar på, er imidlertid, i hvilken udstrækning en sådan disaccept kan være frugtbar.

Vennen: Jeg indrømmer, at mine tanker er bragt ud af deres vante bane. Jeg vil tænke det hele igennem. Vola, du har sandelig givet mig noget at tænke på!

II. Begribelsen af bevægelser

Joakim Kromann

Vi befinder os ikke længere i Vesten eller i Østen, vi befinder os derimod på grænsen – Bosporus: på grænsen til individets opløsning (tråden "livet-døden"), på grænsen til det (u)synlige (tråden "tiden-bevægelsen"), på grænsen mellem entiteter (tråden "verden-i-verden"), på grænsen til forståelsen af livs udfoldelsesformer (tråden frugtbarhed-åbenhed) og ikke mindst på grænsen til det meningsfulde (volapük) (pp. 26–7). Fordi vi er på grænsen, må vi træde varsomt og læse med. Sukket – dette åh Bosporus – er ikke et udtryk for en længsel eller et ønske om at vende tilbage til et særligt øjeblik, men et udtryk for den fryd og for det besvær det er, at blive-til i Bosporus; åh Bosporus! Og det er netop i Bosporus, at vi må og overhovedet kan realisere mødeprincippet.

Mødeprincippet er på et fundamentalt niveau en syntese af (a) det relationelle med udgangspunkt i en bevægelsesmetafysik (p. 22), og (b) af den sammenfoldede enhed af alle bevægelser (pp. 24–5). Det absolutte som fremkommer ved b er altid potentielt et farligt element, og Vola er da også opmærksom på faren ved dette absolutte. Men det absolutte i mødeprincippet skal ikke forstås, som en orden vi alle må underlægge os på samme vis. Tværtimod er det princippets styrke, at vi nok alle må underlægge os det men netop på *forskellig* vis. Uden princippet ville der nemlig ikke være en nødvendig organiseringsmekanisme, hvorfra vi kunne istandsætte mulige politisk-etiske aspekter, der ville muliggøre mødet. Princippet fortæller os derved, at vi *må* lade bevægelserne udfolde sig (b), og knytte an til den relation (a) vi nu engang bliver bevæget ind i.

Foreløbigt har jeg brugt det personlige pronomen 'vi' og sågar også 'jeg', men er det ikke allerede at tage for meget for givet? Med en bevægelsesmetafysik kan der nok være tale om et 'vi' eller et 'jeg', men det interessante er netop, at forstå de bevægelser der går forud for det, der benævnes med 'vi' og 'jeg'. Men problemet, som det der kaldes for 'vi' rammes af, er: hvordan lade disse bevægelser, som muliggør og konstituerer dette 'vi', træde frem og blive synlige? Nok er det muligt at være nysgerrig og lade den lille prins opdage usynlige og uberørte ting, og nok kan kroppen erfare disse usynlige bevægelser, men det opløser ikke problemet om hvordan lade det usynlige træde frem? Ja, hvordan overhovedet lade den singulære bevægelse forblive singulær? Nok er bevægelsers bevægelser for stort, som Vola og Pük bliver enige om – egentlig er det ikke for stort men derimod al for småt – men selv bevægelserne befinder sig på et mikroskopisk sanseligt niveau, hvis mulighed for at blive be-grebet møder sine vanskeligheder i kraft af sproget selv. Sprogets almenhed, der overhovedet muliggør mødeprincippets spredning, er netop også det der forhindrer begribelsen af bevægelserne. Insisterer vi på bevægelsens singularitet, risikerer vi derfor at ryge tilbage til et dette her og et dette nu (jf. Hegel 1988/1807: kap. 1). Der ligger simpelthen en orden af almen karakter i sproget, man ikke kan træde ud af. Vi står derfor overfor tre muligheder: (1) At hver enkel bevægelse opbygger sit eget sprog; (2) at opbygge et nyt fælles sprog, der er sensibelt overfor bevægelsens dynamik og foranderlighed; (3) at lade denne bevægelsesmetafysik fungere som resonansbund for en ny kropslig erfaring vi egentlig ikke kan artikulere, men som vi dog kan lade udfolde. En nærmere udredning af disse muligheder må være anliggendet for et andet rendezvous.

At gribe om bevægelserne positivt møder altså sine vanskeligheder, hvorfor Vola da også må gribe tilbage til en negativ og affirmativ teologi (med Cusanus) – en koglekirtel kan nemlig ikke oplyse vejen. Fornuften suspenderes dog ikke – mødeprincippet formuleres indenfor et sprog, der nok er på grænsen (volapük), men som er meningsfuldt – men den sammenfiltres med en hemmelighed, vi ikke har adgang til (et *non aliud*). Det er måske dette ikke-andet, som blot skal lades blive udfoldet med den mulige befrielse eller fare, det har til følge.

Det er altså altid farligt at være i Bosporus. Men trods farerne er et imperativ dog alligevel dukket op: "Bliv-til i Bosporus og lad mødeprincippet udfolde sig". Det er netop denne tilstand, der muliggør at mødet kan lykkes. Men fanger vi ikke hermed Vola i en performativ modsigelse, som vi alle mennesker står på tærsklen af? Han *taler* om Bosporus, men tør aldrig selv at blive-til i Bosporus; han *for*bliver udenfor den Blå Moske i stedet for at træde ind, hvor han ville kunne have erfaret dette 'mere', der kunne have ført ham til endnu en ukendt grænse.

III. Pandoras visdom og gen-stridige møder

Jesper Garsdal

Michael Paulsen (som måske er forfatteren – alternativt kunne man måske hævde at det er verdens-ordet eller verdenssproget, vola-pük samt venner) har skrevet/skriver på en meget kompleks tekst, *Bosporus, åh Bosporus – en metalog om mødet* som åbner op for en Pandoras boks (eller Pandoras krukke/urne) af muligheder og farer for den interkulturelle tænkning. Teksten har den fine egenskab, at den leder dialogpartnere væk fra det, de ville have skrevet, til noget de ikke anede, at de kunne finde på at skrive. Hvad er det der er sket og stadig sker ved Bosporus?

Lad os starte med at bemærke, at ikke alene refererer Paulsen ubesværet og elegant til kinesisk og muslimsk tænkning (specielt i den mere sufi inspireret del af den), han antyder også en mulighed for at se Cusanus' møde med en mystisk handelskræmmer i Istanbul i 1438 som et formidlende mellemled mellem sufisme og senere vest-europæisk modernitetstænkning, et forhold som ikke bliver mindre interessant af at Cusanus jo faktisk var kardinal i den katolske kirke.

Det interessante spørgsmål er her måske ikke så meget om det angivne møde mellem Cusanus og den mystiske handelskræmmer i Istanbul virkelig har fundet sted, men snarere i hvilken (form for) virkelighed, det i givet fald har fundet sted, og hvilke former for varer og varigheder, der blev udvekslet. Dette har også en vis betydning for det spørgsmål Paulsen tager op i slutningen af prologen, i det han kalder tråden for frugtbarhed-åbenhed, nemlig spørgsmålet om, hvorledes vi kan forholde os til samvirket mellem det Paulsen kalder "mødeprincippet" og "resten af verden". Det kan måske her være værd at mærke sig at *vol* ganske vist betyder "verden" i sproget volapük, men at ordet *vola*, i hvert fald i den personlige idiosynkratiske etymologiske fornuft kan associeres med det italienske ord *volare*, at flyve. Uanset om dette kan holde for en nærmere lingvistisk betragtning, kan man ane en form for tyndere, men samtidig mere livgivende luft i den flyvende natterejse ind i ubegribelighedernes lysende mørke, som Paulsen tager os med ud på, samtidig med at dette netop rejser spørgsmålet om, hvorledes "resten af verden" er stillet i forhold hertil?

Paulsen åbner på subtil vis op for nye tilgange til spørgsmålet om kærlighedens og filosofiens væsen. Ikke blot henvises der, via Rumi, og de "manglende" besøg i Hagia Sophia og i den Blå Moske, der nævnes i begyndelsen af artiklen, til en mulighed for at knytte an til erindring (?) om en mere omfattende kærlighed, der "grunder" i ikke-eksistens. Det antydes også, at der findes en Sofia, som imidlertid er transformeret lidt i forhold til sin platoniske navnesøster: Ikke blot har hun mange bejlere, men hun spalter sig selv ud i en mangfoldighed, af forskudte, men ikke helt forskellige Sofia'er.

Det er specielt i Volas beskrivelse af sig selv, som en gennemsigtig verden, der er udspændt mellem på den ene side Pük, der som ordets bevægelser mellem afstand og nærvær kløver gennem mystikkens lysende mørke; og på den anden side Lulus smil, der ligesom Chokmas glæde over menneskenes leg (*Gammel Testamente*, Ordsprogenes bog: kap 8, 22–31), kan opleves – hvis vel at mærke ordet og verden om-vendes, at vi kan se ane, hvorledes Paulsen viser hen imod en ny Sofia. Som Maree Macmillan (2009) har vist i en glimrende artikel om nyere fortolkninger af Pandoramyten, så er Pandoras boks siden Goethe og specielt i løbet af det 20. århundrede blevet genåbnet på ny i kunsten, og ofte med en bemærkelsesværdig kvinde med navnet Lulu, som den centrale Pandoraskikkelse. Der er kommet et væld af nye mere positive tolkninger af fortællingen om Pandora, ikke mindst inden for feministiske studier, hvor Pandora bl.a. ses som den store Gudinde, der bringer godhed til verden. Den traditionelle opfattelse af Pandora, som en kvinde der pga. sin nysgerrighed åbner en æske/krukke/urne og derved bliver årsag til lidelsen kommer ind i verden, bliver i nogle fortolkninger i stedet forvandlet til en ny materialisme, som ser Pandora, som den store moder, der som transformativ, rensende, altgivende og frugtbar kvindelige magt, er blevet undertrykt af det efterfølgende patriarkalske samfund (herunder vel også den vestlige logocentriske filosofi). Prologen kan ses – ikke at han nødvendigvis selv gør det – som en opfølgning på en sådan betragtning, idet den giver mulighed for at se Pandoras handlinger, ikke blot som udtryk for et syndefald, men som en mulighed for en mangfoldighedskundskab eller måske ligefrem mange-ind-foldet visdom, Sofia.

Dette sker i en bevægelse fra en form for tænkning, til bevægelser, der ligger i den pluralitet af former, som udfolder tænkningen – eller hvad det nu måtte være – på forskellig vis. Til sammenligning – vi aner hos en tænker som Hegel en rest af denne frugtbarhed i hans kobling af tænkning og forplantning i overgangen fra natur til åndsfilosofi, men samtidig bliver denne dialektik hos Hegel primært fanget ind i subjekt-prædikatbegrebernes kopulering med hinanden, en bevægelse, der netop måske har andre udtryk i semitiske eller fjernøstlige sprog, og måske også inden for blot den indo-europæiske sproggruppe. Paulsens fokus på Vola, Pük og Lulas forhold til hinanden giver således måske nye muligheder for at tænke dette interkulturelt.

Alt dette fører mig imidlertid frem til at forsætte ud af de tråde, som Paulsen selv viser hen til i slutningen af artiklen. Jeg vil af pladshensyn begrænse mig til det oven for nævnte problem om mødeprincippets åbenhed, der i samspillet med resten af verden medfører visse ontologiske "bindinger", og specielt vil jeg prøve at anskueliggøre det Paulsen kalder bevægelser, der ikke accepterer mødeprincippet som ledetråd. Der er i forbindelse med dette problem flere undertråde, der udfolder sig selv: hvem bestemmer, hvornår noget ikke accepterer mødeprincippet, kan princippet formuleres universelt/transcendentalt, hvordan er forholdet mellem mødeprincippet og resten af verden, er mødeprincippet i familie med ideen om det gode, og hvorledes afgrænser det sig selv? Jeg vil her blot antyde en konkret problemstilling, der måske kan inspirere til yderligere videretænkning over disse forhold.

Den kristne teolog John Hick og muslimske filosof Seyd Hussein Nasrs havde i 1994 på opfordring af den tyrkiske tænker Adnan Aslan en samtale om deres opfattelser af religiøs pluralisme og mulighederne for interreligiøs dialog. Samtalen udkom senere i *Islamic Quarterly* (1996), og Aslan har senere udgivet en bog om religiøs pluralisme hos Hick og Nasr (1998). Jeg vil ikke her gå nærmere ind på de to tænkeres egne opfattelser, men i stedet her fokusere på det at denne samtale førte til, at Muhammed Legenhausen, en amerikansk filosof der er konverteret til Islam og nu bor i Iran, har udfoldet en kritik af Hicks pluralisme. Denne pluralisme anerkendes ganske vist som værende visionær (Hick var en af de første kristne teologer, der tog skridtet fra kristen inklusivisme til religiøs pluralisme), men kritiseres samtidig på en række punkter, som også har implikationer for andre typer af religiøs pluralisme. Jeg vil her blot opridse Legenhaus kritikpunkter, og opfordre til at prøve at applicere mødeprincippet på denne problemstilling. Af pladshensyn må jeg desværre afstå fra at kommentere på Legenhaus' egen noget kontroversielle udlægning af det han kalder "ikke-reduktiv pluralisme", der for en umiddelbar betragtning har mange lighedspunkter med, hvad man kunne kalde en udgave af muslimsk inklusivisme.

33

Legenhaus hovedkritik mod Hick er, at hans pluralisme er en reduktiv pluralisme, i den forstand at den (a) udvisker de faktiske forskelle imellem religionerne, og (b) at den ikke giver grund til at vælge en religion frem for en anden (jeg kunne forstille mig at Hick måske selv vil hælde til at give Legenhaus ret i (b), men ikke i (a)) (se Legenhaus 1999; 2006). Legenhaus' konkrete kritikpunkter er følgende:

– Reduktiv pluralisme hævder at være tolerant over for de forskellig trosretninger, men ødelægger dem faktisk ved at udviske de fundamentale forskelle imellem dem.

– Reduktiv pluralisme har en tendens til at se på trosretningernes dogmatiske forskelle frem for at se på de praktiske forskelle, der faktisk eksisterer, hvad angår for eksempel religiøse love og samfundet og samfundsopfattelser.

– Reduktiv pluralisme har samtidig en tendens til at udviske disse dogmatiske forskelle (jf. RP er alle religioner menneskelige svar på mødet med den ultimative Virkelighed), og derved også mindske den religiøse lovgivnings forskrivende kraft.

– Reduktiv pluralisme har en tendens til at fejlkonstruere mystisk erfaring ved at hævde at den personlig-eksistentielle erfaring er nok til at retfærdiggøre en religiøs tro.

– Reduktiv pluralisme vil ved at fokusere på 3 og 4, samtidig mindske brugen af fornuften, som det, der skal afgøre religiøse uenigheder og diskussioner, på trods af at dette har været det man har gjort i alle større religiøse traditioner op til nu.

– Reduktiv pluralisme accepter den moderne liberalismes ethos på trods af, at denne er i modstrid med den måde mange af verdensreligionerne selv forstår sig selv og deres moralitet.

Legenhausens kritik kan naturligvis selv kritiseres ud fra moderne sekulære synspunkter for at lægge for meget vægt på tradition, autoritet etc, men dette viser jo måske på et andet niveau lige så meget, at han har "ret". Spørgsmålet er, hvordan man kan i-møde-gå hans perspektiv. Min egen umiddelbare første tilgang til dette problem ville være at anerkende, at Legenhaus faktisk peger på at pluralisme og mødeprincippet bliver en meget stor udfordring når, og hvis vi prøver at applicere det på alle de dimensioner, der kan indgå i det religiøse liv. Man kunnne da i forlængelse heraf analysere Legenhaus', Hick's og andres ideer om interreligiøs dialog i forhold til hvilke af disse dimensioner der inddrages – dette kunne for eksempel ske med udgangspunkt i Ninian Smarts beskrivelse af det helliges syv dimensioner. Derved kunne man udvide, men også komplicere begrebet om interreligiøs dialog. Det interessante spørgsmål i forhold til Vola, Pük, Lula og deres venner er selvfølgelig, hvorledes mødeprincippet kan hjælpe os med at belyse disse problemer med dialog både mellem religionerne og i forhold mellem religiøse og ikke religiøse "tilværelsesforståelser", specielt måske hvis vi ser på autoritetsgenerering – som Pük så rigtigt siger det – "det politiske er noget af det vanskeligste".

IV. Møder på afveje

Michael Paulsen

Den der nu ærer en anden Guddom i den tanke:
han er en, og jeg er en anden; han ved ikke besked.
(Brihadaranyaka Upanishaden, honningafsnittet,
Første lektion, fjerde Brahmana, stykke 10)

Begge dialogpartnerbidrag skaber, hvad jeg vil kalde for *afveje*. Hermed mener jeg dels forbindelser eller spor, der kan bringe vejfarende væk fra det, som de er på vej til, og dels åbninger af alternative mulighedshorisonter, hvis tildragelse slår tvivl om den udstukne vejs supremitet og selv-tilstrækkelighed.

Det første bidrag – som jeg vil kalde for *nedgang* – vil ned fra broen,

35

ned i Bosporus, og "blive-til i Bosporus". Det vil væk fra den frit svævende dialog mellem Vola og Pük. Det vil kaste sig ud, og falde ned. Og det vil lande i et heraklitisk og altætsende bevægelsesmetafysisk syrebad. Væk fra *talen* og ned til *udfoldelsen* af kroppe, tilblivelser, bevægelser, usynligheder og singulariteter. Den af tildragelsen udledte anklage er klar: Vola og Pük "taler *om* Bosporus, men tør aldrig selv at blive-til i Bosporus". Eller sagt anderledes: Den epistemiske værdi af prologens kronotopiske forhold betvivles. Det ligner for mig at se, den gamle anklage mod *Theoria*, der måske nok kan overskue det levende og pulserende samfunds- og åndsliv, men aldrig erkende dette i sin konkrete korporlighed.

Det interessante ved *nedgang* er den konkrete kobling mellem broen, udsigten, angsten og det mulige spring. Med denne skitse udkastes et forslag til en *videre* (men altså ikke helt anden) dialog mellem Vola og Pük. Jeg forestiller mig en serie af varierende spring-fra-broen, der ikke fjerner distancen, men producerer en "horisontudvidelse", der favner og bevarer både broen og vandet, og dermed skaber et involverende spændingsmøde *mellem* den teoretiske dialog og de divergente bevægelser i Istanbuls farefulde vande, som samtalen i prologen stort set kun abstrakt *om*handler. Dog har jeg en lille bemærkning hertil. Afstanden mellem broen og Bosporus kan – hvis mødeprincippet følges – ikke være absolut. Det betyder en modificering af de tre muligheder, der optegnes i *nedgang*. Opgaven kan hverken være at rekonstruere et særegent sprog til hver bevægelse, at nykonstruere et fælles bevægelsessprog eller forholde sig helt sprogløst til bevægelserne (og dermed spring *helt* ud, og aldrig vende tilbage, som hos Lévinas i hans tolkning af Abraham og Isak-fortællingen). Hvis der er sprog og bevægelser i verden, er alt sprog mere eller mindre bevægeligt og alle bevægelser mere eller mindre sproglige.

Det andet bidrag – som kan kaldes for *landgang* – vil hale Vola og Pük usikkert i land efter deres "flyvende natterejse ind i ubegribelighedernes lysende mørke", der "netop rejser spørgsmålet om, hvorledes 'resten af verden' er stillet i forhold hertil". På denne virkelighedens bred skal Vola og Pük ikke længere rejse, men stå ansigt til ansigt med horder, som ikke er rede til at acceptere mødeprincippet. Ikke blandt venner, men blandt de argeste antagonister bør dialogen om princippet stå sin reelle prøve. Den af denne tildragelse udledte anklage er ligeledes klar: Vola og Pük har mistet jordforbindelsen, hvilket ikke nødvendigvis er skidt, men dog vækker tvivl om de vil kunne vende tilbage til de aktuelle problemers verden – deres medfanger i hulen, udtrykt via Platons hulelignelse i *Politeia*. Eller for at gøre det aktuelt: Hvordan kan Vola, Púk, og deres fælles princip og ven Lulu mødes konstruktivt med folk som sheiken Shakir? – der i en fiktiv fredagsbøn siger: "Islam og demokrati er to forskellige ting, og de kan aldrig mødes. Hvordan kan vand møde ild eller lys mørke? Demokrati betyder at folk selv regerer over sig selv. Islam kender kun Guds lov" (al-Aswany 2003: 123).

Det for mig interessante ved *landgang* er skitseringen af en formodentlig fundamental uacceptabelhed ved mødeprincippet. Ud af mødeprincippets møde med resten af verden træder et muligt sammenstød mellem tilhængere og fjender af princippet, og deraf afledt mulige omvendelser og ødelæggelser. Dette stiller spørgsmål ved, hvorvidt mødeprincipper overhovedet er en god ide.

Ligesom *nedgang* åbner *landgang* også et videre perspektiv for en dialog mellem Vola og Pük, hvor de bevæger sig momentant væk fra broen. Jeg forestiller mig, at dette kunne ske gennem en variation af forskellige konkrete gåen-i-land-på-forskellige-kyster. En variation kunne f.eks. være at undersøge, om det gør en forskel, hvis blot én af parterne i et møde stiltiende tager afsæt i en variant af mødeprincippet uden at modparten gør det. En anden variation kunne være at lave et spil, som forskellige parter skal spille, men hvor det er muligt at variere og lave om på den grundlæggende regel i spillet – mødeprincippet. Herved kunne mulige befrugtninger og degenerationer undersøges. En tredje variant kunne være at undersøge reversibiliteten gennem at starte spillet uden et mødeprincip, men lade det indeholde eller lægge op til begivenheder, der kan "anfænge" variationer og mutationer af princippet (hvilket måske kommer tæt på en formal beskrivelse af den narrative model i Platons tidlige dialoger).

En fjerde variant er at lade princippet møde med Legenhausen og

Hick på en debatterende bred. Hvis f.eks. Legenhausen hævder, at Hick
udvisker "de fundamentale forskelle", så vil mødeprincippet hævde, at
Legenhausen *i så fald* også selv gør dette – med mindre Legenhausen ikke
accepterer princippets eksistensberettigelse. Hvis princippet opfattes som
en tredje samtalepartner, hvis blotte medværen accepteres af de to andre
kan det således muligvis fertilisere samtalen i retning af en mere frugtbar
interreligiøs dialog. Ydermere vil det være interessant at høre, hvad
Legenhausen og Hick konkret vil stille op med princippet fremtrædende
som en samtalepartner, for selv om de tolerer dets eksistens, behøver de
ikke nødvendigvis anerkende dets urørlighed og "essens". Måske kan de
sammen avle nye mødeprincipper.

Nedgang og *landgang* peger på en række mulige møder og særlige
vanskeligheder, der omkranser mødet og samtalen om mødet på broen
over Bosporus. Afvejene lægger op til udvidelser af scenen, af galleriet og
af problemstillingerne. Fra broen vokser vand og kyster frem. Personligt
giver forslagene mig lyst til at vende tilbage til Istanbul, til verden, til
kroppene, og afsøge disse vanskelige møder på afveje. Om Vola og Pük
vil. I denne epilog har jeg dog ikke kunnet gøre meget andet end at stille
disse videregående møder med møder i udsigt i form af indikative udkast.
En bro, en nedgang og en landgang. Det er foreløbig alt.

Slutnoter

1. Djelaleddin Rumi: *Mathnawi III:* 3024.

2. Platon: *Protagoras:* 331.

3. Mencius: *Liang Huei Wang,* A: VI.

4. Mencius: *Liang Huei Wang,* B: V.5.

5. Mencius: *Liang Huei Wang,* B: V.4.

6. Mencius: *Liang Huei Wang,* B: IV.3.

7. Deleuze: *Foucault.*

8. Platon: *Protagoras:* 347.

9. Descartes: *Meditationes de prima philosophia.*

10. Aristoteles: *Naturen:*225b5.

11. Paul Klee: *Pädagogisches Skizzenbuch.*

12. Orhan Pamuk: *Istanbul – Erindringer og byen:* kap. 20: Religion.

13. Saint-Exupéry: *Den lille prins.*

14. Cusanus: *De Pace Fidei.*

15. Cusanus: *De Visione Dei.*

16. Cusanus: *De Docta Ignorantia.*

17. Ernst Cassirer: *Individuum und Kosmos in der Philosophie der Renaissance.*

18. William Chittick: *The Sufi path of Knowledge: Ibn al-Arabis Metaphysics of Imagination.*

Litteratur

Adnan A. (1998). *Religious Pluralism in Christian and Islamic Philosophy: The Thought of John Hick and Seyyed Hossein Nasr*. Richmond: Curzon Press.

al-Aswany, A. (2003). *Yacoubians Hus*. København: Hr. Ferdinand.

Aristoteles (1998). *De store tænkere – Aristoteles*. København: Munksgaard Rosinante.

Cassirer, E. (2000). *Individuum und Kosmos in der Philosophie der Renaissance*. New York: Dower publications.

Chittick, W. (1989). *The Sufi Path of Knowledge: Ibn al-Arabis Metaphysics of Imagination*. New York: State University of New York Press.

Cusanus, N. (1983). *Nicolaus Cusanus' dialog om trosfreden (De Pace Fidei)*. Oslo: Solum forlag.

Cusanus, N. (1999). *Gudsseendet. De Visione Dei*. Skelefteå: Artos.

Cusanus, N. (2003). *De Docta Ignorantia*. Hamburg: Felix Meiner Verlag.

Deleuze, G. (2004). *Foucault*. Frederiksberg: DET lille FORLAG.

Descartes, R. (2002). *Meditationer over den første filosofi*. Frederiksberg: DET lille FORLAG.

Hegel, G.W.F. (1988/1807). *Phänomenologie des Geistes*. Hamburg: Felix Meiner Verlag.

Klee, P. (1997). *Pädagogisches Skizzenbuch*. Berlin: Gebr. Mann.

Legenhausen, G. (1999). *Islam and Religious Pluralism*. London: Al-Hoda.

Legenhausen, G. (2006). A Muslim's Proposal: Non-Reductive Religious Pluralism. URL (tilgået marts 2009): http://www.uibk.ac.at/theol/leseraum/texte/626.html.

Macmillan, M. (2009). *Screaming through the Century: The female Voice as Cathartic/ Transformative Force, from Berg's Lulu to Tykwer's Run Lola Run*. URL (tilset marts 2009): http://forum.llc.ed.ac.uk/si1/macmillan.pdf.

Mencius (1953). *Mencius' Samtaler og Sentenser*. København: Nyt Nordisk forlag Arnold Busck.

Pamuk, O. (2007). *Istanbul – Erindringer og byen*. København: Linhardt og Ringhof.

Platon (1954–55). *Platons skrifter* udgivet ved Carsten Høeg og Hans Ræder. København: Hans Reitzels forlag.

Rumi, D. (2001). *Der er vinduer mellem menneskets hjerter – udvalgte lærehistorier fra Mathnawi.* Århus: Vangsgaards forlag 2001.

Saint-Exupéry, A. (1999). *Den lille prins.* København: Linhardt og Ringhof.

Metalogue 2

Sustensive Intercultural Chronotopes

II. Complexity, Discontinuity and Transdisciplinary Dialogue
By Sacha Kagan

I. Sustensive Intercultural Chronotopes

IV. More Aspects of Chronotopes

Prologue
By Oleg Koefoed

Medialogues

Epilogue
By Oleg Koefoed

III. Ontological Chronotopes beyond Language
By Hans Dieleman

This metalogue follows up on the virtual encounters of the previous one, by addressing in the *prologue* two other possible virtualities of the encounter. First, the virtuality inherent in all the encounters and intertwinements that surround and precede the actual encounter. Second, the virtuality of 'virtual empirics' is brought into play as a way to address matters that only exist as virtualities, such as the above mentioned virtual encounters. These two aspects are demonstrated through a discussion of sustension in intercultural chronotopes, making it compulsory to explain also the concept of sustension and the re-modelling of Bakhtin's concept of the chronotope. The first *dialogue* questions two aspects in the prologue: the assumed continuity inherent in the treatment of the virtual encounters, and the idea of the universal that the prologue brings in with reference to Aristotle and Deleuze. The second *dialogue* discusses the possible interconnections that exist in virtuality, addressing the implications and consequences for ontological chronotopes. Finally, the *epilogue* tries to resume those discussions while throwing a bit more light on the concepts discussed rather experimentally in the prologue. Thus, the metalogue discusses interculturality/transculturality on an onto-philosophical level, laying possible bases for more direct anthropological explorations.

Language: English

I. Sustensive Intercultural Chronotopes

Oleg Koefoed

This text will discuss aspects of an ontology of 'sustensive chronotopes', through a series of conceptual reflections and 'virtual empiricist investigations' of different cases of encounter and change processes. *Virtual* empiricism is a concept building on W. James' *radical* empiricism, developed further by Deleuze and Massumi,[1] and is used here to name the method that can be used to study phenomena that only exist virtually. This could be the movement of time during a journey across deep Russia and Mongolia, or it could be the encounters taking place between actors that will only meet one another at a later stage. The value of virtual empiricism suggested is that it allows us to accept parallel evolutions or events for which one might at the most speak of quasi-causality (Deleuze 1988).[2] Thus, it expresses a way of thinking and working which goes beyond the essentialism of claimed separation between cultures, as well as the relativism building on a lack of common grounds between cultures.[3] The investigations center on two eventalities: a conference-journey on board the Trans-Siberian Express from Moscow to Beijing, in 2005[4]; and a week of workshops at the Central Academy of Fine Arts in Beijing, in October 2008. These two events differ in many ways. But they are both events that were entered seeking for transformation or expansion of individual or common lives, across cultures. The lines are consciously blurred between theory, philosophy, memory, observation, metaphysics, fiction and mysticism, all of these disciplines are present to some extent. These passages may seem unreasonably eclectic, or guided most of all by some unexplicated poetics. But moving in new directions requires that one works with the way that thoughts are told, as well as the way that reality is observed. In between the investigations, conceptual explorations attempt to close in on the idea of 'sustensive inter-cultural chronotopes'.

Inspirations are heterogeneous, the aim being to create a dialogic reality within the chronotope of this text, and to discuss its potential value in the extra-textual world. There are of course links between the virtual empirics passages and the conceptual ones, attempting to create active reflections about how a chronotope prepares itself and the world entering it to becoming, sustensively.

Virtual Empirics 1: Far away from Moscow (Sep. 2005)

There are so many closed doors, the train is all doors, for every encounter a door must be opened, and another one, walls are hard to cope with, but doors obviously speak much clearer, they are visibilities and enunciations at once. They speak the dispositif of restriction, of confinement, of exclusion, even if only from my small private enclosure. 'That relations did not form was very defining for me, in a negative way – I thought also that I would experience and learn something new, but I ended up relying on old forms, old practices – people were free to come and participate in the things that I did.' *Talk is beginning to hide in the privacy of the compartment, sociality is dividing, breaking apart from its rhizomatic tendencies already, did it do this from the beginning?* 'If you look for the conference as something going on which brings people together in new ways, it doesn't exist – the number of conversations that one finds that one has missed or find but late, and there are very territorial things going on.' *Did this happen before the train came in, were the divisions already taking place on the website, in the preparations, in the lives – are we all already captured by circles stretching without tangential openings except the recognition of sameness calling for common masturbation? Or the da-duk-da-duk is the chance to let go, to become train and movement and no longer attempt control. Is it possible to develop this as a stance, if not a strategy?* 'It's a regulated movement, you yourself don't feel in control of anything, it just repeats itself; constant movement and constant changing sceneries, people changing, the comfort you experience, feelings, the amount of civil war that takes place in your stomach; the desert that we are passing here, it's weird – a lot of things are changing around us, that we are not in control of; you might as well assume that you can't get off the train.'

45

Chronotopes

> The chronotope is the place where the knots [...] are tied and untied.
> (Bakhtin 2004/1980: 250)

Through this slightly mutilated quotation, it becomes possible to catch a glimpse of Mihail S. Bakhtin's concept of the chronotope of a social/ cultural pattern of movements. The *chronotope* was developed out of the insight in modern physics that time and space must be counted as a continuum, not as separate realities (Bakhtin 2004/1980: 84). It aims at describing the way in which this continuum of time, space, and subjective experience or action is articulated (dialogised) in the novel genres of various times. The chronotope organises the way in which action and change may take place in space and time. Thus, chronotopic matters are in many cases central to ontological concepts; the latter must deal with time, space, action, and matter – the stuff of chronotopes. Ontological concepts are chronotopic, and not merely in an indexical manner[5]; they are materially chronotopic, in the sense that they are directly constructive of worlds through the effects of language and theory. However, this examination shall move away from Bakhtin's literature theory as the concept of the chronotope is unfolded.[6]

The shift in focus here is one of looking to social/cultural *eventality*[7] as the forum of the chronotope. Eventalities are components leading to events. So chronotopes are seen here as *evental*: they contain, fulfill or deliver events – or even withhold them. In chronotopes, events and worlds become. This means that chronotopes, when they work upon what moves inside them, contribute to the formation of local reality by defining possibilities and impossibilities in terms of action, identity, meaning, relations, etc. These local realities may in turn express connections and relations between time, space, matter, and action, that are 'untimely' (not taking place in actualised time). And they may, in time, create new relations to the above mentioned dimensions, repositioning the way that movements inside them explicate time, matter, space, and action. Thus, the chronotope is a situation in i.e. Badiou's terms: a place where events become (Badiou 1988: intro).

In the cultural eventality, the chronotope works not only as an expression of a cultural 'whole', but also as an opening up for emerging movements, creating lines of flight (Deleuze and Guattari 1980), exceptions, mistakes, beliefs, superstitions, or myths. In order to know exactly what makes lines of flight or exceptions possible in the particular chronotope, one would have to have access to all information. This is, as we know too well, not possible. One may wish for rational explanations and predictions to be the decisive agent. One may also expect conceptual dynamics to make the difference. Both are insufficient to explain the dynamics of the chronotope. Yet both are potentially relevant. What are missing are at once both more material causes and connections, and more spiritual ones.

The chronotope is a reality that forms in the field between the general and the particular. When culturality crosses and mingles in the chronotopic field, there are generalities and particularities at stake, exposed, questioned, eventually even altered. An inter-cultural eventality may, however, even be playing with more than one chronotope within itself. But not only the general and the particular are in play – so are the universal and the singular.[8] The universal may seem to be questioned and bent by the inter-cultural eventality. But if we look at these logical forms as patterns in movement rather than as static grids, the 'universal' becomes a bundle of universalising movements. And the singular is its connection in a virtual sense, opening up for more spiritual interpretations.

Singularities help us see the non-local pattern within the chronotope. To open up the translocal eventality of the local event. These are conditions of transculturality – if they are not present, we may have a case of multiculturality, or even of monoculturality. But transcultural eventality is defined by a decomposition of the relation between the universal, the general, the particular and the singular. These are played out in a chronotopic reality that is turned unpredictable by eventality, precisely due to this decomposition (cf. Koefoed 2008).

47

Virtual Empirics 2: In Beijing (Oct. 2009)

We play about in the halls of the building, we move from one room to another. We shift our movements, we are first here, then there, never remaining for very long in the lecture and study room to which we have been assigned. Several observers notice this disturbance in the localizability of the group. From the empty gaze of the "cleaning woman" passing her cloth over the bannisters in rhythmic, quiet motions, to the wide open eyes of the teacher, joining in the body games through which we invite everyone to paraphrase Chinese collective movements, it is possible to wonder whether our presence might just be one of those impossibilities of which Ibn Arabi tells us that we need imagination in order to receive them (Chittick 1989: 122ff). But how could it be that we are only imaginations, to what extent are we impossible in this place that we play in? We are interacting with the people here, their bodies are in motion, they form flowers, roll over, join hands, look at the ceiling or close their eyes, we talk, we move, we gesture, we go from one end of the room to another. How could it be then that we are impossible creatures, only receptible to imagination? Maybe no one in this building is not impossible. Maybe we are all creatures of the imaginal, manifestations of the impossible. Surely, they are here, we are here, we are moving about in attempts to be somehow in the same place, the same eventality. But maybe this is only made possible through the coming to existence of the wholeness and multitude of imagination – thus, not only the necessary or the actual beings are present as we move in the room. So are the unlikely, the possible, and the impossible, as they all persist in moving through rhythms of becoming, or of disappearing almost into darkness – of being more or less matter, having come from near or far, or from more or less distant trails to this one, where their being may be almost impossible altogether, almost not present as anything but a faint glimpse of an imagination. Elsewhere, Ibn 'Arabi tells us that the world and everything in it is continuously created in the "new creation" to the degree that there is not even a temporal or spatial entity to insert between these recreations, yet they occur to the extent that every living being and everything else in the world may be said to disappear and reappear at every moment of its life. If we take both of these ideas into account, we may all be present here and in completely different places, as we may all be

48

in the midst of disappearance and reappearance in any time and place. This seems to cast a novel light on the dizziness and blurriness of the movements we perform inside the highly regular spaces. Is there something in the very event itself that opens our perception to a reality that is just a little bit closer to a realm of imagination, to a reality of constant recreation and multiplicity manifesting itself to us? Or, as we are not in the land of Ibn Arabi, but guests of the descendants of Lao Tsu: the buzz and blur of the situation in which we find ourselves may arise from the simultaneous presence of a will to intervene or even a collective expectation towards the need for intervention, and an unspoken recognition of the superiority of wei-wu-wei as a far stronger form of dialogue – not trying to change, not trying to make anything in particular happen, just learning to be in the same space, or just to be, in the space or world, without actually focusing on the way in which the other is present in this same space (Loy 1997: 10).

Dialogising, Bodies, Inter-culturality

Bakhtin's concept of 'dialogising' indicates the process in which a cultural expression gives direction to cultural reality as a whole which is being broken down and redirected. In dialogising, the world enters in the form of voices that unite to create a single, dialogical (rather than monological) reality. The concept of the dialogical was adopted and formalised into the linguistic focus through 'discourse' seen as linguistic, social events.[9] With this linguistic turn came the risk of an exaggerated focus on verbalised language. But it is important not to lose focus on affectation and movement in trying to bridge between language and sociality. One answer to this problem is to expand the concept of the discursive to include many other forms of communication than merely verbal language. But perhaps it is more important to ask in what sense a dialogical event is dialogical – no matter how many forms of language we include into the concept of dialogics. This also sets aside the question of two or more actors in the dialogical event. Focusing on all interacting movements in eventality goes hand in hand with a focus on multiplicity or with open systems complexity.[10]

49

In Bakhtin, the chronotope relates to a whole in the sense that the latter is itself constantly shattered and broken into endless streams and events of local sense. In the local eventality, the elements that enter the production of sense are themselves tempered with and altered, so as to take on a new form and become expression in ways that seem new and may ignite fascination, sublimation, intuitive reactions, etc. These dynamics must probably be seen as much more than merely sense-driven, and more than merely psychological. Ontological individualism has silenced a question that is important: is 'sense' only created by the interpretation of discursive generalities by individual minds – or are there dynamics taking place, in which singularities express the universal through their unfolding, maybe even one in which the complex and the simple, the folded and the smooth, exist simultaneously and form a non-local causality with its own materiality? This question is taken up by Deleuzianism in various forms, as well as by later readings of complexity theory and social philosophy.[11] The point here is that to look at eventalities such as chronotopes, one must hold on to the continuity not only of time and space, but also of action, sense, matter and bodies, and their continuity inside chronotopic eventalities. The dynamic inherent in eventality is a *dialogical* one, expressing itself in a series of dimensions, but with no gap as such in spite of discontinuities. Or maybe with gaps, but in spite of continuity. This is one of the paradoxes: it's connected and disconnected.

Eventality shows (open) systemic tendencies. Of course, there must be an opening for discontinuities, if this is to make any sense at all. This may be the line between the inside of the evental encounter and its outside. From one perspective upon the (inter-)cultural meeting, we need to understand the various cultures as entering into the meeting, sharing with one another a common production of meaning that did not exist previously, e.g. Indian literature writing itself into a Western idea of the Indian that was not yet coined, yet anticipated in Western theories of dialogism. This way of understanding the inter-cultural eventality – as a locus for changing what was separate into something that is mixed – presents a linearity that may very well be questioned. In certain postcolonial writings (cf. Giroux 2000), we find the image of the meeting as a striated space of *impure dialogue* (or impure acts): a space in which the various discourses/movements injected are mixed up with one another and morph into new forms of discourse that can be said to be neither Western nor non-Western. Considering the dialogism at stake in the inter-cultural eventality, we could start from the moment when there is an actualised, local encounter. In this case, it is most obvious to see dialogue as appearing during the encounter, not before. And to see the eventality as actualising only in the moment of the beginning of dialogue. This, of course, easily turns into a circular argument – and we may just as well attempt the opposite logic: could the dialogue be seen as something that begins long before – as most inter-culturality is preceded by earlier events of dialogising, even when these have taken place with other actors, in other times, and even in other places. One might even attempt to place a risky principle: dialogising is always preceded by previous dialogising; a dialogue always follows another. Taken even further, the principle could be extended to eventality as such: an event may, as stated by Badiou (1988), come out of zero and move to one – but at the same time, it was also always preceded by another, unfinished event to which it is connected. It does not stop being virtual. This, of course, brings one of the fundamental principles of both Buddhism and Taoism into eventality and chronotopes and into dialogism. According to the Buddhist principle of *pratityasamutpada*, everything in the world is interconnected – this would count for events as well. An idea which is actually present in a number of Western philosophical ontologies (e.g. Deleuze and Guattari 1980: 30).

Inter-culturality may then be seen as the visible expression of this connectedness that always unfolds in the evental encounter. Its particularity lies in the common virtual participation in an eventality that is taking place out of the local. Inter-culturality would be the state of a movement from within a world that all the elements already belong to, but within which they have been separated from one another. It differs from the multicultural perspective, according to which cultural movements were separated before they came to meet and live in a new, allegedly common world. In dialogic ontology, to which inter- and trans-culturality belong, one is never one, yet there could be a form of 'plasmatic' one within which all move. There is difference, yet there is no discontinuity. An eventality may be all four; mono- multi-, trans- and inter-cultural, just as the participants moving in its chronotope may be here and elsewhere, identical and different, in one and the same eventality. There may be a vast number of compossible worlds within one eventality – each construing their own chronotopes, yet each in a dialogic relation to the others. They contaminate, fertilise, one another, like invasions or wars. But in the act, they create complications and intrications. They expand the world as they fold into one another – not by joining what has never met, but by adding complexity to the reality of the evental, and by changing the ontological constitution of the cultural movements themselves (cf. Paulsen and Koefoed 2008).

Virtual Empirics 3: Crossing Siberia (Sep. 2005)

Minds are mixing. Words are spilling all over the place, tell me how you got here, tell me where you are going, and I will let you know one of my own ideas, I will not tell you my secrets yet, but maybe if we raise the vodka stakes I will, give me one of your neuroses, and I will repay you with an obsession, let me disturb you. We are being disturbed all the time, though I myself would like a little more disturbance along some channels. We meet in the hall, talk over the hot water tap, in front of the toilet, we talk over food, about food, with food. Our moves are dictated by the train, our bodies have become rhythmical elements of the train moves, da-duk-da-duk, they sway forth and back as the train wobbles and leans a little in the curve. Every meeting space is shaped, though, by the axes and walls and spaces, only so many people can fit in a compartment, move to the restaurant car, the bodies have organs and they are captured on a train rolling across the Siberian plains. Talk wants to talk, and it does, it slips through the cracks and makes way for smooth spaces to form from the minds and with the minds. It doesn't matter what the sense is.

Sustensivity and Imagination

Real aesthetic experience has little or even nothing to do with identity.
It has a lot, or everything to do with fields of energy. (White 2005)

The main issue held by the concept of sustensivity is to express an onto-ethics of a state of the world as well as a prescriptive investigation of its consequences. Sustensivity is a derivation from *sustension*, which expresses the tension between movements in an evental encounter. This encounter allows creation without destruction, transforming through repositioning and expanding in overlapping, overfolding eventalities (cf. Koefoed 2008). In sustension, the quasi-totalities of actuality and virtuality are de-totalised and a double movement of tension building develops through the expansion in de-actualisation and the expansion in de-virtualisation. This particular double movement is created, it would seem, not merely by the proximity of actualities and virtualities. If this were the case, we could not explain, why it takes place in some events and not in others – it could happen at all times or none. There are factors at play, it seems, that lie within the event itself, acting from across time and space? There are factors at play, as well, that act from without, acting also here from across time and space, but maybe in a causality that is easier to appreciate? The first and second category of factors may be divided along a temporal axis – with factors from the past acting from the inside of the event and from the outside of the trans-subjective movements, both acting from the past. This could be elements of the space in which the event will later take place, elements of matter, forces, space itself, that may or may not be waiting for the event to take place (which of course may be problematic to say, but let's remain open so far). These elements would make a difference for how the movements enter the event, how they fold into eventality.[12] They could be elements in the past of virtualities, or actualities, that have somehow created a dependency or limitation in the movements along one or another dimension. In both cases, the past may be imbued with qualities that have an effect on the evental inflections, even if merely a quasi-effect or a non-local effect. At the other end of the continuum of time that inflicts on the chronotope, there are factors that influence eventality from the future, and again this would happen from the inside of eventality as well as from the outside. This could be the possible – but also the impossible – future of a house, a road, a body or many, of sounds that have not yet appeared or have not yet been silenced; the future of a virtuality that will eventually move into the inflection of its own de-virtualisation, and out of its state of prehensive multiplicity.[13] It could be the future of an actuality that will corrode, erode, decode, decompose. The transformations of a body, a matter, a life, a language, are inscribed in it as a variation stretching from the very probable to the impossible. One would also find an attraction from within the zone of sustension itself (cf. Koefoed 2008), from the field of potentialisation created by the inflections of de-actualisation and de-virtualisation. This field of tension seems to arise only as the eventalities form it – yet why would there not be something 'inside' this field that might attract the movements to it, or to put it differently: if the field itself holds a potential future, then this future may connect somehow to the movements that fold into it, in which case it may even be said to be drawn into the sustensive eventality by the encounter itself and all of its components. Maybe we have to think of this as some sort of imaginative field – in order to allow a certain ontological richness to it, in order to be able to include not only a straightforward causality, but also the dimensions of the impossible and the unreal.

For this, we may turn very briefly to Ibn Arabi again: imagination is explained as a domain in which impossible things take place; imagination observes contradictions or relations of mutual impossibilities and allows them to occur.

> Imagination stands in a degree which is posterior to sense perception, since it takes the forms with which it clothes the impossible and other things from sense perception (Ibn Arabi quoted in Chittich 1989: 124).

Who senses this? Is imagination an evental element left to humans alone? This is highly unlikely – if imagination is an aspect of God in Sufism, but also an element that makes itself sensible to humans, there is no reason to think that it should not somehow be present within fields that include other beings and movements than merely the human. This may not be completely in line with Ibn Arabi, but one might allow for imagination to be a quality within the event that allows for the impossible as well as the possible, passing through the necessary. Or, to return to the matter of sustensive eventalities: imagination may be taken in as an expression of the particular tension zone that unfolds between the evental inflections as they enter into the zone of sustension. Thus, we might presume that a degree of openness towards imagination would be a condition for sustensivity to grow. Is this more or less probable in interculturality? In trans-culturality? A closure towards the imaginative dimension will imply that the impossible and the highly improbable would be excluded, leaving nothing outside of the necessary and thus outside of the actual, and de-actualisation would be a merely factual progression – giving us, incidentally, a description of the eventality that does not build sustensive tension, that merely leads to transformation, but does not build new expansions on its way 'to the grave'. We have to see imagination within the context of the simultaneous movements of de-composition of actuality and virtuality, that fill imagination with that which will start to move in and into the zone of sustension. Sustensivity, then, is created by the presence across an unending time-space continuum, of de-actualisation, de-virtualisation, sustensive potentialisation in a field of sustension – but also of all the elements that lie within and outside of the event, defined here as chronotopic and dialogic. And all of this fills what we see as inter-culturality, not only as it appears in the emerging situation, but from all sides, containing far more connections than disconnections, and growing from lines that fold deeply into one another along the vast continuum of the world itself. Of course, many other interaction forms may take place, as the one described below.

Virtual Empirics 4: In Beijing

Is there anything going on here? When will it all start to be as different as it ought to? We are just doing exactly what we would do in any other setting. Except of course from the bodies. The flowers can move all over the world, they are a principle and receptacle for lateral thinking, lateral work. There is no reason why lateral work should not be transferable from one culture to another. They remove the pressure from the multicultural, create a trans-cultural space, give everyone a zone to play within, in Chinese, in English, in any language they want to. They bring in the past – but they seem to cut out the future. Why? Is this an inter-cultural problem – or is there something around us that keeps the future out? It is anticipated and held back, not by the walls of the building in its a-cultural neutrality. It's in the bodies, in the moving of feet, in the nodding of heads and the way shoulders are held, eyes glance or look down, hands held behind backs or in pockets. Something that can be challenged by a choreography of quasi-absurdity, bodies lying down in floral formations, sitting, walking in circles, interjecting series of words and phrases in Mandarin. But how does the future enter into these circles, between the bodies lying on the floor – through heads, feet, or through tensions between their adjacent hands in the choreographed formations? We crawl about on the floor, we smile at it all, occasionally we even laugh. Some speak. Language comes between, but then again, the coming-between of language creates a field that we all occupy, even if we do so in very different ways. It is said that there is a Confucian term, Shì – the third factor, the bridge between categories such as Yin & Yang, force and power, etc. The physical basis for this bridging factor is Qì (energy) or, at an abstract level, Dào, the way. Does Shì represent the future as virtuality? Does it express the connectedness of connections like in Buddhism and Tao – and in ecology? Are we connected now? As we move about on the floor, are we connected through the future, as ancestors of another earth? We are like the flowers whose petals are events that will take place in another ecology.

56

II. Complexity, Discontinuity and Transdisciplinary Dialogue

Sacha Kagan

The "sustensive intercultural chronotopes" are still somewhat blurry to me. I did not yet grasp why the notion of 'chronotopes' matters to interculturality (what do they bring to eventality, to the field of sustension?). But I did catch on their flight, a number of lines of thought, which I will reconfigure within the perspective of Basarab Nicolescu's *Manifesto of Transdisciplinarity*.

Although 20th century physics revealed indeed that spacetime is a continuum at one, macro-level of reality, it also revealed that spacetime knows completely different laws at the microphysical level, i.e. the level of the nanometer, the level of quantum physics. Contemporary physics invite us in a world where causality is no longer local and where reality collapses from potentialities to actualities by the emergence of matter. This is not the world of a continuum, but a world of worlds, a unity in diversity.

Also, systems thinking and complexity studies explored how the self-creative constitutions of systems are emerging logics of different kinds: different logical types as Gregory Bateson (1979) insisted, at different levels of reality as Nicolescu (2002) argues, and operating into a "dialogique" between those levels, as Edgar Morin (1977) pointed out.

Therefore different chronotopes may coexist and overlap at several levels of reality. Reality is at once united and discontinuous, it is even united by discontinuity, both at its basic quantum material level, and at the level that flows in between the different levels of reality, labeled as 'transdisciplinarity by Nicolescu. In spite of a continuum, multidimensional levels are overlapping, crossing, telescoping, de-contradicting each other.

De-contradicting: Indeed, Nicolescu (after Stéphane Lupasco) points

57

at the 'logic of the included third' (*le tiers inclus*): a 'T' that is both 'A' and 'non-A', but not at the same level of reality as A and non-A, so that the contradiction between A and non-A be not negated at their own level of reality, though simultaneously resolved in unity at another level of reality, where T emerges.

The inventivity in the eventality of interculturality is then the creation of this new level where T emerges, while not negating the contradiction of A and non-A at their mono and multicultural level. The multicultural is not a level different from the monocultural, but just the compromise between A and non-A: It is the political level of appeased late modernity polities, but not yet of polities of sustainability/sustentivity. For the intercultural eventality to unfold into policies of sustainability/sustentivity, first of all the intercultural level should not negate the monocultural level of contradiction. Polities of sustainability require unity in diversity, *Unitas Multiplex* as Morin argued, and not *Unitas Simplex*. This is where one should be very careful not to level down (or level up, which is basically the same process) reality, even for the sake of the intercultural level.

In order to avoid the leveling, the mono-dimensionalizing, we need transdisciplinarity and transculturality: The encounter between different levels of reality and different levels of perceptions, observing the linkages of different included thirds across multiple levels of reality, uniting non-local causality with discontinuity. (As a matter of fact, by the way, non-locality implies discontinuity!).

Lines of flight in chronotopes correspond to receptible openings for included thirds, but they cannot integrate these included thirds into themselves as part of continuums, as this would level down reality to a single level. At best, the lines of flight offer imaginations of different logics and seemingly 'magical' causalities ('magical' when seen from one level of reality), and in doing so they train differential levels of perceptions and sensibility. Inter and transculturality imply indeed inter and trans-sensibilizations, at new levels and across levels.

As Koefoed wrote, indeed "an intercultural eventality may [...] even be playing with more than one chronotope within itself" (p. 47) but it does not unite these chronotopes within a continuum, except maybe at a local level. One should not forget that this uniting into a local continuum is only relative to that eventality.

If the Whole is more than the Sum of Its Parts, the Parts are also more than the Sums that can be Made of Them!

The world of worlds cannot be taken as universal at any level because a universal level would collapse the cascade of included thirds. Instead of a universal, we can however speak of the multiversality – or open unity – of an aesthetics of patterns that connect (or in Nicolescu's view, the sacred), throughout the field of transculturality.

In Nicolescu's words, the field of transculturality is to be understood like the quantum field, i.e. a discontinuous field that is both empty and full of potentialities, i.e. of A/non-A couples potentially emerging.

There exist then no universals and no singularities, but multilayered triangles of excluded-included thirds. This does not mean, however, that 'we' are present here and there at the same time, now and then at the same place, disappearing and reappearing as open beings. It rather means that something-of-we, and we-of-something was/is/will-be elsewhere while we are here now. Once again, the different levels of reality shall not be collapsed but shall rather be coexisting and interleveraging without merging completely. Across and beyond them, the 'Shi' or the 'Dao', as pointed out by Koefoed, bridges the bridges. It does so through the transversal logic of included thirds.

In such configurations, there is no risk that the "locus for changing what was separate into something that is mixed" (p. 50) would boil down to linearity, given that the different levels of reality are not collapsed but kept, expanded and coevolving. Then, it is not necessary to argue that "interculturality is the state of a movement from within a world that all the elements already belong to" (p. 51). Nor would such an argument be commendable, as it would tend to conceptually collapse levels or reality and/or levels of perception.

As Koefoed argued, the eventality is also influenced from the future indeed, but by a future-ability in becoming (*Zukunftsfähigkeit*) rather than directly by a virtuality. It is the future-ability of the open system that arises from the emerging logic of that very eventality as a self-creative genesis. The improbable (rather than the 'impossible') becomes the necessary as soon as the eventality collapses potentialities into an autoecopoietic process of self-production. This process of emergence is fueled by the meeting of random encounters (of e.g. energy, matter, mind), of the field (i.e. the void full of potentialities) and of an aesthetics of patterns that connect (which opens up perceptions of new included thirds).

III. Ontological Chronotopes Beyond Language?

Hans Dieleman

Apparently, Oleg, you could work well with the Chinese creating the flowers of sustainability and I assume there was little connection before you and they met on that specific date in that specific location. I mean little connection in the superficial sense of the word: you never met, you did not know each other before and you were speaking very distinct languages. Were you able to have a good communication with the Chinese because the dialogue as a process, using the flowers, established a connection, a linkage that was not present before but emerged out of the dialogue activity? Or were you and they possibly connected before on levels less superficial and, I wonder, can it be that an ontological chronotope has anything to do with that?

I think Emerson and Holquist (1981) indicate that a chronotope reveals a stable way of using language that represents a particular worldview or a particular ideology, a deeper way of looking at reality in a narrative. Unraveling language and looking for chronotopes may help us find the hidden worldviews and deeper way of looking at reality. You mention that you want to leave the world of literature and you introduce the ontological chronotope that contributes to the formation of reality as worlds. Could it be that ontological chronotopes are particular and stable ways of imagining the world that exist on (cognitive) levels deeper in us than that of culture or language? That could mean that intercultural communication is not necessarily more complex and does not necessarily involve multiple chronotopes. Maybe in the world of chronotopes there is no local and no global and no intercultural. Maybe you were connected with the Chinese on these deeper levels before you entered in dialogue with them. Not because you knew each other but because you shared an ontological chronotope.

But there is language that can obscure the existence of something in common and it does make sense not to communicate and dialogue about future and imaginative worlds; like the one of sustainability through language but through other means of communication like images, forms, music and the like. And maybe the flowers did help to reveal the ontological chronotope(s). Are the flowers a way to unravel the knot of the narrative of sustainability where time and place and cultural differences (between Europe and China) are no longer important and where eventality in the sense of a possible event or state of events (the possibility of sustainability) can be shaped, through imagination and through inter-action? Is there universality in how we think about the formation of reality as worlds that we do not know because we focus too much on cultural differences and are too much hampered by linguistic barriers?

When I started to read your text, Oleg, I understood little of what you were writing. After reading your text several times I decided to start my "dialogue" with what first came into my mind not knowing how I would continue from there on: "Can we have dialogue because we are connected or can dialogues establish a connection that was not present before?". Then I started to play with your concepts in an attempt to make more sense out of them and you know what? I think that now indeed they make more sense to me. I started this dialogue without really having a strong feeling that I was connected to your text and now it looks like the connection (in as far as it is really present) emerges out of the dialogue as a process; a real attempt to understand you and be open to your words. It looks like the process of dialogue is more important than to have things in common. It looks like, but maybe looks are deceiving.

I will never forget the first time I met you, Oleg. It was in Luenenburg at a conference, you were presenting your work. I only heard the second part of your presentation and really did not understand a syllable of what you were saying. I considered the option that your presentation was actually an artistic performance and that you tried to involve your audience in a bunch of totally incomprehensible concepts pretending that you were a serious philosopher. I enjoyed this thought as I could see that the audience was actually very much involved in your speech and was taking you very seriously. "He got them all" I thought and smiled. But at the end of your talk you did not present yourself as a performer. At that time I understood that you were serious and I found myself there without any understanding of what you presented. Yet I entered in dialogue with you and I enjoyed the experience very much, discovering that we DO have a lot in common and share an interest in what you call action-philosophy and what I call art-science: to go beyond the established boundaries that distinguish science from art and art from philosophy and all of the before from action and social movement. And that we share an interest in creating a new 'something' that encompasses it all without breaking it down into parts. What established our relationship? The mere fact that we did enter in dialogue or the fact that we have a common chronotope in the form of a shared vision on how to unravel the knot of the narrative of sustainability in the form of what we call action-philosophy or art-science? I feel the last is a very important aspect even though the first is obviously important as well.

So what I am implying is that we DID have a connection before we met and my question to you now is if that connection can be an ontological chronotope in the sense of our shared vision on how to unravel the knot of the narrative of sustainability. Do ontological chronotopes exist on various levels before communication and dialogue? Do they exist on the deep and maybe even universalistic level that connects us all: Chinese, Indians, Jews, Muslim, Vikings, and so on? And can we distinguish other levels of ontological chronotopes like the level where you and I share a common understanding of the limits and potentials of science and art in relation to sustainability? Or am I interpreting your words in a completely wrong way, or in a way that is totally different from what you had in mind?

Questions, questions. Suppose that some of what I am writing may be relevant in the context of what you write, the conclusion could be that chronotopes are important because they may help us sustain imaginations and create new worlds and a new world. It looks like I am above all interested in chronotopes as possible invisible commonalities in communication and in dialogues that look at first glance to be merely 'inter', divers or complex. But at second glance there may be less complexity and more commonality. As such chronotopes and especially sustentive ontological chronotopes may be important in a collective process of shaping new realities.

My question is: where can we find them and locate them? The locus to find chronotopes is in cultural eventalities you write and I translate that, to make it more tangible for me, in that they can be found in possible cultural events. Like Bakhtin's chronotopes cannot be found outside literature, your chronotopes cannot be found outside possible cultural events such as dialogues, workshops, lectures, collaborations, actions, festivals, etc. Does that mean that there is nothing before the events and nothing after? I cannot accept that idea. I think it is more likely that there is a possible 'something' (a chronotope?) that connects us before we enter in dialogue, other than previous dialogues, but that this possible chronotope only comes into being in the event. Maybe we can look at chronotopes as particles in quantum physics that are merely possibilities who enter into a particular being when we observe them. Chronotopes come into being as part of our interaction, communication and dialogue. They are and are at the same time not whereas their being is independent of specific time and place but IS very much dependent of us and our creation of cultural eventality. The either/or characteristic of my initial question is a false dichotomy: we can have dialogue because we are connected AND the dialogues manifest the connection that was not in being before.

I see two important implications. The first is that in order to create new worlds and a new world (which is the bottom line of my interest in all of this) we need to organize an almost continuous flow of possible cultural events because in these events we activate the formative force that creates new realities. Secondly, what interests me a lot, is finding ways to identify chronotopes that come into being during events. I would like to 'instrumentalize' them a little. Can we identify them, locate them, describe them and in some way or other benefit from our enhanced awareness of their existence to sustain our imagination and create new worlds? I think about methods or ways to do so and these methods must enable us to look beyond the visible. I think of self-reflexivity but especially of something new like event-reflexivity as a way to be aware of the chronotope present in the dialogue. As a means to enhance this awareness I think of meditation and transcending the visible dialogical reality. Various concrete activities like engaging in music, dance and the like can possibly help us enter into transcending stages that enable us to reflect beyond the obvious and find the chronotopes that connect us. But before continuing this line of thought I first would like to hear your dialogue response, Oleg.

IV. More Aspects of Chronotopes

Oleg Koefoed

It was inspiring to see how, after years of reflection and action-philosophical interventions in and through chronotopes, two brief replies could force me to rethink and reflect once again, learning new aspects of the life, form and substance of chronotopes. Thank you to my dialogical partners for this, we will see if it will be possible to come up with a summary of the reflections you have triggered.

In the replies from Hans Dieleman and Sacha Kagan, several interesting issues were taken up. One is the question of continuity, taken up and questioned by Kagan in his dialogical reply, through the point that any (social) event must build on discontinuity as well as continuity. He emphasizes my clearly exaggerated focus on continuity and connection (my words, not his), and stresses the need for discontinuity, leading to an understanding of *autoecopoïesis*. Of course, we need to ask in this case: how do we know that the *autoecopoïetic* as discontinuous does not merely contain *more* connectedness? Can there be an (auto)ecopoïesis without continuity? The other is also always the same, and the same is also always the other, as Heidegger (1957) explored already in Parmenides' philosophy. The risk here lies in homogenising the forms of being which are being created or transformed in these processes. However, as soon as we switch focus towards the more complex, we move the discontinuous to the inside of beings. Whatever is formed in encounters, is always complex, as is the encounter itself. The simple human does not exist, nor does the simple environment. Thus, a chronotope is always complex. Does this make a difference? Yes, certainly, as it changes the way we consider the 'individuals' in the situation. More than individual, they are dividual, and complex, the connections flowing between and into the many components in the complex organisations that we are. When we say that there is some kind of non-local connectedness between the students and the intervenors in the workshop in Beijing, we are maybe in fact saying that some or many of the elements in which we are intertwined, are part of other connections, and others again. These connections are not identical, not even homologue. The connectedness exists on many different platforms and in many different variations of intensity (intensity being a quality of the event, rather than an aggregation of quantities). Some of the platforms are mainly technical or technified,[14] whereas others are more mental or even spiritual. Furthermore, some of the connections are virtual-spiritual or potential-institutional, whereas others are actual, indicating a stillness in motion of things or people, or at least a balance, an equilibrium. The last point addresses the question raised by Dieleman about the connection between Denmark and China through a form of medium. Indeed, there are many media in play, and the whole situation being actualised over 8 days in Beijing, has already been played out numerous times in many different locations, over the last month before, at least, and still some time after. Into infinity, with variations, I would claim. The question raised by Dieleman is something like: do you believe there was a connection already before you started? And could this connection be understood in a new way in terms of the ontological chronotope? Dieleman suggests that the ontological chronotope could be something that goes beyond language as use and into a (cognitive) level of imagining. At this point, we start to introduce into the considerations a question of different forms of connection: **a)** between subjects on a (cognitive) (Dieleman's brackets) level, or for instance between non-human actors on a technical level, just to mention a few. It becomes clear at this point that we have to define what we are actually looking for in terms of connectedness and connections. Is the actuality of a technically mediated connection sufficient? Clearly, we can find a lot of these. The same goes for the case from the 'Capturing the Moving Mind' conference: dependent on when we claim that a connection has been made, we can identify links and contacts and actual interaction several years before, not only between a few people, but between most of the future participants, directly or indirectly. **b)** between events, which are later to become eventalities in the context of a complex event such as the Transsiberian conference or the workshop in Beijing: when does an event begin? Dieleman raises the issue this way: "What established our relationship? The mere fact that we did enter in dialogue or the fact that we have a common chronotope in the form of a shared vision on how to unravel the knot of the narrative of sustainability in the form of what we call action-philosophy or art-science?" (p. 62).

Only to dismantle this dichotomy at a later point, reflecting his way to the dialogue and the pre-dialogue to be parts of the same process, rather than alternatives. So the chronotope would be dialogical in the ontological sense, then: it does not only have to do with expressed, willed language, nor with expressed, unfolding strategies of order. It also contains a level of practice which is not designed by human hands, if this distinction makes any sense at all. The reason why it might make sense lies in the word 'designed'. The chronotope contains a level that is not designed. It may very well be 'intelligent' as suggested by Mette Skau elsewhere in this volume (p. 371 ff.), or it may contain information that can emerge at different points simultaneously, indicating a connection to quantum physics that Dieleman also suggests. This brings the chronotope closer to i.e. Badiou's event, as a singular unfolding in a particular site. Interestingly, the other side of the event in Badiou's understanding is the void. The void as part of the social supports the idea of discontinuity, as a gap between cultures or even between actors. But inspired rather by a continuous ontology, I would like to suggest that we are dealing with a form of threadedness, a reticulum, at times invisibly fine and infinitesimally limited in some cases, yet unbreakable. This reticulum is a way to express the overarching connectedness that I suggest in the prologue. The important aspect here is that in this way to express the connection, there will be discontinuity, yet there is connection anyway. The discontinuous lies in the fact that there are many different ways that life forms are connected: through words, through music, through blood, etc. It would be wrong to consider these threads as one in the absolute sense, as one might have read out of the first part of this text. Yet, it would also be wrong to say that they are not one. So we are closer now to what Dieleman suggests, but also to Cusanus and his concept of the *non-aliud-quod-non-aliud*, the non-other-than-not-other (here after Fogh Kirkeby 2000: 70). This is the field in which the chronotopic is also at work. It is in a sense more a nebula than a reticulum, or both or none of them. Whatever the way we express it, the real connectedness is never held within the confines of a one-sided definition. Chronotopes separate the local from the non-local, but they also bring the local and the global and the cultural differentiations together, from a point or field that lies before or prior to the eventality itself. This virtuality connects to a potential aspect, in which not everything is possible for everyone (in the virtual, nothing is possible, but everything is there). And to an actualization, in which the many threads and clouds show themselves and create zones of tension and sustension that although hardly determining for the actors, still may feel very overwhelming and thus stifling. In each of the examples described in this text, there is a zone of (sus)tension unfolding itself between the actors themselves and between the actors and all other actants, organic or non-organic. And besides, the non-locality may very well be encapsulated within a continuity in which there are discontinuities. So its possibility does not exclude the continuous. Just as so many other opposites which are enfolded in one another, life/death, inside/outside, I/other, etc.

This leads us to the issue of the *transcultural*. We have touched briefly upon it, and this final remark will also only be a short one.[15] The question is whether there could be a locus for the non-local in spatial and temporal sense in the trans-cultural? Here, trans-cultural means that which operates within the cultural, yet due to its form and substance goes beyond the cultural itself; offering the players in the cultural spheres a field or form in which to step out of their specific culturality and into a suspension of this. In other words, this definition differs from the one suggested by Ortiz in 1940 (see Young 2001), whereby 'transculturation' marks the introduction of foreign (cultural) elements in another culture and the transformation of the latter through the work of the former. So my definition differs by focusing on the extra-cultural, rather than the extra-mono-cultural. This transcultural may be present in the shape of a technology, a space, an object. But not just any object or space or technology, as it seems that the ones that can only be shared through an interpretation through language would be doomed to be "always already culturalised" (Derrida and Malabou 2004: 89). The transcultural in this respect could be described more as a function of encounters, rather than their precursor. Probably, what the action research referred to in this metalogue points to, is that the transcultural can be present and working without being directly identifiable with e.g. a particular object or other actor. So that which comes from 'outside culture' would have to reside within an object, but need not remain in it; indeed it may skip from one body to another, like what we seem to observe with regards to mobile phones today. I have spoken of the sustensive as related to sustainability, and sustensive eventalities may be said to depend upon the presence of sustainable transculturalities. Dependant, in other words, on the role played in any event by the combinations of elements that emerge or are brought into the event, from the virtuality of the event itself. This could serve to begin to speak of for instance a contact made before it takes place in actuality, like Dieleman suggests. Or to speak of a continuity which contains discontinuities inside it, to respond to Kagan's objections. But all of this must be the content of future work and coming projects and publications.

Endnotes

1. About James' and Deleuze's empiricism, see Lapoujade (2002) and Massumi (2004).

2. About quasi-totality and singularities: "For example, a singular point which marks a phase transition, such as that between ice melting and water freezing does not occupy a moment within a living present and therefore mark a definite state, but rather marks the indeterminacy between actual states, embodying whatever divergent directions of becoming can be taken by the actual system at the same time" (Groves 2006); for a critical discussion of the concept of quasi-causality, see Žižek (2006).

3. A coming text will deal with this issue as a matter of transculturality; it will be presented at a seminar in March 2011. Text available by addressing the author.

4. These draw partly on an unpublished article written for *Ephemera Journal* in 2006, building on a train conference on board the Trans-Siberian, "Into the Vortex: Moving by Creative Resistance – An act of virtual empiricism in a political inter/event/ion" can be obtained from the author.

5. As described by C.S. Pierce, see Stjernfeldt (2007: 80).

6. Others have been down this path of shifting the focus of the Bakhtinian concepts of chronotopes and dialogism from literature to sociological or geographical spaces/places/situations – as described by Halloway and Kneales (in Thrift and Crang 2000).

7. Defined as the elements of an event as it takes place, not its fulfillment, but its folding and unfolding (cf. Koefoed 2008).

8. The concepts of singular and universal are used here in a particular meaning, inspired by the philosophy of Deleuze. A singularity is a physical concept indicating the point at the heart of a black hole. In other words, the singular has no extension other than itself, yet it contains potentially the whole world inside itself. Although only in a virtual sense, of course. If it were ever to contain the universal in itself, there would simply be nothing, or not even nothing. These concepts are used to point at the singular as that which is the innermost of the subject, but at the same time connected with the universal. Thus, it does not necessarily lead to a holistic interpretation of the connection of particulars, nor a "gaïa" reality. These concepts do not portray the whole of reality, and although they do indicate a connection without discontinuity, they so not exclude other, discontinuous connections.

9. In receptions of Bakhtin in the West, that is (see Holqvist 1984).

10. Which might again be defined in a number of ways – the simplest being that an open system is permeable to matter, or energy (which may be expanded to information,

if one considers this independent of the two former) – and a system is defined as a concentration of elements that are organised along dynamics of interaction for which some kind of algorithmic principles may be defined.

11. One cannot say that Deleuzianism is particularly spiritual in its appropriation of Deleuze's thoughts. Here, different strands are obviously already at work if we merely the differences between a materially focused assemblage theory of someone like Manuel DeLanda (2006) and an affect-focused event-theory of Brian Massumi (2002) – let alone the shift to complexity theory of writers like Smith and Jenks (2006), dismissing somewhat easily with Deleuzianism as "post-structuralism", a term that never applied even fairly well to this particular strand of philosophy.

12. "A house, wherever it may be, is an enduring thing, and it bears witness to the slow pace of civilizations, of cultures bent on preserving, maintaining, repeating" (Fernand Braudel in DeLanda (2006: 95)).

13. To mix very briefly and superficially, Whitehead and Bergson or Deleuze, a long story that we will leave for another account.

14. Which does not mean they are farther from a human perspective, on the contrary, as the philosophies of technicity witness (Beer 2008).

15. Two coming publications will build more upon this; based on interventions in the fall and winter of 2010–2011.

Bibliography

Badiou, A. (1988). *L'être et l'événement*. Paris : Gallimard.

Bateson, G. (1979). *Mind and Nature: A Necessary Unity*. New York: Hampton Press.

Beer, D. (2008). Power through the Algorithm? Participatory Web Cultures and the Technological Unconscious. *New Media Society* 11: 985–1002.

DeLanda, M. (2006). *New Philosophy of Society: Assemblage Theory and Social Complexity*. London and New York: Continuum Press.

Deleuze, G. (1969). *Logique du sens*. Paris: Éditions de minuit.

Deleuze, G. (1977): Désir et plaisir, letter from Deleuze to Foucault. URL (consulted June, 2010): http://listes.rezo.net/archives/cip-idf/2003–11/msg00032.html.

Deleuze, G. (1988). *Le pli*. Paris: Éditions de Minuit.

Deleuze, G. and F. Guattari (1980). *Mille Plateaux*. Paris: Éditions de minuit.

Deleuze, G. and F. Guattari (1990). *Qu'est-ce que la philosophie?* Paris: Éditions de minuit.

Derrida, J. and C. Malabou (2004). *Jacques Derrida: La contre-allée (Voyager avec Jacques Derrida)*. Paris: La Quinzaine littéraire-Louis Vuitton.

Emerson, C. and M. Holquist (eds) (1981). *The Dialogic Imagination: Four Essays*. Austin: University of Texas Press.

Giroux, H. (2000) *Impure Acts: The Practical Politics of Cultural Studies*. New York: Routledge.

Groves, C. (2006). Teleology without Telos: Deleuze and Jonas on the Living Future. Paper presented at the Causality and Motivation Workshop, Bolzano, April.

Halloway, J. and J. Kneales (2000). Mikhail Bakhtin: Dialogics of Space. In: Thrift, N. and M. Crang (eds). *Thinking Space*. London and New York: Routledge: 71–86.

Heidegger, M. (2002/1957). *Identität und Differenz*. Stuttgart: Clett-Kotta Verlag.

Kirkeby, O.F. (2000). *Management Philosophy: a Radical-Normative Perspective*. Heidelberg and New York: Springer Verlag.

Koefoed, O. (2008). Zones of Sustension: An Exploration of Eventality, Culturality, and Collective Intuition in Life and Work. In: Kagan, S. and V. Kirchberg (eds). *Sustainability: A New Frontier for the Arts and Culture*. Bad Homburg: VAS Verlag.

Lapoujade, D. (2000). From Transcendental Empiricism to Worker Nomadism. *Pli* 9: 190–99.

Massumi, B. (2002). *Parables for the Virtual. Movement, Affect, Sensation.* Durham and London: Duke University Press.

Morin, E. (1977). *La méthode – Tome 1: La Nature de la Nature.* Paris: Seuil.

Loy, D. (1997). Loving the World as Our Own Body: The Nondualist Ethics of Taoism, Buddhism and Deep Ecology. *Worldviews: Environment, Culture, Religon* 1(3): 249–273.

Nicolescu, B. (2002). *Manifesto of Transdisciplinarity.* New York: State University of New-York Press.

Paulsen, M. and O. Koefoed (2008). Samtale om Interkulturalisme og kulturel læring: Et drama mellem drøm og virkelighed. In: Zeller, J. and M. Etemadi (eds). *At tænke filosofisk : festskrift for Lennart Nørreklit.* Aalborg: Academic Press.

Stjernfeldt, F. (2007). *Diagrammatology. An Investigation on the Borderlines of Phenomenology, Ontology, and Semiotics.* Synthese Library, 336. Heidelberg and Berlin: Springer Verlag.

Smith, C. and K. Jenks (2006). *Qualitative Complexity: Ecology, Cognitive Processes and the Re-emergence of Structures in Post-humanist Social Theory.* London and New York: Routledge.

White, K. (2005). The Geopoetics Project: Lecture Two, 'Return to the Territory'. URL (consulted December, 2008): http://www.hi-arts.co.uk/geopoetics_project.html.

Young, R.J.C. (2001). *Postcolonialism: An Historical Introduction.* Oxford: Blackwell Press.

Žižek, S. (2004). *Organs without Bodies. Deleuze and Consequences.* New York and London: Routledge.

II. Intercultural Hermeneutics

Metalogue 3

Perspectives on Intercultural Philosophical Phenomenology

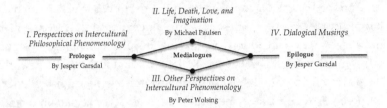

II. *Life, Death, Love, and Imagination*
By Michael Paulsen

I. *Perspectives on Intercultural Philosophical Phenomenology*

Prologue
By Jesper Garsdal

Medialogues

IV. *Dialogical Musings*

Epilogue
By Jesper Garsdal

III. *Other Perspectives on Intercultural Phenomenology*
By Peter Wolsing

This metalogue presents some ontological, phenomenological and religious themes in the religious and philosophical thinking of Takeuchi Yoshinori and Henry Corbin. As such, the metalogue takes its outset in: the negativity of sorrow; the Shin-buddhist idea of release from despair through the grace of salvation; the understanding of existential time; the idea of Being as an ontological command; and the existential realization of a world of individualized "archetypical" symbolic images and the human heart. Through the work with these aspects of human existence the metalogue unfolds its intercultural potential through an investigation of the borders of interculturality. This endeavour is expanded and maybe even transgressed as the dialogical nature of the metalogue gradually manifests itself.

Language: English

I. Perspectives on Intercultural Philosophical Phenomenology

Jesper Garsdal

This prologue is as an initial part of a larger project, which from the perspective of world philosophy and intercultural history of ideas, investigates ideas and notions on imagination, phenomenology, existence, transcendence (both religious and non-religious), bodies, worlds, interconnectedness and inter-subjectivity. This prologue has a double purpose: 1) to present some introductory reflections on ontological, phenomenological and religious perspectives on these themes in light of the religious and philosophical thinking of Henry Corbin (1903–1978) and Yoshinori Takeuchi[1] (1913–2002) and 2) through the comparison of philosophical ideas developed by these two thinkers also to indicate the general fruitfulness of such comparisons across religious and ontological borders (in this case in particular the borders between the different religious-philosophical reflections of Christianity, Buddhism and Islam) for philosophical and religious thought.

Corbin was Professor in Islamic Studies at Sorbonne and notably one of the most prominent members of the Iranian Academy of Philosophy, which flourished in Iran in the 1960s and 1970s until the fall of the Shah in 1979. Yoshinori was a member of the so called Kyoto-school in Japan, where the major thinkers wrote their central texts in the first 2/3 of the 20th century. The activities in both Teheran and Kyoto can be seen as important contributions in the development of a modern world-philosophy and an inter-religious and intercultural philosophy. Within these two schools, individual thinkers were inspired by an idea of revitalizing specific non-western religious-philosophical traditions by bringing these traditions in dialogue with other traditions, especially (but not exclusively) Western philosophy and history of ideas, also Christian theology, and especially for the Kyoto-school, taking secular world-views serious as possible world-views. The Kyoto-school was inspired by ideas from East-Asian Buddhism which mostly were rooted in Zen- and Shin-Buddhism. The Iranian Academy of Philosophy introduced pre-Islamic and Islamic Iranian philosophy as well as gnosis and non-Iranian Sufi-philosophy (most notably the religious thinking of Ibn' al-Arabi), both to the Islamic and the non-Islamic intellectual world.

Phenomenology, Ontology and Religion

A common reference point of interest in Western philosophy for Corbin and Takeuchi, was Martin Heidegger's (1889–1976) idea of phenomenology as a fundamental activity related to the "participation" or "realization" of Being. On the one hand, both Takeuchi and Corbin agree with Heidegger regarding the importance of the existential aspect of truth, with the claim that this does not lead to a "psychological" hermeneutic expression of the fantastic whims and hallucinations of an isolated subject (we will later see that especially Corbin finds a much more interesting and powerful network of ideas of imagination in Islamic esotericism). The important religious and spiritual consequences of these phenomenological reflections are that they open up for ways of interpreting religious, mystical and spiritual revelation or phenomenology, which focus on the interaction between the divine and the human as an actual and real existential process. On the other hand, though, neither Takeuchi nor Corbin accept Heidegger's (specific construction of a) fundamental ontology. This has to do with the fact that Takeuchi and Corbin adhere to ontological and religious positions which to some extent differ from Heidegger's, and which at the same time are not a part of the History of Western Metaphysics. This raises some questions:

1. How will these differences influence the phenomenological level? Or in other words, how will the different life-worlds seem different in regard not only to different existential loci, but also in regard to differences in ontological and religious ideas?

2. How can this understanding of the differences and similarities fructify further interreligious dialogues at a philosophical level?

We will therefore now take a closer look at these questions, and we will here focus on certain aspects, which can help us in other contexts to pursue the possibility of creating an inter-religious and philosophical dialogue between the Esoteric Islamic Protestant Christian Henry Corbin and the Shin-Buddhist Yoshinori Takeuchi.

Corbin, Phenomenology and the Different Meanings of dokeō

Even before he was acquainted with Heidegger's philosophy, Corbin found the direction for his own studies. Corbin in his early period specialized in Scholastic Philosophy. He wrote a thesis in 1925 on Latin Avicennism in the Middle Ages, while he in the same period broadened his area of research and studied Neo-Platonism and the Upanishads, (he ended up mastering Greek, Latin, Sanskrit, Arabic, Turkish and Persian). At the end of the 1920s Corbin had taken a special interest in Iranian and Islamic philosophy and gnosis, Protestant theology and mysticism, and in the European hermeneutical tradition, which from that time would become the focal themes of his work.

Corbin argued that Islamic esotericism presents some of the most sublime examples of the understanding of what he considered to be the "spiritual-phenomenological fact" of the resurrection. He held this unusual positing through a critique of the decisions made by the fourth major Christian Church council in Chalcedon in 451,[2] more specifically he rejected the council's view on *docetism* particularly their understanding of the crucifixion of Christ. Corbin points out that the claim that there is docetic dimension of the crucifixion of Christ, that Christ "seemingly" where crucified, can be understood in two very different ways. He argues that docetic perspective not should be understood as claiming that the crucifixion was an illusionary event, but that it rather should be considered through a careful ontological-phenomenological analysis. The Greek root for docetic is the word δοκέω, *dokeō*, which means "that which seems" or "opinion", and Corbin saw docetism, especially regarding the resurrection, as expressing this deeply lived phenomenological ("that which seems") and ontological experience of fundamental reality. But the word dokeō is also the root for the Greek word dogma. For Corbin the council's decision to dismiss the idea of a docetic body was the beginning of a transformation from the gnosis of an existential-phenomenological interpretation of resurrection to a more abstract dogmatic, common "opinion" of resurrection. Furthermore, this opinion should be seen as a kind of social disciplinary activity, which was not verified by personal-individual lived experience, but rather through the Church's authoritative interpretation, which therefore according to Corbin overruled the existential phenomenology of the resurrection and the resurrection body through the history of the West-European Church.

Corbin thereby combined a critique of what he saw as a Christian dogmatism, with a search for a hermeneutics that could give a pheno-menological-ontological interpretation of the resurrection. He mainly found such a hermeneutics in pre-Islamic Mazdaism and in esoteric Islam. But he also sought in Western philosophy and in Christian thinking for hermeneutical paradigms, which could help him to understand and explicate what he found in Esoteric Islam, and he here found inspiration in Søren Kierkegaard, Heidegger, Martin Luther and Emanuel Swedenborg.

Takeuchi and *Geviert*, the Resurrection-body and Religious Inter-subjectivity

Takeuchi's teacher, Hajime Tanabe met Heidegger in the early 1920s and they continued to correspond until Tanabe's death in the early 1960s. Tanabe in the beginning of the 1940s turned his philosophical interest towards Shin-Buddhist themes, and in his complex major opus *Philosophy as Metanoetics* from 1946 inspired by Shinran he developed a very interesting mutual deconstruction of Hegelian and Heideggerian ideas regarding logic, phenomenology, time, and inter-subjectivity. Takeuchi, in this way, got interested in Heidegger's late ideas of the *Geviert* or the "fourfold" as it is expressed in the essay *Freeing and the World Beyond* from 1974, which Takeuch reflects on in the last chapter of his book *The Heart of Buddhism* from 1983. Heidegger developed in his later philosophy, inspired by Hölderlin's poetry, the idea of the "thingness" of a thing as a gathering of *Geviert*, the "four-fold" of gods and mortals, heaven and earth. This idea helped Heidegger extend his earlier understanding of "world" and also the phenomenology of being-in-the-world as it was expressed in *Being and Time*. Takeuchi in his reflections refers to a conversation he had with the Protestant theologian Rudolf Bultmann on the similarities and differences between Christian faith and Zen-Buddhism. He relates the idea of the fourfold to the distinction between "the resurrection body", *soma*, and "the body of sin", *sarx*, which Bultmann himself had discussed in his interpretations of the letters of St. Paul. Takeuchi's suggested a parallel between the phenomenological awareness of the gathering of the fourfold and the idea of the resurrection body which were dismissed by Bultmann, who claimed that this parallel does not leave enough place for a true encounter with a Thou. In the last part of the chapter Takeuchi tries to reconcile the idea of the resurrection body as an expression of the fourfold with the possibility of the meeting with a Thou through a reinterpretation of central themes in Shin-Buddhism, thereby constructing a form of religious inter-subjectivity. He does this through an interpretation of the 17th *boddhisatva*-vow in Shin-buddhism, which presents a certain symbol, namely the chorus of Buddha's pronouncing of the "name of the Amidabuddha"[3] in harmony where each Buddha has its own Buddha-land or Buddha-world, which can function as a locus of salvation for sentient beings.

Takeuchi, the Kyoto School and some Shin-Buddhist Themes

Buddhism in general operates with the idea of no-self, *an–atman*, which is intimately connected with another idea, the idea of *pratītyasamūtpāda*, the idea that no-thing exists independently of other things because everything in the world is connected and therefore continues to rise and disappear interdependently in "no-thingness". These two ideas are in the later developments in Mahayana-Buddhism connected through the concept of *sunyata*, "emptiness" or the dynamic "emptying" of all forms of beings, including words, concepts and categories. These (anti-) ontological ideas underlie the thinking of the Kyoto-school, where *sunyata* is baptized in a Western philosophical language as "absolute nothingness". The analysis of this emptying of beings has two aspects. One aspect is the emphasis of deconstructive and paradoxical aspects of existence in order to avoid disguised claims of isolated selfness. The other aspect is the emphasis of dynamic interconnectedness of everything.

This connection of negativity and interconnectedness can also be seen in Takeuchi's Martin Buber-inspired critique of Heidegger's analysis of death. Takeuchi, like Buber, claims that Heidegger in his emphasis on existence's own being as being-unto-death overlooks the importance of the death of "the other" especially if it is the death of a loved one. The point is that we are not existentially disinterested in relation to the death of another, if this other is a person dear to ourselves. The sorrow which is experienced in such a case is an existential sorrow, even though existence in this case does not relate to its own death. We thereby see that an ontological idea of interconnectedness (like Buber's I-Thou philosophy), leads to a focus on inter-subjectivity in the analysis of an existential phenomenology.

The idea of *sunyata* as an all-compassing process of emptying can also be seen as the Kyoto school's alternative to an idea of God, who creates *ex nihilo*, and who exist independently of God's creation. This alternative can be traced in the works of Kitaro Nishida and especially Keiji Nishitani, and has played a central role in Buddhist inter-religious dialogue with Christianity in the 20th century. This is done by discussing differences and similarities between the Mahayana Buddhist idea of *sunyata* and the Christian theological understanding of the idea of *kenosis*, the process of the "self-emptying of God" – especially the self-emptying of the "Son of God" (Philippians 2:5–8/11).

The idea of *kenosis* can be interpreted as the idea, that even though God might be described as creator or as a person in conventional "positive" language, then a more exact understanding of God also requires a "negative" description of God, where God is understood as "God as emptying God" in the moment of time, that is, the moment where eternity and time meet (too paraphrase Kierkegaard). Not surprisingly did the Kyoto school in general and Tanabe and Nishitani in particular therefore take a keen interest in a Christian negative theology especially Meister Eckhart's idea of God as Nothingness; the "Godhead" or the "behind" or "inside" the Trinitarian process.

But the Kyoto-school did not only interact with Christian theology in conversations regarding God as a *kenotic* process as an alternative to the idea of a God who creates *ex nihilo*. They were also involved in the inter-religious dialogue regarding how to achieve "salvation from despair". This is especially true in relation to some of the more Shin-Buddhist inspired themes discussed mainly by Tanabe and Takeuchi. The dynamics between existential despair and the experience of grace is a general theme in both Zen and Shin-Buddhism. The general Buddhist point is that as long as the human being is attached to the idea of an isolated self, it is living in a form of despair, which only can be resolved through the existential insight of the dynamics of no-self and interconnectedness. The difference however is that Shin-Buddhism is more sceptical than Zen regarding the possibility for a person to come in contact with his or her own "Buddha-nature".

There is a complicated internal debate in East-Asian Buddhism precisely about this issue in reaching "Buddha-nature" which is closely connected with fundamental themes in Buddhology.[4] But in our context it is sufficient to know that the Shin-Buddhist position generally implies that a person never can reach enlightenment through own efforts, one's own Buddha nature is so to speak corrupted, and one therefore has to depend on the grace of another. In other words a person has to be saved by a saviour in form of another power, in Japanese *tariki*, than the person's own self-power, *jiriki*. Only in recognizing the absolute nihilism in oneself, can the person be saved through the works of another (it is worth noting in passing that Shin-Buddhism here actually is presenting a strong ethical version of the idea of no-self). This idea of salvation through the grace of another has implications both on the vertical and horizontal plane. In the vertical plane the compassion of absolute saviour in Shin-Buddhism is *Amida-Buddha*, the Buddha of Immeasurable Light and Life, which on the horizontal plane opens up for a multitude of relative saviours, namely the *Boddhisatva*s, the "Buddhas-in-spe", who are themselves saved through the grace of *Amida-Buddha*, but who at the same time uses them as skilful means for transferring salvational "merit" to others.

These ideas opened up for dialogue with Christological ideas and Christian ideas of salvation. The emphasis on grace as something given by other-power combined with the idea of the nothingness of the self clearly opens up for a dialogue with the Christian idea of Christ saving sinners through grace – an idea which especially became a central theme in the theology of Luther. But there is also at least one possible central difference – that is the awareness of no-self in the Buddhist approach. Here the *Amida-Buddha* is neither only a projection nor a saviour-god, who can exist independently of the sinner – the meeting between *Amida-Buddha* and the sinner is itself an interdependent ontological event, which takes place in absolute nothingness. In most of mainstream Christian theology, Christ would instead be understood in relation to other ideas, like for example the idea of the Trinity.

Another theme is how we should understand the meaning of the invocation of the name of the saviour in prayer. In Shin-Buddhism the faithful believer is saved through what appears to be his or her own recital of "the name of Amida Buddha", *Namu Amida Butsu*, where the Christian on the other hand is saved in "the name of Jesus Christ". In both cases a part of the salvation is to realize that it is actually *Amida-Buddha* or Christ, who are reciting their own name and invoking the faith. At the same time, however, this does raise a lot of questions regarding what invoking "the name" actually has of consequences at a phenomenological level, if it does not matter what name is invoked etc. etc.

A third theme is the idea of time. Not only Heidegger but also

Kierkegaard noticed how religious and ontological presuppositions are closely related to the phenomenological experience of time. Kierkegaard specifically analyzed the difficulties for the Christian to understand how Christ can save him or her through a personal meeting like the meeting St. Paul had in Damascus. According to Kierkegaard's analysis the possibility of salvation for the existent Christian shows itself as anticipation of (what from the theophanic perspective is already given) salvation in faith, but at the same time the death and resurrection of Christ is for the Christian a historical event. The above mentioned shift in the believer's understanding of the invocation of the name in a prayer is connected with this theme, because the salvation consists in discovering that the prayer thought to be an anticipation of existential salvation in the future, actually turned out to be an expression of a state of "already being saved" as it was the saviour, who prayed through me.

Takeuchi's attempt to reconcile Heidegger's idea of "the fourfold" as the resurrection-body's way of being-in-the-world with Bultmann's emphasis at meeting with the Thou can be interpreted as a deepening of Kierkegaard's analysis of the anticipation of the "all-ready-given salvation". Takeuchi does not here only discuss the encounter with a divine Thou in existential time, but also includes the idea of a transfigured body and a transfigured world of inter-subjectivity, in his understanding of the religious way of being-in-the-world.

Some of Henry Corbin's Main Ideas Exemplified through his Readings of Ibn al'Arabi

We will now turn to Corbin's religious and ontological framework, which mainly focus on the existential-phenomenological aspect of lived religious experience in pre-Islamic Iranian religion (Mazdaism, maybe better known as Zorastrianism), and the three religions of the Book (Judaism, Christianity and Islam). More specifically Corbin interprets esoteric Islam, especially Shia-Muslim gnosis and the Sufism of Ibn 'Arabi, in a way which he opens up the doors for a new phenomenological understanding of central Christian themes. Two central themes in

Corbin's thinking are the importance of *significatio passiva* in relation to ontological reflection and the importance of Imagination and the realm of images *alam-al-Mithal*.

Let us turn to an example of how these two themes are expressed in Corbin's interpretation of the gnosis in esoteric Islam. We will look at Corbin's interpretation of aspects of Ibn al'Arabi's thinking in his *Alone with the Alone: Creative Imagination in the Sufism of Ibn 'Arabi*.

Corbin writes:

> To begin with, let us recall the hadith which all our mystics of Islam untiringly meditate, the hadith in which the Godhead reveals the secret of His passion (his pathos): 'I was a hidden Treasure and I yearned to be known. Then I created creature in order to be known by them.' With still greater fidelity to Ibn 'Arabi's thought, let us translate: 'in order to become in them the object of my knowledge.' This cosmogony is neither an Emanation in the Neoplatonic sense of the word nor, still less, a creatio ex nihilo. It is rather a succession of manifestations of being, brought about by an increasing light, within the originally undifferentiated God; it is the succession of tajalliyat, of theophanies. This is the context of one of the most characteristic themes of Ibn 'Arabi's thinking, the doctrine of divine Names [which has sometimes been termed, rather inexactly, his "mythology" of divine Names] (Corbin 1998: 114).

We here see that the theme of creation and the theme of the divine Names are brought together in a way that emphasizes Gods creation as an expression of passion, namely the passion of becoming known. It is the passion of God, that makes God create creatures – they are created so God can know himself through his divine Names "in a series of theophanies", that is, a succession of phenomenological revelations of God. The central point is that individual existence is the place where the divine Names are manifested. In other words, God knows himself in the passionate manifestation of the divine Names through and for individual existence. The individual existences are like the divine Names eternal expression of Gods longing for knowing himself, and ideally they function as servants for Gods passion of knowing himself.

But God's passion for being known at the same time becomes thereby com-passion with individual existence regarding the striving for knowing the divine Names. Ibn 'Arabi talks about the Godhead's creation of existence as a "Breath of Compassion" or as a "Sigh of Compassion", *Nafas Rahmani*. Existence is therefore neither a result of a necessary emanation, nor a *creatio ex nihilo* from an indifferent Creator, but is created out of the pathos of the Godhead, which becomes the (asymmetrical) polar compassion between the Creator and the creation regarding the phenomenological revelation and presence of the divine Names.

Corbin in a footnote compares this with Luther's discovery of the *significatio passiva*. Luther discovered this idea when he in the 'Book of Psalms' 31:1 read a prayer, asking God to deliver the praying person into Gods righteousness. Luther had through his theological training learned to fear God's justice as punishment for the wicked ones, and as he saw himself as a wicked sinner, he could not understand why anyone should wish to be delivered into God's justice. Like we saw earlier in the Shin-Buddhist version of no-self, there is no salvation possible through the self's own power, and therefore the self by these standards should be judged as a failure. But like the perspective changes for the Shinbuddhist, when he or she understands that the salvation comes from the grace of the other-power, *Amida-Buddha*, so did the verse in the Psalms open Luther's eyes for a new understanding of the justice of God as something delivered through the Grace of the other-power of Christ. What is interesting here is that Corbin sees the same structure in Ibn 'Arabi and follows Ibn 'Arabi's lead as an inspiration to understand Christianity.

This is especially intriguing in relation to the question of understanding creation. Ontologically speaking, Ibn 'Arabi connects the idea of compassionate grace directly with God's creation, and therefore the meaning of existence should be understood as an imperative which at the same time is an expression of the Godheads creative act and a command to existence: BE! Furthermore, the passionate relation of compassion between God and created existence is not an abstract transcendent relation between the being of Creator and the nothingness of the creature, but is aimed at the revelation of divine Names. This brings us back to the question of the role of Imagination in the *theophanies*[5] of God, and the role of Imagination in this.

Imagination as Ontological Realms and Processes

Corbin further focuses on the importance of imagination in esoteric Islam and especially in the Sufism of Ibn 'Arabi. Imagination, *khayâl*, is not seen as related to subjective, psychological images. Instead it is claimed that imagination has not only epistemological but also ontological dimensions. Corbin therefore preferred not to use the word "imagination", but instead talked about an "Imaginatrix", as an ontological realm/world of images between the sensual and the intellectual realms/world. This realm, which Ibn al'Arabi called the *'alam-al-Mithal* functions as an in-between (in Arabic *barzah*) world, between these two realms/worlds, both as a border and as a mediator between them where the images in it combine attributes from both the intellectual realm of divine Names and the sensual realm. The images in *'alam-al-Mithal* cannot be reduced to the psychological or even epistemological images produced by an isolated subject. They should instead be seen as a central part of the existential possibility of connecting with Allah's divine names through prayers, what Corbin calls creative or active imagination – "images" from the Imaginatrix are as such more real than the sensual images and the limited form of thinking which is bound up at these sensual images. Further this is realm also essential for Corbin's view of existence, which I would like to characterize as a dynamic relation between being-at-this-side-of-death (earth-man) and being-at-the-other-side-of-death (the personal angel) that are connected through God's creative imagination; that is, his understanding of the resurrection body and his interpretations of the mystical meetings across the boundaries of agnostic time and space coordinates.

Now, let us get back to issue of the phenomenology of spirit/the revelation of God. Corbin in a note distinguishes between three types of theophany according to a) whom the revelation of God is revelation for, and b) according to the content of revelation. The first theophany is the revelation of the divine essence for God alone, which no human description can reach. This revelation is called the "Primordial Cloud". The second theophany is the revelation of God as the totality of theophanies revealed to God through the divine Names, and the third theophany is the form of revelation of God given through the individual existences in which the divine Names are revealed.

The medium for the manifestation in the Primordial Cloud is:

> the absolute unconditioned Imagination (khayal mutlaq). The initial theophanic operation by which the Divine Being reveals Himself, 'shows Himself' to Himself, by differentiating Himself in his hidden being, that is, by manifesting to himself the virtualities of His Names with their correlate, the eternal hexeities of beings (Corbin 1998: 186).

The absolute unconditioned Imagination of God, should of course be distinguished from the spiritual-psychological Imagination of the existent individual, but at the same time it is the fundamental reason for epistemological value of the imagination of the existent individual (this is what interests Corbin, not only in regard to Ibn 'Arabi but in general).

In the case of Ibn 'Arabi this is what gives meaning to the imperative "BE". God is non-recognizable in the Primordial Cloud, but God is not for that reason an indifferent "thing-in-itself" neither does he constructs such a thing – God is passionate and the virtualities in the Primordial Cloud are therefore not neutral latencies; they, as the first theophanic manifestations of God's passion, also themselves strive to be known.

The actualization of the virtual Names and beings in the Primordial Cloud likewise happens through the Active Imagination. The names and beings are actualized through each other in a realm which is between the Names and individual beings, a realm of inter-being, *inter-esse* as the "interested, passionate realm" in form of a world of images where the "archetypical" divine Names are individuated in individual symbolic beings. This is the realm Ibn 'Arabi calls '*alam al-mithal* that gains its reality exactly because of active imagination.

The Existential Realization of the World of Images: The Imaginatrix –
Through the Heart and Active Imagination

At this point we have to distinguish between two types of Imagination
in relation to '*alam al-mithal* as the actualized world of symbolic beings.
The first is the Imagination involved in the ontological actualization of
the world of real symbolic beings, which we just discussed. The second is
the (apparently human) epistemological use of Imagination to make this
world of symbolic beings known to an individual being.

The last form of Imagination is closely related to the theme of the heart
(*qalb*) as a mirror of the "objective" symbolic beings striving to be known.
The seeker does not directly see these symbolic beings through his or
her senses but they are mirrored in his/her heart. This mirroring presents
something real, namely the symbolic beings from the world of images,
but does this in an unreal way, that is through the mirror of the heart.
The degree to which the seeker can be said to know these beings for real
therefore depends on the degree in which he or she can re-present them as
real symbolic beings through an active imagination (*himma*) and thereby
create apparitions of "supernatural appearances" in the World of Images.

Theophanic Prayer, Visionary Recital, Inter-subjectivity and the
Geosophy of the World of Images

The active imagination (*himma*) might sound as the creation of a kind of
hallucination but it is important to recall the ontological foundation of
these images, and especially to notice in what context this imaginative
process reaches its full potential. For Corbin this is what he in his book on
Ibn 'Arabi calls "theophanic prayer", and what he in his book on Ibn Sina
(lat. Avicenna) calls "the visionary recital". The invocation of the divine
Names in a prayer has phenomenological consequences, because the
actualized world of objective symbolic beings begins to become known
through the visionary recital, thereby becoming the revelation of God
for the individual existence and thereby a new dimension of revelation
for God through the appearance of symbolic beings by combining divine
Names and beings in the Imaginatrix.

This has wide implications because the seeker through intensified prayer rises through different stages and "stations" of insight, which at the same time are different momentary stages and more stable stations of existential realization. It is worth noting that this revelation takes place in a world of beings filled with the names of God. The different phenomena, which appear at the different stages and stations, should also first and foremost be seen as a theophany which is closely related to the "ontological" World of Images. This world is not a psychological projection, but the discovery of a new world with its own topology and thereby also a new mode of being-in-the-world. The phenomenology of this new world, which at the same time is an existential realization and at the same time a part of God's theophany, can therefore according to Corbin be described as a form of theophanic geography, or as Corbin puts it as a Geosophy which he finds unfolded in Esoteric Islam and pre-Islamic Iranian texts.

II. Life, Death, Love, and Imagination

Michael Paulsen

The prologue by Jesper Garsdal is an interesting piece. There is no central theme to be found in the text. Strange and awkward things and personalities are interchanged and mixed – the resurrection body, imaginatrix, absolute nothingness, the earth-man, *Amida-Buddha*, Sufism, Christianity, the personal angel, the primordial cloud etc. As such the text incarnates to a maximum the idea of inter-textuality. Only a slight male-bias might be the case. At any rate no female references are made explicit (Why, Garsdal?). The text does not only consist of perspectives on inter-cultural philosophical phenomenology. It also *plays with* the concepts of philosophy, phenomenology and inter-culturality and investigates their (shared?) border zones, going even beyond them. When I tried to understand the prologue I got the feeling that the depth of it only began to appear when I dared to jump on the whole net of ideas (like on a trampoline). Only then did the text open my heart, and that in two interconnected (alas!) ways, which might return some insights to the prologue (or in further inter-textual encounters with the text and with Garsdal). These two openings – or perhaps more indirectly theophanies to use a phrase coined by Corbin – can be named (1) *the adventure of life and death and* (2) *the adventure of love and imagination.* My aim is not to dwell upon all the possibilities and impossibilities within these adventures, but only to ask a few questions and make some tentative and speculative suggestions.

The adventure of life and death. As I read Garsdal one of his suggestions – motivated by Corbin, Takeuchi and others – is to perform a de-centering of Heidegger's analysis of *Being-towards-death* in *Being and Time.* Garsdal seems to accept – more or less – Heidegger's distinction between the everyday Being-towards-the-end and the full existential conception of death. Yet, placing Heidegger in an inter-cultural context Garsdal makes it uncertain whether Heidegger even has the possibility of reaching a *full* existential conception of death. If life and death are *lived* differently in different cultural and spiritual settings it would be naïve to think that this only has consequences for the everyday-Being. It does not only modify the meaning of death. It alters the "existential configuration of death-life" altogether (because death and life are not at all where and when one – and also Heidegger – presuppose them to be – e.g. life is not just something before death) – and this changes the very basis of the *existential* hermeneutic enterprise. The de-centering of the phenomena of death becomes an opening towards a multitude of different hermeneutics. It does not only have consequences for what is understood – but also for what understanding and interpretation are. The introduction of the resurrection body seems to have a similar, yet further point, which is that powerful authoritative interpretations within society are able to transform, prevent and overrule (and thus *hide* in an ontological sense) phenomenological interpretations accomplished on the personal-individual level. Yet, my question would be, if it is not – against Heidegger – also necessary to pay attention to the positive and productive side of social bonds and not only conflate it with everyday-being? As also Garsdal notices (and this has often been remarked in commentaries on Heidegger) it is remarkable that Heidegger does not pay more heed to the existential importance of (the death of) the other. From the Buddhism-perspective the idea of authentic individuality becomes even more elusive. My question then would be, if it is not in line with these thoughts to base the existential hermeneutic enterprises on open, *socially constituted* dialogues, where the salvation from social authorities and delusive individualism is realized by the socially dominated groups themselves? In other words: What are the political consequences of all this? Do the awareness of a multitude of life-death-constellations and the deconstruction and de-centering of the "life before death" schemata matter? What can we hope for? An interesting action-oriented case-study could be *the Carnival* with its political potentiality for mobilizing an alternative revitalization of life and death *against* a delusive individualism and capitalism (e.g. the plays of Dario Fo). Yet, there might also be a risk that the operation of de-centering goes too far. If one studies the increasing de-centering of Jesus from, say, Leonardo da Vinci (e.g. *The Last Supper*) to James Ensor (e.g. *Christ's Entry into Brussels*), and compare this development with the birth of inter-cultural philosophy, it makes me wonder if a critique of de-centering is needed – not to reinstall the centrality of Jesus, so to speak, but to save the singularity of singularities – that is, a critique of the reduction of singularities into particularities of an anonymous mass or wholeness.

The adventure of love and imagination. Because of the limited space available for this response, I have drawn a picture (below) and will simply ask Garsdal to comment on it and relate it to the adventure of life and death. Further, I will ask Garsdal to reflect on whether God's passion for being known (according to Ibn al Arabi, Corbin and Garsdal) can be regarded as one passion (or an attribute in the sense of Spinoza) among indefinitely many? I also wonder if it could be fruitful to regard the "longing for being known" as an expression of *desire* – rather than an expression of *love*? It seems to me that love demands *some kind* of knowledge about the loveability of the object of love. Desire does not need such knowledge but produces an imaginative relation to its object as a kind of anticipation and results of the lack of a love-relation (to follow the logic (but not the translations) of Ibn Arabi it could then be stated that all true desire is desire for more or less non-existing or non-actualized love – but *love* itself is teleologically speaking the departure of all the non-existing). *If* the image-relation qualifies as a kind of knowledge I would tend to argue that love demands something more or something different than imaginative knowledge, which could be called "being-touched-by knowledge" (a knowledge with gratitude one could say) appearing in experiences like "this I really love" ... Yet, I acknowledge that there is no real (alas!) boundary between desire and love, not even when it comes to "the heart". What I suggest is that "I *love* You" and "I *desire* You" are not the same phenomena, but "only" different aspects of the same virtual event. Love does not in itself imply image-production (except when images are the object of love). It fills our spiritual hearts (souls) not with images, but with being-touched-by-the-world. Thus love destroys – and has always already destroyed (more or less) – the distinction between God, world and man. In a paradoxical way, *universal* love destroys all distinctions, also temporal ones (in pure virtual love everything becomes identical with everything – with itself). These speculations lead me to my last question: does all this – in truth or in falsity – relate to the (shin) Buddhist ideas about absolute nothingness and emptying?

A simplifying sketch of the Imaginatrix and its surroundings

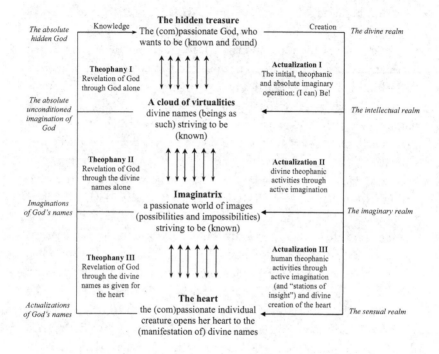

A simplifying sketch of the Imaginatrix and its surroundings

The absolute hidden God	Knowledge →	**The hidden treasure** The (com)passionate God, who wants to be (known and found) — Creation — *The divine realm*

Theophany I Revelation of God through God alone

Actualization I The initial, theophanic and absolute imaginary operation: (I can) Be!

The absolute unconditioned imagination of God — **A cloud of virtualities** divine names (beings as such) striving to be (known) — *The intellectual realm*

Theophany II Revelation of God through the divine names alone

Actualization II divine theophanic activities through active imagination

Imaginations of God's names — **Imaginatrix** a passionate world of images (possibilities and impossibilities) striving to be (known) — *The imaginary realm*

Theophany III Revelation of God through the divine names as given for the heart

Actualization III human theophanic activities through active imagination (and "stations of insight") and divine creation of the heart

Actualizations of God's names — **The heart** the (com)passionate individual creature opens her heart to the (manifestation of) divine names — *The sensual realm*

III. Other Perspectives on Intercultural Philosophical Phenomenology

Peter Wolsing

An inter-cultural meeting can take place on various levels depending on the situation and the issue which gave rise to it. As is well known, geopolitical conflicts originate in different kinds of conflicting interests between the sides and they take the form of use of power in different degrees, from moderate diplomatic pressure to the use of military force. Contrary to that, from the point of view of the meeting or dialogue conflict and use of power either exclude the possibility of agreement and peaceful coexistence or they are the result of the failure to achieve these since the opposing sides deny one another recognition. The meeting does not believe naïvely in agreement but demonstrates confidence in the attempt to build a bridge despite differences in moral, political and religious convictions. It believes in the possibility of being able to master the tension between being truthful to one's own values and traditions and paying respect to the unfamiliar and strange ones of the other. The difficulty in really meeting the 'other' is due to the *Wahrheitsanspruch* with which 'the other' presents himself (his values). It requires spiritual strength to risk oneself (one's moral identity) meeting the other knowing that he may be right in the actual issue.

In his paper Jesper Garsdal gives an example of how such an intercultural meeting has taken place on a philosophical spiritual level. Intended or not, his example suggests that a political conflict might be weakened by a mutual understanding promoted by dialogues between diverse philosophical and religious traditions. To be specific, Garsdal demonstrates how leading personalities – Takeuchi from the Kyoto-School and Henry Corbin from the Iranian philosophical Academy - discuss crucial universal existential themes and concepts (self; suffering; redemption; spiritual cognition;

inter-subjectivity) across diverse traditions. Thus he demonstrates how Japanese Shin-Buddhism, Arabic Islamic Gnosis and modern, Western, Protestant Christianity (Kierkegaard and Bultmann) all focus on basic universal existential problems which they throw light on from different, mutually supplementary perspectives. I venture to call it the problem of inner liberation from the attachment to something finite (suffering; despair; grief at the loss of a beloved person); a liberation which can only be realised by the insight in the emptiness of the (finite) self by virtue of "other power" (Christ; Bodhisattvas) or by meditative imagination of the divine being – that is: self-abandonment as a finite (buddhist: illusory) self and self-regaining in a higher shape. Besides that, it is suggested that Corbin's inspiration from the early Christian and from the pre-Islamic idea of the resurrection body (gr. *soma*) here plays a role in understanding the superior life to which one is awoken at the dying from the finite body (gr. *sarx*). Thus, inner liberation is taken in its spiritual sense including both a cognitive, theoretical aspect and a meditative practice. Sensibly Garsdal does not confine himself to postulates about the results from certain kinds of practice (meditation; prayer) but supports his suggestions by focusing on the paths that can lead to these – religious and spiritual – experiences; i.e. on the method and phenomenological foundations. These kinds of controlled practices are important since the 'mere philosophical' insight in the emptiness of the self (*sunyata; an-atman*) does not contain the power of will to actually achieve the goal. It is interesting to experience that the faith of modern Christianity allegedly can learn from the Sufism of Ibn a'Arabi in which a meeting between the worshipper and the divine being is described: through a certain creative imagination the worshipper approaches the divine being which on its part longing to appear to the worshipper reveals its sphere of divine being through a world of images which mediates between god and man.

Besides religious practice it is also mentioned that Corbin and Takeuchi envisage a connection to phenomenology, especially in Heidegger's existential hermeneutic shape. Here Garsdal sees a possible connection between Ibn Arabi's imagination of God and the late Heidegger's construction of a hermeneutics which opens the world as *Geviert.* This connection claims the possibility of a philosophical justification of the religious and Buddhist truths through phenomenology and hermeneutics.

The latter point gives rise to a fundamental philosophical question about the relation between philosophy (rationality) and religious, spiritual cognition of truth; or – to be more specific – about phenomenology and hermeneutics as a means to achieve metaphysical cognition. From the beginning of modern Western philosophy (Descartes) epistemology and theory of science have endeavoured to formulate criteria of evidence to determine genuine scientific cognition, but it was obviously stuck to mathematical, logical and observational criteria since the practice of the natural sciences (physics) was given a privileged position in questions of cognition. To this one could reply critically – on behalf of Garsdal's project – that there might also be other epistemologies possible especially for religious and spiritual experiences reached through other forms of practices, namely meditation and prayers and these may contain same evidence as natural scientific insights though they don't live up to scientific criteria. Surely spiritual cognition should not be expected to follow the same methods as cognition in other fields of research.

The prologue of Garsdal suggests this, and consequently it is obvious to pose the following questions: what is the relation between the phenomenological-hermeneutical method and the religious, imaginative, spiritual attitude? Is there continuity from the former to the latter or does the progress comes about through a "leap of faith"? And what role does Heidegger's concept of the world as *Geviert* play? Is it a hermeneutic experience; and if so, is there a transition from this to the imaginatrix of Suffism?

Another comment could be this: The connection between absolute cognition and individual redemption which is the main theme of the prologue does not only exist in the Buddhist (Vedic-inspired) ideas of *an-atman,* emptiness of the self, and in the idea of the world as a process based on the idea of the conditioned co-emergence etc. Also in Western spiritually orientated thinkers in early modernity, self-transcendence and self-negation was conceived of as a condition of the achievement of a releasing 'higher' knowledge. Thus in his *Phenomenology of Spirit*, Hegel makes subjectivity relative to a row of shapes of consciousness, *Stationen des Weges*, that leads to absolute knowledge and to the spirit. And in Kierkegaard's concepts of religious subjectivity the consciousness of sin functions as a kind of distance to oneself which in virtue of faith should open for the possibility that the grace of God can enter into the individual and release him from the despair in his finite existence. We may accuse Hegel's theoretical path to the absolute of a lack of power and instead point to Kierkegaard's existential endeavour based on the will. But is Kierkegaard's path compatible with the imaginative approach of Sufism (Ibn al'Arabi)? And would this imaginative approach to God not be rejected by Kierkegaard for its aesthetic-metaphysical character? – Conversely it might even be obvious to see the imaginative prayer of Suffism in the perspective of Goethe and Schelling whose research into the organic nature can be conceived of as a corrective to Hegel's intellectualistic and abstract "anaemic" knowledge of the absolute.

A final and slightly critical – but hopefully constructive – comment to Garsdal's prologue would be as follows: The presentation of Takeuchi and Corbin opens up for an impressive and highly thought-provoking complex of relations among thinkers and religious and spiritual systems as well as for philosophers who assemble for a common project across time and space (cultural horizons). A common and lasting issue through centuries appears behind the external objective forms, dogmas, systems etc. as an existential matter. But viewed in a historical perspective the question arises whether at different times there are different conditions of consciousness for the cognition of the absolute? Is it possible for a modern Western individual to find an adequate picture of himself, his existential problem and the path to its solution in Buddhism or Sufism, or in Hinduism? Does not history change conditions – possibilities and limitations – for cognition? It is reasonable to claim that even within the history of Western spirit there has been an inner development of the constitution of consciousness which have brought about changes.

This evolution of consciousness is reflected in the history of philosophy, for instance in the basically different ways in which philosophers of Antiquity spoke of the soul in relation to what has been common to say about it from the 17–18th century and onwards: To the philosophers of Antiquity the soul was an object of investigation besides physical nature, whereas modern philosophy from Descartes and onwards conceives of it as a subject of cognitive powers or acts. Thus, modern (predominantly continental) philosophy queries the possibility of the soul's knowledge of itself as a consequence of the problems with (self-)reflection (Heinrich 1970). Because the soul is conceived of as intentionally oriented towards external objects, the conditions for its knowledge of itself (and its spiritual origin) seem to be a problem. The question to Garsdal could then be: Given that the spiritual, esoteric systems of Antiquity are still challenges to our modern science of man, which significance does the evolution of consciousness from Greek Antiquity to the present day have? Is 'modern consciousness' excluded from the possibilities of a spiritual development; or does it just have other – hitherto unexplored – potentials as regards spiritual knowledge? These questions must be discussed in order to clarify the foundation of a synthesis of the great spiritual systems across time and place.

IV. Dialogical Musings

Jesper Garsdal

Peter Wolsing and Michael Paulsen have come up with some brilliant comments and questions, which both relate nicely to the themes of the project I outlined in the beginning of the prologue, and at the same time extend it into new directions. Unfortunately, space does not permit me to elaborate in a satisfying way on their remarks. I have therefore reflected on how I can keep on track with my project and do it in a way that gives the *otherness* of the different voices space; especially including Paulsen and Wolsing in my "body of thought". In a way this is the beginning of a reflection on both Paulsen's questions regarding the centering and decentering of the individual in relation to the social, and Wolsing's reference to Hegel's idea on the absolute knowledge. Regarding the last issue one might perhaps say that the following is a first reflection on a distinction between a) the absolute knowledge in the ether of thought such as Hegel presents it, and b) a concrete body of thought through a concrete existence where otherness is a part of that existence.

Regarding Paulsen's reflections on the idea of using "desire" instead of "love" in relation to Ibn Arabi (noticing in passing that it is "Corbin-Ibn Arabi" I discuss mostly), including the different form of "Logos" and "Names" invoked in Christian, Shin Buddhist and Muslim thought and Greek Philosophy, it raises the question of how one should perceive the possibilities for exchange of names (especially in the Languages and Words of (Divine) Being – LWB). How one can and will answer these questions depends to a large extenton how one conceives the relation between content and expression of such L/language(s); which again influences how one conceives the distinction between translation and logic as Paulsen mentions, and thereby indirectly also the possible "commonality" between the different religious hermeneutical views regarding for example the notion of "Love" in Christian, Buddhist and Muslim thinking. Regarding the specific term "desire", the genius of language might here give us a cross linguistic (Latin and Arabic) to how Paulsen's reflections could be pursued from a phenomenological perspective, as "desire" etymologically comes from latin *desiderare*, and perhaps the phrase *de sidere* "coming from – the stars".

Questions regarding phenomenology are raised by both Paulsen and Wolsing. Where Paulsen in extension to his discussion on love and desire suggests that imagination has to be supplemented by a knowledge through being-*touched*-by-love (my italics), Wolsing raises questions regarding the possible relations between religious, imaginative, spiritual attitude, and cognition and different strands of German Idealism, Kierkegaard's existential thinking and Heidegger's phenomenological-hermeneutical method. These are of course very complex issues, but let me say that the rhetoric of a given phenomenology in my opinion plays a very important role both regarding which phenomena appear and the way they are presented, whatever tactile metaphors we are using (sight, hearing, touch, smell, taste etc). This of course points to the issue of the Truth or Reality of that phenomenology and this is one of the reasons why different forms of "Logos" – or perhaps better LWB – might present different sorts of phenomena, and as far as they are not only rhetoric without "Logos", they actually present to us different "forms of truth", which might only be realized through LWB themselves; that is *Dia-Logue*. These are complex matters especially when we come to forms of LWB, which do not operate with a contingence between expression and content, for example in the emphasis placed upon several forms of religious praxis on the invocation of the name(s).

Finally, Wolsing mentions another form of "contextual order" than the existential, namely historical contextuality, and Paulsen mentions briefly the issue of gender, and the issue of the political. These themes are all important and extend the scope of my project and I therefore thank my two metalogue-partners for bringing them to my attention. For the time being I can only promise that these subjects will be included in the further work on my project mentioned in the prologue.

Endnotes

1. I have here for the sake of consistency chosen to present the surnames of the Japanese thinkers in this prologue as last name, even though is customary in Japan to present a surname as first name.

2. For an insightful analysis of Corbin's views of *dokeo* and how it differs from that of the "docetism" of Gnostic religion - which was the primary target of the early Christian councils – see Cheetham 2003, the paragraph 'The Word and the World: Time, Space, Matter and Prophecy', 132–39, especially 132–135.

3. *Amida* is the Japanese name for the central Buddha in Pure Land Buddhism. The corresponding Sanskrit names are *Amitābha* and *Amitāyus* which are translated into "Infinite Light" and "Infinite Life".

4. It is therefore also difficult in a few lines to explain this notion and its interpretations. But one could perhaps say that especially for Zen Buddhism is the idea of the Buddha-nature an exis-tential notion of the "Original Self before one was born", in light of the existent self thereby pointing to a notion of no-Self. It is related to the idea of "unborn-ness" in this life, an idea which could be seen as an alternative to other ideas about the relation between the "eternal" and "the temporal" as this relation is presented in for example Plato's idea of the immortality of the soul, or the Christian notion of resurrection. As a Zen riddle has it – "Show me your face from before you were born".

5. Corbin's expression is from Greek, *Theo* "God", and *Phanos*, to show; to make visible, to manifest, to open. Corbin is here talking about different forms of revelation of God, theological speaking, and philosophically speaking about the different forms of phenomenology of Spirit.

Bibliography

Cheetham, T. (2003). *World Turned Inside Out: Henry Corbin and Islamic Mysticism.* New Orleans, LA: Spring Journal Books.

Chittick, W. (2008). Ibn Arabi. In: *The Stanford Encyclopedia of Philosophy.* URL (consulted October, 2008): <http://plato.stanford.edu/archives/fall2008/entries/ibn-arabi/.

Corbin, H. (1980). *Avicenna and the Visionary Recital.* Irving, TX: Spring Publications.

Corbin, H. (1981). *The Concept of Comparative Philosophy.* Ipswich: Golgonooza Press.

Corbin, H. (1990). *Spiritual Body and Celestial Earth: From Mazdean Iran to Shi'Ite Iran.* London: Tauris.

Corbin, H. (1993). *History of Islamic Philosophy.* London: Kegan Paul International.

Corbin, H. (1998). *Alone with the Alone: Creative Imagination in the Sufism of Ibn Arabi.* Princeton, NJ: Princeton University Press.

Corbin, H. (1998). *The Voyage and the Messenger: Iran and Philosophy.* Berkeley, CA: North Atlantic Books.

Davis, B.W. (2008). The Kyoto School. In: *The Stanford Encyclopedia of Philosophy.* URL (consulted October, 2008): http://plato.stanford.edu/archives/fall2008/entries/kyoto-school/.

Heisig, J.W. (2001). *Philosophers of Nothingness: An Essay on the Kyoto School.* Honolulu, HI: University of Hawai'i Press.

Heinrich, D. (1970). Selbstbewusstsein. Kritische Einleitung in eine Theorie. In: Bubner, R., K. Cramer and R. Wiehl (eds). *Hermeneutik und Dialektik. Aufsätze I.* Tübingen: J.C.B. Mohr.

Ibn al'Arabī (2005). *The Ringstones of Wisdom.* Trans. Caner K. Dagli. Chicago: Great Books of the Islamic World.

Anonymous. Muhyiddin Ibn 'Arabi 1165AD – 1240AD and the Ibn 'Arabi Society. URL (consulted October, 2008): http://www.ibnarabisociety.org/index.html.

Nishitani, K. (1982). *Religion and Nothingness.* Berkeley, CA: University of California Press.

Takeuchi, Y. and J.W. Heisig (1983). *The Heart of Buddhism: In Search of the Timeless Spirit of Primitive Buddhism.* New York: Crossroad.

Tanabe, H. (1986). *Philosophy as Metanoetics.* Berkeley, CA: University of California Press.

Metalogue 4

Dialogical or Analectical Hermeneutics

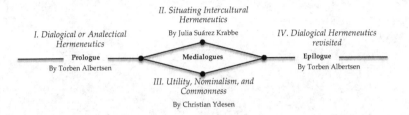

I. Dialogical or Analectical Hermeneutics
Prologue
By Torben Albertsen

II. Situating Intercultural Hermeneutics
By Julia Suárez Krabbe

Medialogues

III. Utility, Nominalism, and Commonness
By Christian Ydesen

IV. Dialogical Hermeneutics revisited
Epilogue
By Torben Albertsen

This metalogue is initiated comparing the ways in which Enrique Dussel and Raimundo Panikkar approach inter-subjectivity within the ambit of an intercultural dialogue. Although these thinkers both could be considered as part of an intercultural philosophical 'movement', within this very same movement, they must be considered as being far apart, and even on some fronts as direct opposites. For this reason, a comparison does not present itself in any obvious way. However, both philosophers approach the question of inter-subjectivity by applying a critique to what they consider to be the dialectical approach. As such, the starting point for this comparison will be a similarity in the object of critique. From this critique however, Panikkar applies a dialogical approach while Dussel works towards an analectical approach. The *prologue* compares the key meaning of these ideas seen through inter-subjectivity and the problem of the other. The first *dialogue* explores how Dussel and Panikkar situate themselves in relation to the question of the other and the same but also how their hermeneutics are developed between human and nature. The second *dialogue* questions the relation to the other with insights from Lévinas and the relation to the 'I' with insights from Theunissen. In the *epilogue*, these two objections push the themes in the prologue further into the hermeneutics of Dussel and Panikkar in order to treat the problems of distance, separation and exclusion in an intercultural dialogue. The epilogue closes reflecting on the potentialities for an intercultural dialogue from these two different kinds of non-Western hermeneutics.

Language: English

I. Dialogical or Analectical Hermeneutics

Torben Albertsen

This prologue[1] will attempt to introduce the inter-subjective dynamic in the intercultural hermeneutics of Enrique Dussel (1934–)[2] and Raimundo Panikkar (1918–).[3] Engagements and comparisons between them appear to be rather scarce. The author has only been able to find one textual dialogue between them[4] and no literature discussing or comparing their involvement with each other from a third perspective. If we define them as being a part of the same type of movement,[5] then they would properly take up spaces on opposite sides within this movement, at least with respect to certain fundamental ideas.

The prologue is comprised of three parts. In the first part each philosopher's metaphysical critique of Western mentality will be presented in an abstract and simplified form. Secondly, their hermeneutics will be presented. This will be done first by elaborating their understanding of dialectics. For both of them dialectics is an approach whose principles are derived from the above mentioned critical conditions. From here the dialogical and the analectical alternatives are presented. The third part will discuss a few of the fundamental differences that set them apart. By presenting problems (conditions) as well as solutions (hermeneutics) the purpose is to try and give the reader a more integrated introduction. Instead of just presenting a *how*, it should also give the reader a sense of *why*?

Critical Conditions of Dussel

Dussel's Philosophy of Liberation is comprised of six categories, of which only three will be presented here. The first metaphysical problem is used by Dussel to denominate his category of 'totality' and will here be referred to as the *condition of unity and origin*. This presents the problem that "one" and "all" correlates in meaning.[6] When this is seen in conjunction with Parmenides' famous dictum, "All is one", this means for Dussel that the "one" and the "all" furthermore correlates with "being", which means that what is-not is outside the totality, *non-being*. That the "one" correlates or is taken to be equal to the "all" is problematic because it means that the unity absorbs and destroys the plurality. This problem applies equally to the problem of origin.[7] Dussel explains that the origin for the Greeks was *physis* which could result in the diversity between materia and form, potency and act and so on (1974: 181). In modernity this origin is often attributed to subjectivity and especially in the form which Descartes gives it in his *ego cogito*, where according to Dussel the ego becomes the totality.[8] Dussel explains that difference for the Greeks is always assumed to be temporary with a deeper origin of identity or substance behind it (1974: 186–7). Assuming some unbreakable unity is behind all, then this unity, the unbreakable 'something', must be the essential and this becomes the fact from where the search must begin or through which the rest is seen. Hegel on the spirit, Descartes on the subject, Aristotle on physis, Heidegger on *Dasein* and so on. The unity is often and in the same movement thought of in terms of origin, and so the totality is conditioned by both unity and origin. The second metaphysical problem is a temporal problem and we shall call it the *condition of circularity*. With respect to this problem, being has an eternal quality, being not only the same, but being so over and over again in a circular pattern; what Dussel calls the eternal return of the same.[9] It appears that the origin in conjunction with the unity binds the movement to a circular pattern. We shall name the third metaphysical problem the *condition of idealism*. For Dussel, this relies on yet a correspondance between seeing, being seen, thinking and being.[10] Vision occupies a special place in relation to knowledge and being, and could for example exclude difference between the one who sees and what is seen, or the other, the one who is seen. Dussel's interpretation of the totality relies primarily on Lévinas critique of ontology and Heidegger's rediscovery of the original Greek meaning of being.[11]

Critical Conditions of Panikkar

The first metaphysical problem of Panikkar will here be referred to as the *condition of separation*. This condition has an important beginning with William of Ockham and the destruction of the old synthesis between Theology and Philosophy (Ahlstrand 1993: 89). According to Panikkar in Nominalism the proces is seen as accidental once the goal is reached and names are arbitrarily given to things. This split between both the process of being and being, and the meaning of being and being is by Panikkar seen as highly problematic. It is problematic when names and concepts only are a mental substitute for real things and as such have no value or meaning besides their specific intellectual designation. It is problematic because it creates a deep separation between the mind and what appears not to belong to the mind, the world, the body or perhaps reality. A similar development continues with Descartes, who presupposed an artificial separation of the ego from everything else.[12] Modern science has furthermore perfected this with the subject's conquest of the object. Panikkar points out that through this development of separation we distance ourselves from the very reality we wish to understand. We integrate objects into our mental scheme in order to explain from a superior standpoint instead of standing *under*, or understanding reality. We distance ourselves from the world, and by distance we create distrust, and therefore we seek to control.[13] According to Panikkar this condition of separation is why mediation between us and everything else is necessary and consequently why epistemology has become so important. Epistemology fills in the gap that separates us from the world or from everything that is not defined as us. Western man is frantically seeking a foundation because he has detached himself from his connection with all foundations, with all which he has not designated as himself.[14] But Panikkar explains that we still need to be a part of a foundation which is more or greater than the self. So from this perspective a link or an assumption between the self and the not self is missing. The second metaphysical problem we shall call the *condition of idealism*. Panikkar describes that the ultimate metaphysical assumption since the Pre-Socratic philosophers is the conviction of the intimate correspondence between thinking and being.[15] The central idea in the condition of idealism is that reason can match and thereby exhaust being and ultimately all of reality. The third metaphysical problem is the *condition of unity and origin* (like Dussel but in a different way). Being has often been understood as the underlying and thus immovable ground beneath all that there is (Panikkar 1998: 140), meaning that there is thought to be some eternal substance, something that sub-stands always. According to Panikkar this eternal origin or unity is not possible in reality but only in thinking, and so it must have been invented from the condition of idealism. The condition of idealism gives supreme power to a reason which presupposes an abstract created oneness or primordial unity in reality.

Dialectics

In both Panikkar and Dussel these emphasized conditions reveal themselves when their discourse turns towards reason and dialectics. Neither philosopher wants to negate their use or necessity, but both wish to build a new alternative from the failure of applied dialectics in for example cross-cultural encounters.

111

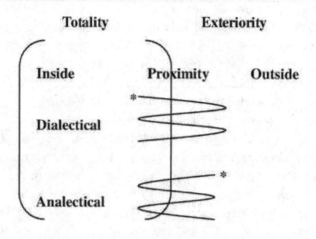

Model D: Dussel's Hermeneutic

The dynamic of Dussel's hermeneutics revolves around a metaphor of space. As such he distinguishes between the inside of the totality and the outside of the totality, the exteriority. Their meeting when it is between two people (person-to-person) is represented by proximity. The dialectical method begins from a place within the totality from a known fact. The dialectical movement may move both towards something further away (*más-allá*), a transcending movement or towards something closer (*más-aquí*), an immanent movement. By beginning from something known however, and although it may move towards the exteriority (transcendence or immanence), it will always end up within the totality again. This does not mean that new knowledge has not been produced, only that whatever knowledge has been produced is chained to a perspective from and a purpose for the totality.

Conscious

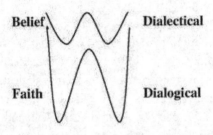

Belief   Dialectical

Faith   Dialogical

Myth

Unconscious

Model P: Panikkar's Hermeneutic

The dynamic of Panikkar's hermeneutics plays out in-between the state of consciousness and that of uncounsciousness. Panikkar distinguishes between three hermeneutical levels, belief, faith and myth. Belief is the conscious level of propositions, the intellectualized or dogmatized content of belief systems specific to a culture or religion. Myth is the unconscious pre-sub-positions that guide our horizon without us being aware of them. One can become aware of one's myth, however when this happen the awareness destroys the myth (demythization), it turns myth into logos and a new myth replaces the old one (remythization). It is always necessary that something be pre-sup-posed.[16] Faith plays out in-between the two by being both the faith that is open towards the myth, the foundation, as well as the faith that guides and crystallizes itself into specific belief systems.[17]

Dialectics assumes that we are rational beings primarily governed by the principle of non-contradiction. If an argument is not reasonable, that is, if it contradicts itself, then it must be worthless. By placing reason as the ultimate judge, dialectics reduces reality to what is thinkable as in the condition of idealism. This is shown for example when dialectics tries to separate or bracket the reasonable content we discuss, our beliefs, from the more personal aspects, our faith. Thinking within Model P dialectics shows only this intention, while hiding the fact that all beliefs according to Panikkar must be rooted in myth. Panikkar defines, here in a similar movement to that of Dussel, the dialectical movement as something projecting the totality of a life-world horizon or a tradition. This hermeneutical process is called diachronical, and it relies primarily on its ability to bridge the temporal or historical gap.

The Analectical Alternative

To break free from the circularity of the dialectical reason, the going out but forever returning to the totality, Dussel suggests that a movement should begin, not with something already known, but instead with something from the exteriority. The totality must be questioned by the provocative appeal of the other, or more precise, the other's distinction. Difference is not enough because to be different is to be different from something, something which in its difference already implies a resemblance. This fact could lead back to the conditions of origin and circularity. An ethical conscience on the other hand is to have faith in and accept the word of the other however strange it might sound. Dussel calls this the analectical (*ano*: beyond) method. The epistemological meaning is the *ana-logos*, the beyond and transcendence of logos, while the ontological meaning is the analogy. The analogy signifies how the other's ontology, the ana-ontological, may best be explained in comparison to the same, the ontological totality. Beings are neither totally distinct – the unequivocal absolutely other of Lévinas which would leave us unable to relate – nor are they just different; they are instead analogically distinct, part same, part distinct. The analogical distinction means that even though they participate in the same they do not do so identically, because their starting points for this participation are distinct (Moros-Ruano 1984: 57). But the distinction between the totality and the exteriority does not rule out their meeting. They meet in proximity (Dussel 1977: 2.1), a moment which is reminiscent to- and inspired by the face-to-face of Lévinas. The moment of proximity is the first primordial constitution and the root of *praxis* (1977: 2.1.2.4, 2.1.5.4, 5.3.2), which therefore is anterior to any theorizing. The analectical method must therefore search for moments of proximity and praxis, if it is to uncover real exteriority. Furthermore, the excluded exteriority is someone concrete, real and with practical signification in the actual world of today. Dussel here fuses the beyond Being, the trans-ontological of Lévinas, with the non-being or the sub-ontological being (Maldonado Torres 2002: 243). While the other for Lévinas had the divine quality of always being trans-ontological, a constant disrupter for the self, for Dussel the exteriority has both qualities. It seeks to retain the status of trans-, as well as being a concrete human subject in a position of subordination. Contrary to the primarily negative meaning applied to the political in Lévinas, Dussel develops a possibility with the trans-sub of thinking the political within the idea of an exteriority, the "sub" as the concrete realization of the "trans".

The Dialogical Alternative

While dialectics is about historical understanding, it is also about one's own life-world and its traditions. Diatopical hermeneutics, which is where the dialogical alternative is situated, is about the encounter and understanding across cultures or religions that have developed their traditions separately. Within dialectics it is not enough to cross this distance between cultures because on the level of belief, the other[18] might never appear reasonable. The dialogical dialogue must reach the deeper mythical level (as indicated by the curved lines under dialogical in Model P) because of the great distance between independently developed traditions. At the deeper levels to understand something as false would be a contradiction in itself because understanding produces conviction.

As such, real cross-cultural or cross-religious understanding becomes a "religious" event because the other brings with it a whole new world of meaning that includes new possibilities of existence. Precisely because the other has a different myth he or she is also the only one that through dialogue can give you an awareness of your own myth.

It is important in the dialogical dialogue to meet the other without bracketing my own faith. I have to meet the other as myself (my integrated "faith-belief self"), if I don't I cannot understand the other as he/she understands him- or herself (Panikkar 1999: 74). As such I have to recognize a personal and existential sameness in the self identity of the other.[19] In a certain sense this is the point of no return, that is, when the existential communion with my partner drives me towards a demythization as well as a remythization. The remythization may consequently result in the creation of a common myth between me and my partner.

As such, Panikkar presumes that the experience of a self in the other is fundamentally similar to my own. This has both a social as well as a contemplative dimension. To be able to discover the self-evident fabric of my own myth I have to somehow consult another. However this other need not be another or an otherness outside of me, but could equally so be the other or the element of otherness within me, the otherness of the self. In the meeting with an exterior other, my myth may still remain unchallenged if the meeting is not internalized. But when the dialogue starts to take place within me because I feel challenged by the internal otherness, then there is no escape from genuine and dialogical dialogue. This is why Panikkar talks of intra- instead of inter-dialogue.

Other as Self, or Other as Other?

This last part will attempt to explain some of the most essential differences between the two presented thinkers. These differences relate to the question of identity and distinction and become visible especially when seen from the *condition of separation*, referring either to this condition (Panikkar), or to its absence (Dussel).

116

While Panikkar tries to break free from this condition in his attempt to treat the other as the self (or the self *as* the other), Dussel needs it to distinguish the other *from* the self, for example as totality and exteriority. Consequently while distinction or the *not-same* drives the analectical alternative, identity or *sameness* drives the dialogical alternative. And while the other in the analectical is distinct or separate from me and precisely therefore we are in need of respect for and faith in the other, the identity between us in the dialogical should lead to a realization that goes beyond the need for respect because of the communion formed in the process. The analectical alternative is driven by the question of how to treat the other as an Other, while the dialogical alternative is driven by the question of how to realize that the other is also the self. While the dialectical in Dussel can destroy the other's distinction by not separating it sufficiently from the self, the destruction of the other in the dialectical in Panikkar is a process that begins with the separation between self and other. With the condition of separation a fine line can be seen to divide them in terms of the overall inter-subjective dynamic.

From these differences it would appear that Dussel is all about distinction and Panikkar all about identity. However one has to remember the distinction between the mythical levels in the diatopical hermeneutics, mythical levels that have developed separately from one another. Panikkar certainly does not underestimate the enormous distinction between traditions. In fact the purpose of his dialogue, the becoming aware of your own myth and the creation of a new myth, is only possible if the other's myth is distinct. The above comparison with Dussel therefore requires one to balance the theory of Panikkar. In fact it might even be the case that Panikkar's theory envisions a larger possible exteriority between cultural worlds.

As a few last words, and with the author's discretion, Dussel's hermeneutics seem more suited to explain what surrounds the initial intercultural encounter, whereas Panikkar's hermeneutics seem better equipped to explain the last phase, or the subjective transition towards another cultural and existential world.

II. Situating Intercultural Hermeneutics

Julia Suárez Krabbe

In this response I will focus on two issues regarding Torben Albertsen's discussion of the inter-subjective dynamic in the intercultural hermeneutics of Enrique Dussel and Raimundo Panikkar. The first issue, which will be predominant in this discussion, deals with where Dussel and Panikkar situate themselves when thinking their respective hermeneutics. The other issue, no less important but less developed here, deals with how Dussel and Panikkar respectively situate themselves (or their theory) in relation to this realm that we know as nature. Dealing with these two issues I hope to succeed in explaining in what ways I agree with Albertsen's readings of Panikkar and Dussel and in what ways I do not, thus delivering some useful sparring to his thorough and inspiring presentation.[20]

As Albertsen explains, Dussel's analectical method departs from the preoccupation for the excluded. This is what explains Dussel's concern with identity, with localising oneself as self before anything else (2004). This is due to the fact that, within western modern/colonial thought and practice, the other is subsumed as part of the same and thus not approached as an *other* (Dussel 1995). Difference is, instead, equated with backwardness or underdevelopment. This subsumption is what erases the other and thus leaves no room for even thinking an intercultural dialogue. In relation to Western philosophy, Dussel himself is placed in this *other* position, an exteriority. As a Latin American philosopher critical of Eurocentrism and coloniality, the substantiation of the validity and raison d'être of his thought has been a first necessary step in the process of breaking fissures in the totality of modernity. Thus, to Dussel, the affirmation of the difference of the excluded – i.e. the negation of the negation that takes place when the other is subsumed onto the *same* (1995) – is the first vital step towards intercultural dialogue. Although concerned with unequal power relations Panikkar, who speaks from (the intersection of) some of the major religions today (1978), seems to be less concerned with how the condition of subalternity might as well erase the mere possibility of conducting dialogue. Besides presuming, as Albertsen mentions, that "the experience of a self in the other is fundamentally similar to my own" (p. 116), Panikkar presupposes that the person entering the intercultural dialogue knows who she is and is not subjected to epistemic and ontological violence.

Albertsen's tentative suggestion that Dussel deals with the initial phases of intercultural dialogue and Panikkar with the later phases seems to me to presuppose that intercultural dialogue inevitably at some point will erase power relations and avoid exclusions. This, indeed, I find to be another significant difference between Dussel's and Panikkar's respective positionings. Dussel's presupposition, central to his analectical method, is that there will always be an excluded, while Panikkar is more concerned with change/growth in relations of equality. Panikkar might, as Albertsen seems to do as well, presuppose that exclusion can be totally overcome through intercultural (intrareligious) dialogue, while Dussel defends that one must never stop at the inclusion of an excluded but always place oneself with the excluded – also those excluded by the recently included excluded. In short, a radical difference between Dussel's and Panikkar's hermeneutics lies in how they understand and relate to exclusion. To me, it is thus not so much a question of who is better equipped to describe certain phases of intercultural dialogue, but rather what kind of intercultural dialogue they envision.

The final aspect I want to take up has to do with the relationship between what we conceptualise as human and nature. In my view Panikkar's thoughts are better suited than Dussel's to conduct intercultural hermeneutics where communication with nature, with the weather and the 'inanimate' is required (cf. Ingold 2007). Panikkar takes into account that in 'religions' a close relationship between the so-called human and the non-human can be central, and is definitely indispensable in order to think from the point of view of many excluded peoples and to conduct intrareligious dialogue. Panikkar's ideas would, thus, allow for proximity with other humans as well as with animals, elements and "raw" materials.[21]

To sum up, my suggestion here is that Dussel's hermeneutics provides tools to the continuous overcoming of exclusions in the intercultural dialogue (thus presupposing that exclusions cannot be overcome) and is especially relevant at a human-to-human interactional level (i.e. intersubjective but also socio-political) while Panikkar (1978) provides tools to work at a personal and intrapersonal level and is more open to dialogues with the 'inanimate'. While Dussel is instrumental in providing frames within which intercultural dialogue can be pursued for the excluded, Panikkar provides elaborations on a personal plane, which not necessarily provides tools for the excluded but rather initiates the included in a methodology of openness.

III. Utility, Nominalism, and Commonness

Christian Ydesen

In this dialogical response to Torben Albertsen's prologue I will attempt to comment on and expand some dimensions in the analysis. I hope they might alter or perhaps even develop the perspective fruitfully and constructively.

Albertsen's aim with the prologue is to make an integrated introduction to intercultural philosophers Enrique Dussel and Raimundo Panikkar in an attempt to create awareness of their idiosyncrasies and similarities based on an analysis of selected conditions in their respective thinking. Thus, Albertsen is able to identify the critical contours of a foundation of dialogue between the two philosophers but concurrently this aim serves the higher purpose of extracting constructive solutions and contributions to the process of an intercultural encounter.

In this respect it can be argued that there is a presence of a subtle scope of utility in Albertsen's prologue aiming at adequately comprehending the existential conditions of intercultural dialogue. In this endeavour Albertsen concludes that "Dussel's hermeneutic seems more suited to explain what surrounds the initial intercultural encounter, whereas Panikkar's hermeneutic seems better equipped to explain the last phase [...]" (p. 117). Does this imply that Albertsen subscribes to a meta-theory of the process of intercultural dialogue? If so, how would this theory be stipulated?

But before reaching this conclusion Albertsen analyses the philosophers' respective critiques of western thinking. In this process he argues convincingly that a number of hindrances for intercultural dialogue persist in western thinking. These hindrances are identified through a number of conditions found in Dussel's and Panikkar's thinking respectively. Thus, it seems that both philosophers seek to establish a critical foundation for transcending these hindrances by making a diagnosis of the pitfalls of western thinking.

Keeping the respect of the 'other' in mind it might be constructive in this respect to take a closer look at western thinking to see if the critical potential is truly absent. Panikkar for instance identifies nominalism as one of the great sinners because it creates a deep separation between the mind and the world. This is certainly a plausible interpretation but the risk is that any possible critical potential of nominalism is erased. As such it might be argued that another dimension of nominalism can work as a powerful tool to deconstruct hierarchies, established truths and even primordial unities. If the 'king' no longer possesses an innate 'kingness' then the 'king' is no longer 'king' by necessity, and in fact the peasant might just as well be crowned 'king'. This is not to say that there has to be a 'king'; the point is merely that nominalism contains a critical potential of deconstruction which might transcend binary categorizations to the benefit of intercultural dialogue.

The fact that both philosophers make use of different metaphysical conditions testifies to the existence of an idea of different metaphysical levels. This is especially clear in the case of Panikkar who advocates that the levels of faith and myth are more fundamental than the level of belief. In this regard the levels would seem to be anchored ontologically, but since it can be argued that the project of intercultural dialogue contains both ethical and political dimensions, it might be interesting to address these dimensions in relation to the outlined conditions.

While it certainly is true that the other in Lévinas' thinking retains an aura of transcendence as stated by Albertsen, it is noteworthy that the other is also manifested concretely as the stranger, the widow, and the orphan (Lévinas 2007: 215). In fact Lévinas even describes the other's cries for justice positing the 'I' as inescapably responsible. This point might lessen the gap between Dussel and Lévinas and it might even indicate that Lévinas is not so easily transcended in Dussel's thinking. If so, Lévinas could contribute with some competing notions to Dussel's conception of the other on the concrete level.

Albertsen describes very well the notion of internal otherness in Panikkar's thinking sparking the concept of intradialogical dialogue. In Albertsen's words the 'I' has to recognize a personal and existential sameness in the self identity of the other. However, it is interesting to note that a very similar way of thinking can be found with Michael Theunissen (1932–) who uses the otherwise much-criticised Hegel to establish his point. In his comprehensive work on the crucial importance of the other Theunissen speaks among other things of the dialectics of 'I-saying'. In saying 'I', I mean myself as this one unity but at the same time I subscribe to what everybody says when saying 'I' (Theunissen 1982: 19).[22] This commonness consists of the infinity of the self-relation which again consists of the recurring motion of the self-relation. In other words the commonness is turned concrete when the subject relates to the other in such a way that it at the same time relates to itself (1982: 21). Consequently the individual can only be a true self by giving up particularity in favour of recognising the commonness. In 'I-saying' lies the totality of subjects which all have being-a-subject in common and the self-consciousness is thus rooted in the recognition of others (1982: 22).

The reciprocal relation of recognition expresses freedom: When I see the other as free I can see myself as free. Theunissen writes:

> Die Dialektik ist in der tiefsten Wurzel der Umschlag der Aneignung des Anderen in die Veranderung des Eigenen. Aus der Veranderung aber kehrt der Mensch, der als transzendentaler Weltmittelpunkt zunächst sein Ich gegen den Anderen durchsetzt, nicht durch Integration des Anderen in seiner Selbst zurück, sondern durch die Gründung seines Selbst auf den Anderen. Er entdeckt des Anderen als den Grund seines Selbstseinskönnens (Theunissen 1977: 490).

This dialogical facticity demonstrates the movement of human development realised in love.

IV. Dialogical Hermeneutics Revisited

Torben Albertsen

Reading the response to the prologue I notice how the questions turn primarily towards two principal concerns. It seems that the main concern is with Panikkar with respect to his dialogue (Julia Suárez Krabbe), Nominalism (Christian Ydesen), ethical and political dimensions (Ydesen), and the self-other relation (Ydesen). Secondly a common concern has been expressed about the last phrase which gives explanatory power to the Analectical theory at the initial stage of dialogue and the dialogical theory at the last stage of dialogue. In a certain sense this phrase explicitly seeks a third position, contrary to what has generally been attempted throughout the prologue. This has given me an excellent opportunity to reflect on my own position, existentially, philosophically and most of all with respect to Panikkar and Dussel.

A Symbolic and Integrated Reality

The question of nominalism by Ydesen is probably best explained with reference to Panikkar's thoughts on language. Nominalism claimed that common terms like for example 'king' had no independent reality in the sense of 'kingness' as referred to by Ydesen. A particular 'thing' like a king was real, but not the word used to describe all kings (as a universal). Not being real does not mean it was nothing or an illusion, but only that it was not present as a universal in the world. Words were representations *of* or *about* the world. Language and the world were 'thrown out' (ob-*jected*) from each other. To answer the question of Ydesen in brief, Panikkar does not believe in reinstating universals, that is, of giving a 'kingness' reality to language. Panikkar proposes instead that language be interpreted as symbolic and that it should participate *ontomythically* in reality.[23] The symbol is polyvalent because it links 'the representation' with the symbolized, and this ambiguity gives the relationship between them primacy instead of a focus on either one to the exclusion of the other. The symbol, which also stands for faith or faith-action, draws together object and subject, belief (logos) and myth, and transcends dualism. But Panikkar does this without forgetting the 'symbolic difference' (Panikkar 1979: 6–7), that is, without trying to return to a mythical utopia or to the belief in a 'kingness' as Ydesen described. This integrative perspective is a very important part of Panikkar's metaphysics. In fact Panikkar claims that if we did not have the word 'king' there would be no kings (Ahlstrand 1993: 91). That is because the relationship between a king and the word king is what constitutes reality. This is the only reality we can ever be aware of since it would never be possible to be aware of *a* king without the word king as symbol or vice versa.

The Condition of Separation

Panikkar argues that the (condition of) separation between word and thing in Nominalism has a relation to what has later been developed as the separation between world and Man in the modern worldview.

Panikkar sees this separation not just as a dualistic and Western specific cultural development, but also as the metaphysical foundation of modern technocratic mentality seeking to *control* 'objective reality' and modern paneconomic mentality seeking to *use* or *exploit* nature or labour, as well as the modern colonialist attitude trying to *subsume* or *reduce* 'otherness' as part of sameness. Cross-culturally, we 'investigate' other cultures and this often entails a belief that we can come to understand these cultures better due to our scientific methods; better yet than they understand themselves. We stand in a superior and a dialectical position applying our categories and interpretations to other cultures without really being in a mutual interaction or dialogue, analogous to how we relate to nature.

Today, the condition of separation is so ingrained in our societies that it is difficult to see any real alternatives. Panikkar speaks of 'specialization' and by this he means for example the separation of different spheres of knowledge. Not just the separation between ont*ology*, epistem*ology* and ethics, but also poli*tology*, psych*ology*, anthrop*ology* etc., all of which fundamentally works from a rational and superior perspective. Panikkar integrates these separate realms by aiming towards a sort of metaphysical holism. While he has no political or ethical theory as such (Ydesen), or a theory directed at nature only (Suárez Krabbe), he does have reflections on these subjects from this metaphysical position. To approach the question from a specific ethical or political perspective (Ydesen), that is, if this perspective is thought as opposed to or differentiated from an ontological one, or to see some theories as being either better for a dialogue with nature or a dialogue with Man (Suárez Krabbe), presupposes on different levels the previously discussed dualistic separation and specialization. While these are in no way wrong positions, Panikkar's claim is that these approaches are so predominant globally that they are in fact strangling other alternatives. It appears to me that what Panikkar is saying is that we have spent so much time thinking about problems on nature (physics, geology etc.) separated from problems on Man (ethics, politics, 'theology' etc.), (each sphere's internal separation notwithstanding), that we have forgotten not only that they are related but also that their apparently 'diversified' methodologies are in fact rather similar in scope. They are all based on a reason that mostly takes it for granted that it can discover the world all by itself, that is, without really being in an interdependent relationship (or dialogue) with the world.

The Problem of Exclusion

First of all, Panikkar does not presuppose that exclusion can be *totally* overcomed through an intercultural (or religious) dialogue (Suárez Krabbe). I think the following comment might dispel this assumption:

> The Problem of pluralism is in a certain sense the problem of *the other*. How can we tolerate, or even understand, the other when this is in no way – rationally, reasonable or intelligible – feasible? [...] *How can we deal with incompatible systems?* [...]. It is worth noting that practically every so-called civilization has reached its ascendancy at the expense of some "marginal" people (Panikkar 1995: 57–8).

I think that Suárez Krabbe is quite correct in stating that a radical difference between them is found in "how they understand and relate to exclusion" (p. 119). While this certainly is a major difference between them, it appears that Suárez Krabbe understands this on an account of how Panikkar relates dialogue to an 'already accomplished' level of equality, hence in a sense excluding the excluded from dialogue, while Dussel not only takes new exclusion into account but also and specially seeks a position next to the excluded. I agree with the concluding distinction between them, but not with how this distinction is understood. First of all I think that they both work towards better terms for the excluded, and both can be said at least on certain levels to stand 'next to them'. While Panikkar does not speak of exclusion on a general level in his theory, this does not mean that he is not concerned with the reality of excluded people (Suárez Krabbe). I think the difference between them is less in regard to whether or not there is exclusion, and more in regard to the kind of exclusion currently predominant in the world, and specially to how deep in the Western roots one has to search for this problem. Dussel's other is for example identified by economic, social, psychological and historical factors; where the other of Panikkar is identified by worldview, spirituality, existentiality and temporality. In one example Dussel is concerned with the historical exclusion of indigenous people and tries to create a new historical account so as to represent them in history (1995). Panikkar with respect to the very same indigenous people is more concerned with the exclusion caused by the acceptance of the modern society as universal and thereby superior. Creating a historical representation for them might go a long way, but it might not promote their 'mythical' worldview as an actual alternative way of life. The problem is that if such an historical account respects their world-view as *an* historical 'object', they should consequently be placed in a museum.[24]

Seeing Panikkar's theory from Dussel's theoretical position I have come to the conclusion that the understanding of the other in Panikkar is more broad and inclusive (of excluded) that the understanding of the other in Dussel, precisely because he is prepared in the interest of a truly pluralistic society to accept 'mythical' worldviews on an equal basis with the modern worldview. As such Panikkar operates with a broader possible conceptualisation of the other, and I think that the primary reason for this is the relativity he enforces on the modern secular worldview and the myth of history (see e.g. Panikkar 1998). This 'deconstruction' simply allows him to open up to a broader range of exteriority, exteriority that for many people today may appear to be incompatible with or absurd next to the modern world-view. While Dussel's position argues for what at a first look appears to be a diversity of excluded modes, most of these are already within the predominant system as Panikkar sees it. They are economically, politically, psychologically subjugated, but still within the economic, political and psychological epistemologies as anti-poles. Any alternative offered here can never depart from these spheres radically. They are spheres that have a long tradition of development based on for example binary sets such as rich-poor, master-slave, capitalism-socialism, etc. Another relevant perspective that Panikkar holds, is that exclusion as a central doctrinal (belief) idea might not, and perhaps far from it, be workable everywhere in the planet. In fact, this idea might even be problematic from other cultural locations.

> In fact, official Latinamerica operates within the orbit of the western world. While Latinamerica belongs, in fact, to the western world. This is why it feels, and rightly so, marginalized, peripheral. Apparently the centre is New York, Paris, London (Moscow once upon a time) and money at all times. If I were to tell the citizens of Varanasi that they do not dwell in the centre of the world, their poverty would change into misery and their joy and hope into despair (Prabhu 1996: 285).

Movement and Moment: Brief Encounter or Sustained Dialogue?

An intercultural encounter can take place between collectives, persons, as well as within persons on a more existential plane. A dialogue can be conducted in a specific moment of time, perhaps in a matter of mere seconds, or it can take longer. It can even continue when the partners are no longer speaking (and listening). The purpose therefore of delimiting the dialogue by the words *initial* and *last*, should not be understood in a definitive sense, but instead in the sense of a process. One could also see this as a hermeneutical circle; every end can lead to a new beginning.

I believe that a dialogue consist at least of two moments as well as two movements. A moment can be totality, it can be exteriority or it can be myth or belief. A movement on the other hand is, as the word indicates, a movement between two moments, that is, from totality to exteriority or from belief to myth. If we define the exteriority as the excluded, then a positive (or negative) inclusion of this exclusion can be a movement.

What constitutes the initial phase is the first movement establishing the first moment of the dialogue. I find the notion of the other, such as described by Dussel, Lévinas or others a quite accurate description of this moment. That is, the first moment that allows a posterior analysis to somehow 'rest', is the other, or the metaphysical distinction of the other. A distinction *as such* is incommensurable, meaning that it cannot (considering it alone) be aligned in any way to the self, which is precisely why it is distinct and not just different.

The second movement 'moves' from the first moment (distinction) towards the second moment, and this movement must somehow consist of a 'transcendence' of this distinction. This might also be called immanence, inclusion and so forth, depending on the specific dialogue and the results of this new moment. The difficulty here is explained by Dussel as the problem of detaching persons from the system in which they are inserted (1985: 2.4.2.1). It is at the same time the inclusion of the excluded into a new totality by way of a 'standing next to' the victim. In Panikkar this problem is related to the position that claims superior status and is furthermore conditioned by the fact that understanding and conviction are intimately related (see pp. 113–4 and Panikkar 1999: 26, 73f).

The 'transcending' movement in Dussel is related to *faith* (1985: 2.4.7.3–4), *respect* (2.6.2.3) and the new relationship explained by the Hebrew word *habodah*, translated as 'service' (2.6.7.3) (for the other). These words however relate to a transcendence which *reaches* for the exteriority but appears to have problems with *sustaining* itself on this level. If it did (understood exhaustingly or completely) there would no longer be a need for service *to*, respect *for* and faith *in*, simply because the self would be in communion *with* the other. The existential *transition* to another cultural world (or to the place of the victim) is not deeply contemplated in Dussel, and I think one reason for this is that he maintains the distinction as the most essential part of a dialogue without including the identity and common understanding necessary to sustain any longer mutual interaction. Furthermore, the fact that Dussel envisions this methodology *within* a scientific paradigm or model,[25] attests to what Panikkar understands as a superior position.

To continuously sustain any 'standing next to', the movement towards the second moment would require this *last* transition, and I think that Panikkar contemplates this necessity more accurately without forgetting the other's distinction in the process. The second movement requires not just a service *to*, respect *for* and a faith *in* this other so as not to alienate the other's distinction in the process of overcoming it somehow, but likewise it requires that we start understanding the other not as other (distinct/incomprehensible), but as self. While these two steps are not always complimentary or possible at the same time, they are still two sides of the same coin. The sustention can furthermore run into a new barrier if the other becomes too stigmatized or fixed as for example 'a victim' or 'a poor', in which case a genuine friendship between us would have to overcome yet another barrier. So much for a 'meta-theory'! I can only hope that with this ending a new beginning has been set in motion.

Endnotes

1. This prologue is primarily based on the first two chapters of my master thesis, *An Introduction to Enrique Dussel's and Raimundo Panikkar's Intercultural Hermeneutics* (unpublished, 2007, History of Ideas, University of Aarhus).

2. Dussel is an Argentinian Philosopher who has spent many years in Europe and some years in Israel but who is now living in Mexico.

3. Raimundo Panikkar is a Spanish/Indian Philosopher and Theologian who has lived most of his life in Spain, India and in the United States.

4. Enrique Dussel has written a critical chapter on Raimundo Panikkar, with a response from Panikkar in the book Prabhu (1996).

5. In the sense of a loosely attached network of people (here cross-culturally and inter-diciplinary) which share some specific interests, in contrast for example to the idea of a paradigm in the Kuhnian sense.

6. "Heraclitus in this identical to Parmenides said: "All is one". This "one" is fundamental because this unity is "all", that is to say that "the one is all" and this "all" is going to indicate the category which we are going to denominate "totality". The one is all, that is to say, totality is one; it is insuperable" (Dussel 1974: 260, my translation).

7. "Being is preached in many forms but [...] all of them in relation to one origin (*prós mían arjén*)" (Dussel 1974: 186, my translation).

8. "In the Cartesian ego cogito, even though there is an "idea of God", man remains alone as a solipsist ego, so that instead of calling Being *physis* now Being is what is constituted from and in the ego, such that it is not a physical totality, but an egoistic one, a subject. The subject constitutes the Being of things" (Dussel 1974: 265, my translation).

9. "But in the end being is one, and the fundamental ontological movement is "the eternal return of the same" (Dussel 1974: 187, my translation). "Being is also aion, that is to say, the eternal, or better yet, "from-ever". Being is one, all, the same, physis, a "from-ever" which is not the eternity of Christianity, but the tragic "from-ever". This "from-ever" as a movement cannot be but the "eternal return of the same". We are in the circle of the "eternal return of the same" as upheld by the Greeks, also by Aristotle, and of course, by Plotin. Also to be found in Hegel and Nietzsche, although from a different experience of being; this is to be found in all those thinkers that remain enclosed within the totality" (1974: 261–2, my translation).

10. "Parmenides said it even better when he says: "The same is being and thought".

This saying can be translated in many ways: "Knowing is "to see", "to know", "to understand". In any case noein has a relation with "to see", in the sense of the verb orao or eído, from which are derived idea and also eídos, which for Aristotle means, the essence of the thing or ousia" (Dussel 1974: 261, my translation).

11. "The word *lógos* means for the totality: to collect, to reunite, to express, to define. This is the original Greek meaning which Heidegger rediscovered" (Dussel 1974: 184–5, my translation).

12. "Since the Cartesian cogito, stressing the first person (the subject), up to modern science, stressing the it, still called third person, there has been a forgetting of the thou, and we have created an unbridgeable gulf between spirit and matter, subject and object" (Prabhu 1996: 238). See also Panikkar 1995: 93).

13. We "create an artificial-mechanical universe that we must have under control because we cannot trust reality" (Panikkar 1995: 177).

14. "And once we identify ourselves with our singularity we have to look frantically for a foundation. I am no longer a constitutive element in the universe. I am no longer a communion with the whole, no longer the whole, I no longer am, for I could not be" (Panikkar 1995: 168).

15. "The ultimate metaphysical assumption of the greatest part of the Western civilization, since the Presocratics, is the conviction of the intimate correspondence between thinking and being. They may be ultimately the same or different, but they "theoretically" match each other" (Panikkar 1995: 59).

16. "All demythization is accompanied by a remythization; it is always necessary that something be "pre-sup-posed" (Panikkar 2006).

17. "If one said "God exists" and the other said "God does not exist" then faith would be the ground of each one's conviction of what her own proposition means, and belief would be the conviction set forth in each one's proposition. Even to bluntly refuse any dialogue implies the faith that one possesses the truth and the belief that the formula cannot be sundered from the thing formulated. Affirming absurdity or postulating nothingness can be beliefs of the same faith that moves others to believe in God or in Humanity" (Panikkar 1999: 47).

18. Using the word 'other' here is not completely fair to Panikkar. Panikkar speaks instead of the "Thou", which is not just a human-to-human relations but equally so the cosmos and the theos or what he calls the cosmotheandric experience (Cosmos, God and Man). As such his dialogue is not just directed at other people but equally so towards cosmos and God. The choice of the word 'other' here must be understood both

in relation to the limited space of this metalogue and in relation to the comparison with Dussel, who is mainly concerned with the person-to-person dimension.

19. "In the dialogical dialogue, I trust the other not out of an ethical principle (because it is good) or an epistemological one (because I recognize that it is intelligent to do so), but because I have discovered (experienced) the 'Thou' as a counterpart of the I, as belonging to the I (and not as not-I)" (Panikkar 1999: 38). See also Panikkar (1995: 76).

20. Reading my comments, the reader will have to take into account that Albertsen is, to my knowledge, the only person who has engaged in this sort of comparative study and discussion of Dussel and Panikkar. The expertise Albertsen has in this area is unique and extremely valuable. On the other hand, my expertise concerning Dussel's thought is deeper than my knowledge of Panikkar. Nevertheless, the theme of intercultural hermeneutics is central to my work on discussing human rights and development from the perspective of the spiritual leaders of the four indigenous peoples of Sierra Nevada de Santa Marta in the Colombian north.

21. While Dussel's proxemia describes a human approach to objects or others with exploitation in mind, proximity to the human other may be positive and carry with it warmness and love, but can also be everything in between this warmness and love and coldness and hate (1996: 30).

22. Theunissen refers to Hegel's *Enzyklopädie der philosophischen Wissenschaften*, § 24, sentence 1. In: *Werke*, Suhrkamp, 1970: vol. 8, 82f.

23. Not onto-*logically*, that is, not just as another specialized science.

24. This also depends on the kind of historical understanding one has and specifically the kind of *past* understanding that follows from this. I do not wish to account Dussel for this specific problem, but only to express a concern for this in the kind of solutions he envisions. One comment captures the logic I am concerned with; "Indigenismo, then, as a counterpoint to mestizaje, is precisely the statesponsored policy for the recuperation and celebration of this indigenous past *as past*" (Saldaña-Portillo 2001: 408).

25. See Dussel (2008), third criterion, critical science.

Bibliography

Ahlstrand, K. (1993). *Fundamental Openness*. PhD dissertation. Uppsala: Uppsala University.

Dussel, E. (1974). *Metodo para una Filosofia de la Liberacion*. Salamanca: Sigueme.

Dussel, E. (1977). *Filosofia de la Liberacion*. Bogotá: Nueva America.

Dussel, E. (1985). *Philosophy of Liberation*. Eugene: Orbis Books.

Dussel, E. (1995). *The Invention of the Americas. Eclipse of 'the other' and the Myth of Modernity*. trans. Michel D. Barber. New York: Continuum.

Dussel, E. (1996/1977). *Filosofía de la Liberación*. Bogotá: Nueva América.

Dussel, E. (1998). *Ética de la Liberación en la edad de la Globalización y de la Exclusión*. Madrid: Editorial Trotta.

Dussel, E. (2004). Transmodernidad e interculturalidad. (Interpretación desde la Filosofía de la Liberación). In: Fornet Betancourt, R. (ed.). *Crítica Intercultural de la Filosofía Latinoamericana Actual*. Madrid: Editorial Trotta: 123–160.

Dussel, E. (2007). *Política de la Liberación: Historia mundial y crítica*. Madrid: Editorial Trotta.

Dussel, E. (2008). Karl Marx' videnskabelige forskningsprogram. In: Sørensen, A. (ed.). *Frigørelsesfilosofi*. Copenhagen: Politisk revy.

Ingold, T. (2007). Materials against Materiality. *Archaeological Dialogues*, 14(1): 1–16.

Lévinas, E. (2007). *Totality and Infinity: An Essay on Exteriority*. trans. Alphonso Lingis. Pittsburgh: Duquesne University Press.

Maldonado Torres, N. (2002). *Thinking from the Limits of Being: Levinas, Fanon, Dussel and the Cry of Ethical Revolt*. PhD dissertation. Rhode Island: Brown University.

Moros-Ruano, E. (1984). *The Philosophy of Liberation of Enrique D. Dussel: An Alternative to Marxism in Latin America?* PhD dissertation. Nashville: Vanderbuilt University.

Panikkar, R. (1979). *Myth, Faith and Hermeneutics*. New York: Paulist Press.

Panikkar, R. (1995). *Invisible Harmony, Essays on Contemplation and Responsibility*. Minneapolis: Fortress Press.

Panikkar, R. (1998). *The Cosmotheandric Experience, Emerging Religious Counsciousness.* Dehli: Motilal Banarsidass.

Panikkar, R. (1999). *The Intrareligious Dialogue.* New York: Paulist Press.

Panikkar, R. (----). *Religion, Philosophy and Culture.* URL (consulted May, 2006): http://them.polylog.org/1/fpr-en.htm.

Prabhu, J. (1996) (ed.). *The Intercultural Challenge of Raimon Panikkar.* New York: Orbis Books.

Saldaña-Portillo, J. (2001). Who's the Indian in Aztlán? Re-Writing Mestizaje, Indianism, and Chicanismo from the Lacandón. In: Rodríguez, I. (ed.). *The Latin American Subaltern Studies Reader.* Duhrman: Duke University Press.

Theunissen, M. (1977). *Der Andere.* Berlin: Walter de Gruyter.

Theunissen, M. (1982). *Selbstverwicklung und Allgemeinheit: zur Kritik des gegenwärtigen Bewusstseins.* Berlin: Walter de Gruyter.

Metalogue 5

Diacronical, Diatopical and Contemplative Hermeneutics

II. Refleksion over meditation

I. Dialog med dialogerne   By Mette Smølz Skau   *IV. Brobygning*

———— Prologue ———— Medialogues ———— Epilogue ————
By Morten Münchow   *III. Fejlen*   By Morten Münchow

By Thomas Martin Møller Burø

This metalogue deals with problems of cross-cultural understanding, intercultural hermeneutics, and obstacles arising when one tries to combine western scientific tradition with Buddhism. In the prologue, Morten Münchow compares different kinds of hermeneutics. The discussion is formed around the concepts of distance and proximity. According to Münchow, intercultural dialogue and understanding are only possible through a dynamic relationship between distance and proximity. Different possibilities of dialogues between West and East, and the role of meditation are discussed as key examples. In dialogue 1, Mette Smølz Skau comments on the relationship between Eastern (Buddhist) meditation and Western (Hegelian) reflection. She wonders if they can be seen as comparable ways of reaching more comprehensive understanding. The other dialogue partner Thomas Martin Møller Burø reflects, in dialogue 2, on the within hermeneutics (and within theories of intercultural communication) often unrecognised productive role of misunderstandings and failures. Finally, in the epilogue, Münchow tries to bridge all the comments and reflections together into an integrated, yet open and un-ended view on the possibilities of cross-cultural dialogue.

Language: Danish

I. Dialog med dialogerne

Morten Münchow

Denne prolog handler om *dialog*, og mere præcist den dialog, der udspiller sig i regi af Mind and Life Institute (www.mindandlife.org). Mind and Life dialogerne er opstået som et samarbejde mellem en nordamerikansk forretningsmand, R. Adam Engle, og en chilensk født biolog, filosof og neurolog, Dr. Francisco Varela. Varela havde mødt den religiøse og politiske leder af Tibet, Dalai Lama, til en konference i 1983, og dér havde de diskuteret deres fælles interesse; nemlig grænseflader mellem naturvidenskab og buddhisme. Adam Engle og Francisco Varela skabte i fællesskab det økonomiske, organisatoriske og faglige fundament for konferencerne i løbet af 1980'erne, og den første konference blev afholdt i 1987. Organisationen og dens aktiviteter er vokset støt lige siden, og den første danske oversættelse af et mødereferat udkom på Borgens forlag i 2003 under titlen "Destruktive følelser – hvordan kan vi håndtere dem? – en videnskabelig dialog" (Goleman 2003).

Eftersom der er tale om en dialog mellem vestlige videnskabsgrene og en kontemplativ tradition, er det sin sag at holde tungen lige i munden, når emner som 'tomhed' og 'absolut viden' bliver sat i spil overfor positivisme, kritisk rationalisme og paradigmeteori. Der indledes imidlertid med overvejelser over de tværfaglige og tværkulturelle problemstillinger ved Mind and Life-dialogerne.

Hermeneutik, paradigmer og konservatisme

Hermeneutikken fokuserer på, at *forståelse* altid sker i en *sammenhæng*. Denne sammenhæng kan kaldes en *situation, sted, topos*. Et udsagn kan ikke rumme alt det, som det udtaler sig om, og derfor spiller modtagerens forståelseshorisont en afgørende rolle for dialogens frugt: *forståelsen*. Man kan forestille sig forskellige typer af forbindelser mellem *topoi*. Hvis man beskæftiger sig med kulturgenstande (litteratur, kunst, musik osv.) fra ens eget historiske ophav, laver man en *diakron* (tidslig; historisk) forbindelse, og hvis man beskæftiger sig med andre kulturer, laver man en *diatopisk* (mellem to steder) forbindelse (Panikkar 1979: 9). For begge forbindelser gælder det, at man ofte forbavses over, hvor på en gang genkendeligt og fremmed det forekommer. *Forskellene* gør, at vi får øje på noget nyt, og forenes forskellene tilmed med *lighederne*, bibringes vi dybere erkendelse, både når det gælder tidligere tider i vores egen kultur, og når det gælder mødet med andre kulturer.

Distancen gør, at vi i erkendelsen af det fremmede får øje på sider af vores egen forforståelse, som vi ikke kunne se før, fordi forforståelse er så proksimal for bevidstheden, at den ureflekteret forbliver uerkendt. Man ser først en flig af sine egne briller (den proksimale forforståelse), hvis man fjerner dem lidt fra ansigtet og således gør dem distale (ved mødet med tidslig eller kulturel fremmedhed). *Distance* og *proksimalitet* synes at være to lige uundværlige elementer i *hermeneutisk erkendelse*.

Udfordringen i at forstå Mind and Life-dialogerne har hovedsageligt med to forhold at gøre: Det første problem er, at buddhismen er fra en fremmed kultur, og som sådan skal man forholde sig til dialogen; det er en større opgave at forstå en fremmed kultur, fordi man ikke har så meget forforståelse til fælles, og det gør det ikke nemmere, at der i den europæiske idéhistoriske og filosofiske kultur kun i meget ringe omfang er tradition for *filosofisk dialog* med andre kulturer. Det andet problem er, at buddhisme først og fremmest er en *kontemplativ* tradition. Da vi ikke har egentlige kontemplative traditioner på de danske universiteter, har vi altså kun en samling *delvise* forståelser af, hvad kontemplativ praksis er, nemlig: filosofiske, religiøse, litterære, politiske, magtsociologiske, kulturelle osv., men ikke forståelser der berører kernen set fra den kontemplative praksis' eget hermeneutiske *topos*. Som Lovejoy påpegede, så kan fænomener/idéer være ubehandlede eller slet ikke opdaget, hvis der ikke er en disciplin der afdækker fænomenet, og selv hvis fænomenet/ idéen forsøges afdækket ved tværfagligt arbejde, afdækker dette ikke nødvendigvis problemets kerne, hvis ingen af de deltagende discipliner berører fænomenets kerne (1978: 8f). Et andet problem er ifølge Lovejoy, at tværfagligt arbejde slet ikke er så udbredt, som det burde være, hvis det skulle svare til mængden af forsømte vidensområder (1978: 10). Måske ses det opsplittede i den akademiske kultur i Mind and Life-dialogerne. Dialogen er nemlig til tider temmelig ensidig: det er ikke den samlede vestlige akademiske kultur, der er i dialog med buddhismen. Det er i høj grad det naturvidenskabelige fragment, der fører dialog med buddhismen, og det viser sig derved, at naturvidenskabens filosofiske bagland ikke i særligt stort omfang omfatter humaniora. Hvis naturvidenskaben ikke tager humaniora med, når den skal snakke med andre kulturer, er det et problem! Humaniora er i høj grad relevant og ønsket i dialogen og det ville være et oplagt sted at kvalificere Mind and Life-dialogerne yderligere.

Fra diakron til kontemplativ hermeneutik

For at skabe en model, der kan rumme dialogen, lægges der ud med klassisk *diakron hermeneutik*. Gennem fokus på begreber om *proksimalitet* og *distalitet* udvides diakron med *diatopisk hermeneutik* for endelig, stadig med proksimalitet og distalitet som centrale begreber, at folde modellen ud til også at rumme *kontemplativ hermeneutik*.

Diakron hermeneutik, om tidslig distance

Hermeneutiske problemer har været behandlet både i det klassiske Grækenland (*hermeneuein*) og middelalderen, men hermeneutik som selvstændigt formuleret *metode* opstår i vores kultur i renæssancen som resultat af filologiens bestræbelser på at læse og forstå klassiske græske tekster og reformationens bestræbelser på at afdække Bibelens *egentlige* betydning – den betydning, som Bibelen *selv* frembragte – uden om kirkens dogmer. Den tyske teolog Friedrich Schleiermacher (1768–1834) nævnes ofte som den første filosofiske hermeneutiker, og karakteristisk for ham er, at han ikke var så fokuseret på de klassiske værker (det filologiske arbejde med de græske værker og Bibelen). Han opfattede derimod tekster i almindelighed som åndsudtryk, og var interesseret i forholdet mellem teksten og den bevidsthed, der havde skrevet den. Med den tyske filosof og idéhistoriker Wilhelm Dilthey (1833-1911) bliver hermeneutikkens genstandsområde udvidet endnu engang og kommer til at indbefatte alle former for menneskelig aktivitet og produkterne af disse, og er dermed ikke så snævert tekstorienteret. Han etablerer hermeneutikken som åndsvidenskabernes metodelære, der arbejder med *forståelse* til forskel fra den naturvidenskabelige *forklaring* (Collin et al. 2001: 109ff; Føllesdal et al. 1992: 85ff).

En radikal reformulering får hermeneutikken i Martin Heideggers (1889–1976) *fænomenologiske hermeneutik* (2002:61f), hvor hermeneutikken ikke bare er en parallel forståelsesorienteret aktivitet til naturvidenskabernes forklaring, men *grundlaget for forståelse overhovedet*. Hermeneutikkens erkendelse ligger på et dybere niveau end naturvidenskabens erkendelse, da naturvidenskaben er *afledt* af den fænomenologisk-hermeneutiske erkendelse og kun udgør en lille ikke-fundamental delmængde (2002:61f). Heidegger mener, at erkendelsens grundlæggende struktur er *tidsligt* orienteret (2002: 38, 235, 488). Den mest autentiske måde at få indsigt i forholdet mellem ens eksistentielle muligheder og ens *situation* er at erkende sin tidslige eksistens fra fødsel til død i lyset af den idéhistoriske *situation*, man altid-allerede befinder sig i. Man er i kraft af sin kulturelle opvækst kastet ud i en fortolkning/udlægning af eksistensen uden selv at have valgt den, og ens handlemuligheder foregår i og er konstitueret af denne *situation*. Heideggers elev Hans-Georg Gadamer (1900–2002) udvikler på baggrund af Heideggers tidsligt orienterede erkendelse et begreb om *virkningshistorie*, som netop konnoterer historiens virkning på erkendelsens forståelseshorisont, som er central for de fordomme, som man uundgåeligt bringer med sig i *dialog*. For Gadamer handler hermeneutik i høj grad om *dialog* og om, hvordan fælles forståelse er mulig ved, at dialogen forårsager delvis sammensmeltning af parternes forståelseshorisonter; han er således meget inspireret af Platons venlige og åbensindede dialogform, og er fortaler herfor (2004: 358). Man kan ifølge Gadamer ikke 'træde udenfor historien' og få et objektivt blik, men man kan høste erkendelse ved at indgå i dialog med tidligere tiders kulturprodukter (tekst, kunst osv.) og se fordomme hos sig selv og de andre, som tidligere var skjult, og i en hermeneutisk proces få større og større indblik. Distancen opfattes af Gadamer som en betingelse for hermeneutisk forståelse. *Distance af-slører.* Den filosofiske hermeneutik hos Heidegger og Gadamer tilskriver *tidslighed* en fundamental betydning for erkendelsen, og dette har betydet meget for den europæiske filosofiske hermeneutik, som i høj grad er *diakron* hermeneutik. Man er interesseret i tiden som 'den bærende grund' for hermeneutisk forståelse, og dette gælder jo strengt indenfor én virkningshistorie.

Diatopisk hermeneutik, om kulturel distance

Filosofiske overvejelser om at gå på tværs af virkningshistorier har ikke været så udbredte,[1] men de findes.[2] Tværkulturel hermeneutik – også kaldt *diatopisk* hermeneutik – forsøger at skabe en *forståelsesforbindelse* mellem kulturelle 'topoi' (steder) uden fælles virkningshistorie og tage besværlighederne herved som en udfordring (Panikkar 1979: 9). At problemerne er store i diatopisk hermeneutik kan ses i Jay L. Garfields (1955–) introducerende tekst om diatopisk hermeneutik:

> If Western philosophers don't think that philosophy can lead to liberation from cyclic existence,[3] why do they do it? (A question asked by dozens of Tibetan colleagues and students) [...] But of course the point of all of this is to attain enlightenment. Otherwise philosophy would be just for fun (Je Tsong Khapa, the Essence of Eloquence, commenting on the motivation for philosophical analysis) [...] I am worried that these students are just getting religious indoctrination. I mean, they are learning Buddhism, right. And aren't most of the teachers monks? (A dean of a small Western secular college at which the works of Aquinas, Augustine, Farabi and Maimonides are taught in philosophy classes) (Garfield 2001: 229).

Et andet eksempel på kulturmæssige forståelseskløfter findes i en af bøgerne fra Mind and Life Institute, hvor nogle videnskabsfolk med hjernescanningsudstyr skal undersøge mediterende munke. Det viser sig i sådanne møder, at de steder, hvor der er konvergens og divergens mellem verdensbillederne, kan falde på temmelig overraskende vis:

In general, the monks' responses to the demonstrations made 'onsite' often showed an intellectual rigor and curiosity that belied their lack of science education. Independently, they proposed the concept of a control group, noting the importance of testing non-meditators for comparison. They pointed out the fallacy of assuming causality from correlations in the data. They suggested that individual differences would distort the results unless a large enough sample was tested. Such moments were gratifying to the scientist and seemed promising for the prospects of a true collaboration. They were reminded of the common ground they shared with an ancient tradition grounded in empirical examination of phenomena and rigorously logical dialectic debate.

But it was sobering to balance such moments of connection and familiarity with others where the monks' thinking seemed inaccessibly remote. A recommendation for a mantra practice that had the beneficial side effect of growing new teeth was easy to dismiss as superstition, but hard to reconcile with the stress that Buddhism places on critical thinking. There were other questions, such as how past life experiences might interact with individual differences and progress in training, that could neither be dismissed nor approached, but only held at a respectful distance until the dialogue had matured (Davidson et al. 2002: 14).

Når man står i situationer som de ovenfor citerede, så bliver man hurtigt klar over, at der ikke er tale om begrebsafklaring på et niveau, hvor man skal finde små nuancer i diakrone betydningsforskydninger af et begreb. Der er tale om totalt fundamentale problemstillinger, som f.eks. reinkarnation og forholdet mellem filosofi og religion – for ikke at snakke om forholdet mellem lydbølger (mantra) og tænder.

Garfield indkredser magtpolitiske problemer, han har oplevet som typiske for den diatopisk hermeneutiske praksis: Rent historisk er der ikke særlig stor tradition for, at forstå andre kulturer i øjenhøjde, og man bliver uundgåeligt introduceret for en række politiske problemer, da der ofte er et *ulige magtforhold* mellem dialogparter fra forskellige kulturer. Der er nemlig en politisk styring af universitetsstillinger, legater, tilgængelige bøger på bibliotekerne, forskningstidsskrifters interesser, pressens interesser osv., som er styret af dem, der sidder på magten og af den filosofi, de opfatter som 'seriøs'. Problemer af mere hermeneutisk-filosofisk karakter ridser Garfield op i kapitlet "Temporality and Alterity" (2001). Han argumenterer for følgende:

Det fremmede i en tekst fra en anden kultur ligger deri, at man ikke har kendskab til tekstens 'kontekst', da det på den ene side ikke er en del af læserens egen kulturelle arv i bredeste forstand, og mere specifikt kan man sige, at man ikke har kendskab til den kontekstuelle litteratur, som teksten nødvendigvis implicit og/eller eksplicit lægger sig op ad/svarer på, som både er egentlige *eminente tekster* (som Gadamer ville kalde det) og *kommentarlitteratur*.

Sprogbarrieren henviser ofte en til at læse engelske oversættelser, og man er dermed distanceret fra teksten, fordi man ikke læser den på originalsprog men gennem en oversætters fortolkning.

Der kan være enorm forskel på den *intention*, forfattere fra forskellige kulturer har med deres tekster. Husk den Tibetanske munk, der mente, at 'selvfølgelig' bedriver man filosofi for at undslippe den cykliske eksistens' hvilket jo nok ikke var Heideggers intention med at bedrive filosofi, som − hans radikalitet til trods − er beslægtet med den europæiske filosofis temperament og intentioner. Denne type forskel stikker dybt!

En teksts udspring i egen tradition er en idéhistorisk begivenhed, hvor interne spændinger i traditionen forårsager *bruddet*, som viser sig som tekstens *kreativitet*. Dette brud sker i traditionen og *med henblik* på traditionen og med *forventning* om senere kommentarer *fra traditionen*. Derfor vil tværkulturel filosofi ofte hænge frit svævende i luften, da hverken den tradition, man kommenterer, eller ens egen umiddelbart kan bruge det til noget, med mindre der gøres et kæmpe stykke arbejde for at forbinde pointerne til begge traditioner, og det *er* et kæmpe stykke arbejde. Et arbejde, som dog ifølge Garfield *er muligt og meningsfuldt* (2001)!

144

Garfield pointerer, at en tekst ikke kun er blæk på papir, men en læst-og-fortolket-af-nogen-tekst, og det er denne hermeneutiske sammenhæng, som han vil bygge bro til, når han vil forstå en fremmed kultur. Dermed går han videre af Gadamers *dialogspor* og etablerer *kollegialiteten* som central hermeneutisk komponent, dvs. et *faktisk møde* med dem, der kender til tekstens nuværende *situation* i den tradition, hvori den læses. Garfields begreb om kollegialitet indeholder også forestillingen om *ligeværdighed*, da 'informant'-rollen (*distal* slagside) er meget lidt filosofisk interessant, og sætter man dialogpartneren i guru-rollen (*proksimal* slagside), mister man den kritiske distance til dialogen. Kollegialitet indebærer også, at man i dialogen rent fagligt udveksler *symmetrisk* (begge parter er proksimalt og distalt balanceret), da den største synergieffekt udløses, når begge parter samtidig eller skiftevis ser deres egne forståelseshorisonter i nyt lys.

Kontemplation, om meditativ distance

Da fremstillingens emne er kontemplativ erfaring, og denne erfaringstype ikke er særlig alment kendt, præciseres her hvilken betydning, der lægges i ordet, og afsnittet i sin helhed er en samling pointer fra forskellige kilder, hvis formål er at pege på den virkelighedsmodel, som fremstillingen diskuterer. Det er således hverken bevis eller argument, men en skitse, som kan fungere som fremstillingens skelet, så læseren bedre kan orientere sig. Der er elementer af Descartes, tantrisk yoga[4] og tibetanske buddhisme. Indenfor tibetansk buddhisme inddrages Dzogchen (I Harvey 2002: 269f; Bertelsen 1999; Wilber 2000: 33; Dalai Lama 2004), der omtales som den mest direkte vej til oplysning, da den indebærer, at underviseren direkte udpeger den mediterendes Buddhanatur.[5]

Der er lavet en figur til formålet (Figur 1, næste side), som der bliver refereret til gennem hele fremstillingen. Læg som det første mærke til de tre niveauer *gross, subtle* og *very subtle*, som er en typisk buddhistisk opdeling af bevidsthedsniveauer og fænomentyper. Kontemplation bruges som en bred betegnelse for 'bevidsthedsundersøgelse', og her skelnes der mellem to undergrupper af kontemplation, nemlig *introspektion*, som vedrører 'gross' og *meditation*, som vedrører 'subtle' og 'very subtle'.

145

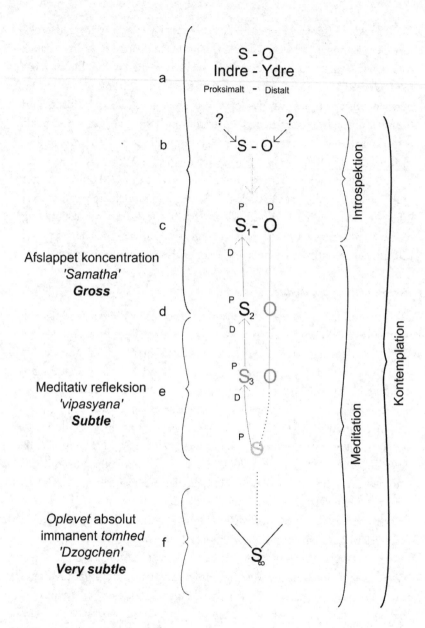

Figur 1. Kilde: Münchow 2005.

Der startes foroven i figur 1. Descartes delte virkeligheden op i to substanser: *res cogitans* (indre, proksimalt; bevidsthed, tanker, uden udstrækning, udelelig) og *res extensa* (ydre, distalt; fysiske ting, udstrækning og delelige) (2002: 99f), og dette kan med rimelighed bruges om niveau 'a' i figur 1. I sin søgen efter sikker viden, indledte Descartes sin metodiske tvivl (indikeret ved '?' i figur 1), som førte ham ned i 'b', og ved *introspektion* søgte han tilflugt i sit indre (det proksimale), som forekom ham mere sikkert eksisterende end det ydre (det distale) (2002: 81ff). Efter at have undersøgt sit indre grundigt erklærede han:

> Så efter at have overvejet alting nok og nok engang igennem må jeg endelig fastslå, at dette udsagn: *jeg er, jeg eksisterer* nødvendigvis er sandt, hver gang det udtales af mig eller undfanges i mit sind. [...] At tænke da? Her finder jeg det – det er tænkningen! Den alene er uadskillelig fra mig. Jeg er, jeg eksisterer – det er sikkert. Men hvor længe? Jo så længe jeg tænker. [...] Men jeg er en virkelig ting og i sandhed eksisterende – men hvad for en ting? Som jeg har sagt: en tænkende (Descartes 2002: 82ff).

Hvis tænkningen er uadskillig fra jeg'et, er virkelighedsopfattelse 'c' ens *fundament*: Det proksimale (indikeret med et 'P' ved S1) for Descartes svarer til det indre, hvoraf tankerne er en væsentlig del og uadskillelig fra jeg'et. Det distale (indikeret med et 'D' ved S1's objekt 'O') er det ydre fysiske. Således har man et *erkendelsesteoretisk* standpunkt, fordi man hæfter al viden på dette partikulære jeg.

For at komme længere ned i figuren, kan man benytte sig af *meditative* teknikker, der til forskel fra *introspektive* teknikker ikke opfatter jeg'et som en udelelig helhed, men som i en systematisk dialyseproces begynder at dekonstruere Descartes' cogito. *Samatha* er en sådan teknik og kaldes 'stilhedsmeditation'. Man gør systematisk sindet roligt, ved at øve sig i at lade sindet hvile på ét objekt, som kan være både ydre – et billede eller lyde – eller indre, som for nybegyndere gerne er åndedrættet (Harvey 2002: 244ff). I Samatha er bevidstheden stadig dual: kognitionen er stadig hovedsageligt *intentionel* (i klassisk fænomenologisk betydning, nemlig spaltet i subjekt og objekt). I stilhedsmeditation øver man (den

147

proksimale pol) sig på afslappet at være opmærksom på objektet (den distale pol), men det ser erfaringsmæssigt ud til, at utrænede har svært ved ikke at lade sig 'fange' af tankerne, og dermed glemme meditationsobjektet uden selv at opdage den *in situ* forglemmelsesproces, hvilket fører til, at det meste af meditationen foregår på god cartesiansk vis: man er identisk med tankerne og fortsætter i en tankerække (Bertelsen 1999: 31). Efter et stykke tid (typisk flere minutter) opdager man, at man sidder og tænker. Men man havde jo besluttet, at være opmærksom på objektet, som man vender tilbage til i den tid det nu varer, før man igen bliver fanget af en tanke, som bliver til endnu en tankerække. Men hvad er nu det? Hvis man kan 'vågne op' fra sine tanker, se på tankerne og derefter vende tilbage til meditationsobjektet, har man (proksimalt) så ikke i denne akt haft sine tanker som *objekt* (distalt)? Man (proksimalt) sidder og forholder sig til to objekter (distalt): tanker og meditationsobjekt, og nogle gange vælger man det ene frem for det andet. I så fald har ens bevidsthed taget springet fra 'c' til 'd' i figuren og har således glimtvis oplevet *meditation*, hvor dele af jeg'et, som før var proksimalt (tankerne) pludselig er blevet distalt ved at S1 pludselig er distal ('D') set fra S2, og dette er sket ved, at der er kommet en splittelse i det overordnede S (Descartes' cogito), som ikke tidligere var der, eller i det mindste ikke var bevidst (Wilber 2000: 33f). Man har 'trådt et skridt tilbage' og gjort noget distalt, som før var proksimalt: man får pludselig øje på en flig af de briller, som man tidligere bare så ud gennem, nemlig jeg'et? Der er her en lighed med den hermeneutiske praksis (dialog): Noget, der før var så proksimalt, at man ikke kunne se det, er ved en praksis blev synligt i kraft af sin pludselige distalitet.

Vipasyana eller niveau 'e' kan kaldes *meditativ analyse*, og der findes mange forskellige måder at praktisere det på, og de forskellige buddhistiske skoler har forskellige variationer af disse, ligesom der er forskelle fra skole til skole på, hvordan *Samatha* går over i *Vipasyana* (Harvey 2002: 244 ff). Overordnet kan man sige, at analysen går ud på at dekonstruere alle poler i bevidsthedsfeltet og opløse dem. F.eks. spørges der til jeg'ets natur, følelsers natur, smerters natur, tankers natur osv. og konklusionen er, at ved nærmere meditativ analyse viser det sig, at de ikke findes ('e'), sådan som man forestillede sig dem, inden man analyserede dem meditativt ('a'). Hvis der udføres mange dekonstruerende analyser fører konklusionerne i retning af 'f'. Dette trin ('e'; Vipasyana) er dog stadig dualt, som indikeret med pilen, der peger fra S2 til S1: For hver meditativ akt er der et nyt S, der får øje på et tidligere S, men efterhånden som man kommer mange S'er ned, svækkes distinktionerne mellem de gamle S'er og f.eks. ydre objekter (O), og som illustreret på figuren, forsvinder subjekt-objekt *distinktionen* gradvist.

Således kan man kalde bevægelsen en uendelig regression, fordi den der oplever, hele tiden forsøger at få øje på det, der er proksimalt, og så snart den har fået øje på det, opstår der en spaltning (det proksimale bliver distalt), som bliver kultiveret således, at der sker en gradvis 'tømning' af proksimalt materiale. Vedvarende praksis er altså opleverens *uendelige afidentifikation* med indhold. Meditationen udtrykt i næste citat viser en meditativ holdning, der fremmer denne proces. Det er vigtigt at understrege, at hver gang der trædes tilbage, kigges der stadig på det indhold, man før var identisk med. Man holder ikke op med at være S1, bare fordi man får øje på S1 fra S2 og efterfølgende S'er, ligesom O stadig er inkluderet. Det distale materiale bliver ikke *ekskluderet*, men *inkluderet* fra det nye perspektiv. Man har *transcenderet* S1 ved ikke længere *eksklusivt* at være *identisk* med S1 til fordel for at ens identitet *inklusivt* (blandt andet) rummer S1. *Transcendens* (vertikal udvikling) sker kun, hvis man i den nye struktur *inkluderer* de tidligere niveauer (Wilber 2000: 33ff).

Meditationen 'Indre stilhed'; *antar mauna*:

[... I afslappet meditation:] Læg mærke til hvad dit sind bliver optaget af. Lad det gå hvorhen det vil – f.eks. til: oplevelsen af din krop, af kløe, smerte, velvære; eller oplevelsen af tanker – følelser – stemninger – tilstande [...] Opgiv at ville kontrollere dit sind. [...] Lad det, som jo alligevel sker, ske og indse: Jeg oplever alt dette – i mine omgivelser – i min krop – i mine tanker og følelser. Bag det hele er jeg den der oplever. Oplevelserne kommer og går, jeg forbliver den der oplever. Du oplever at det er dig som ser tankerne. Tanker, følelser, forestillinger og meninger kommer og går, men at du er uforanderlig, tilskueren – du er den indre stilhed, på hvis baggrund al aktivitet finder sted. Analysér ikke dine tanker [...] nøjs med at opleve det som driver forbi [...] Jeg er den der oplever tankeprocessen, Den sker af sig selv, det tænker i mig. De tanker der er i dit sind lige nu – og nu? Nu! (Janakananda 1999: 101).

Dzogchen er en teknik til direkte at opdage 'f', som er *absolut tomhed*. Det er 'bevidsthed', som 'bevidsthed'. Vågenhed, *som* vågenhed. Bevidstheden, der ved af sig selv som ikke-indhold. Ifølge Jes Bertelsen:

I stedet for at beskæftige sig med det der reflekterer sig i spejlet, beskæftiger 'man' sig et kort øjeblik med selve spejlet. 'Man' er et navn, som er hæftet på spejlet inklusive spejlets reflekser. Andre formler der søger at beskrive denne praksis, er for eksempel: at huske selve vågenheden. At søge iagttageren. At se efter bevidsthedens kilde. At lede efter kærlighedsfølelsens udspring. [Denne tilstand] er momentan. Dette vil gælde for langt de fleste praktiserende, og det vil gælde i mange, mange år (Bertelsen 1999: 38f).

På dette niveau (som for de fleste under meditation kun er momentant) er det vigtigt at understrege, at alle distinktioner overhovedet er opløst: den psykologiske personlighed ligger på de første S'er, og dybere og dybere distinktioner løsnes inkl. kategorierne tid, rum osv. jo længere man kommer ned i figuren (uden at glemme de øvre niveauer!). Alt der opstår i sindet er en anledning til at huske den anden pol (men ikke at glemme den første pol!): det tomme vidne, 'seeren'. Tomheden, der erkendes, er ikke triviel tomhed; ikke 'trivielt ingenting'. Det er den tomhed, der er bag om alt indhold i et *levende sind*, og er således kun 'tomt' i den forstand, at det ikke er *indhold*, men *præcis det* i sindet, som er *sind, men ikke indhold* (Bertelsen 1999: 41). Jo længere man kommer ned mod realiseringen af det tomme vidne, desto mindre *erkendelsesteoretiske* bliver modellerne, da tyngdepunktet (jeg'et, subjektet) i erkendelsen bliver opløst og deraf følger, at beskrivelserne får mere og mere karakter af *ontologi*. Selvom jeg'et er væk i *oplevelsen*, kan den alligevel *beskrives*, og *beskrivelsen* skal man ikke forveksle med *oplevelsen*. Oplevelsen har et andet virkelighedsniveau end beskrivelsen, selvom disse to ikke er uafhængige af hinanden, og derfor er der en ontologisk dimension til forskel fra at være 1. person (den der har oplevelsen) og 2. person (den der bliver fortalt om oplevelsen) i denne sammenhæng. Tænk på forskellen på at være forelsket, og blive fortalt at en anden er forelsket. Eller forskellen på at være angst og høre om andres angst. Oplevelsens *kompleksitet* knytter sig *som oplevelse/erfaring* strengt til 1. person, og selvom det både er meningsfuldt og tilrådeligt at formidle oplevelser, skal man ikke glemme kompleksitetstabet mellem 1. og 2. person.

Til sidst en kommentar om hvilken *sandhedsværdi*, man kan give sådanne oplevelser. I denne fremstilling antages det, at pragmatismens sandhedskriterier er passende. Som William James udtrykte det:

[P]ragmatismen udvider området, hvor Gud kan søges. Rationalisten holder sig til logikken og det himmelske. Empirismen holder sig til de eksterne sanser. Pragmatismen er parat til at tage hvad som helst op, at følge enten logik eller sanser og lade selv de mest ydmyge og de mest personlige erfaringer tælle. Den vil medregne mystiske erfaringer, hvis de har praktiske konsekvenser. Den vil anerkende en gud, som lever i de mest smudsige private kendsgerninger – hvis det synes et rimeligt sted at finde ham (Schmidt 2001: 102, kursiv tilføjet).

Sandhedsværdien af en dom er lig *den praktiske forskel*, som den gør, dvs. ved *opfyldte forudsigelser* og *vellykket problemløsning* (Lübcke 1996: 32f). Den meditative *praksis* er stedet at afgøre sandhedsværdien af kontemplative teoretiske udsagn. Intet mere, intet mindre.

Dialog og meditation: dynamik mellem proksimalitet og distalitet

Det fælles for de 3 områder, diakron hermeneutik, diatopisk hermeneutik og meditativ hermeneutik er, at *dialog* og *erkendelse* har de bedste kår i dynamisk bevægelse på middelvejen mellem distalitet og proksimalitet. Dette skal der reflekteres over teoretisk og opnås i *praksis*. Hvis man ikke kender sin egen idéhistorie, ikke respektfuldt kender til andre kulturer eller er en udelelig cartesiansk enhed med sit eget bevidsthedsindhold, har erkendelsen svært ved at rumme noget andet, da tænkningen er for selvrefererende; selvforglemt i proksimalt materiale. Hvis man sentimentalt længes efter forgangne tider, underkaster sig en fremmed guru eller i sin meditative stræben mister forbindelsen til ens eksistentielle *situation* ('a' i figur 1), er erkendelsen blokeret, da erkendelsens *situation* (historisk, kulturelt, eksistentielt) er stedet, hvor erkendelsen leverer sine frugter. Gadamer mente ikke, at man kunne blive færdig med diakron erkendelse, da forforståelse er en uundgåelig betingelse for erkendelsen som sådan (2004: 264ff). Garfields pragmatiske tilgang til dialogen, hævder ikke, at man når en endelig sandhed, som er dialogens endeligt, og den mediterende skulle jo aldrig afvikle kontakten til perspektiv 'a' i figur 1, og således forbliver man altid i dynamikken mellem 'a' og 'f' – blot afvikles den *eksklusive* identifikation med 'a'. Således forbliver erkendelsen altid situeret i en forståelseshorisont ('a'-'e'), og under en *dialog* er det stadig forståelseshorisonter, der mødes og delvis sammensmelter, men måske er der, hvis der hos begge dialogparter er bevidst kontakt til 'f', en løsere hånd med ens eget proksimale materiale (forståelseshorisonten 'a'-'e'), da man ikke opfatter sin identitet/forståelseshorisont som ens *eksklusive identitet*, men kun som en delmængde af ens totale væren, hvoraf tomheden 'f' er den mest fundamentale og mindst kontingente.

Ifølge den her gennemgåede model, kan kontemplativ erkendelse sagtens arbejde sammen med både diakron og diatopisk hermeneutisk erkendelse, og måske bibringe en praktisk-pragmatisk vej til at forstå transcendens og religiøse virkelighedsmodeller fra et andet synspunkt end et strengt rationalistisk endsige strengt hermeneutisk-begrebsorienteret. Kontemplation er ikke nødvendigvis ikke-rationelt, det kan foregå hinsides

rationaliteten og er ikke nødvendigvis i modstrid med rationaliteten ('a'-'c'),
men kan angå den del af bevidstheden og erkendelsen, hvor rationaliteten
ikke er subtil nok til tilfredsstillende at håndtere fænomenerne ('d'-'f').

II. Refleksion over meditation

Mette Smølz Skau

Münchow søger i prologen at afdække på hvilke præmisser en dialog
mellem tilhængerne af en østlig tankegang (buddhismen) og tilhængerne
af en vestlig videnskabelig tankegang er mulig. I dialoger på tværs af så
forskellige kulturer, vil der uundgåeligt opstå misforståelser, der bunder
i dybereliggende uoverensstemmelser de forskellige verdensanskuelser
imellem. Et eksempel på dette er den i vesten romantiserede forestilling
om den buddhistiske reinkarnation, der ofte opfattes som en chance til
i livet, og dermed som noget særdeles positivt, mens forestillingen om
reinkarnation i østen ses som en pinefuld gentagelse af det smertefulde
liv, som man trækkes igennem igen og igen, indtil man har nået det
højeste niveau. Derfor er det også uforklarligt for den tibetanske munk i
Münchows tekst, hvorfor vestens filosoffer bedriver filosofi. I hans kultur
har filosofien en instrumentel værdi, idet den kan hjælpe ham med at
undslippe den cykliske eksistens, så hvis vestens filosoffer ikke deler
denne forestilling, har de for munken at se ingen grund til at bedrive
filosofi.

Hvor videnskaben opfatter bevidstheden som en emergent egenskab
ved materien implicerer det buddhistiske verdensbillede den modsatte
opfattelse, da materien her synes at være det afledte element. Dette vil på
Münchows figur svare til, at naturvidenskaben bliver stående ved 'c', hvor
man i buddhismen vil søge ned til de dybereliggende niveauer. Der er altså
her tale om en væsentlig ontologisk differens på de to verdensbilleder, der

er i modstrid med hinanden med hensyn til, hvad der er det privilegerede element eller det fundamentale udgangspunkt. Hvis videnskaben har ret i sit udgangspunkt, er de dybere bevidsthedsniveauer ('e' og 'f') blotte konstruktioner, og dermed har buddhismen mistet sit fundament. Hvis ikke de indre begivenheder er observerbare, svarende til 'c' i Münchows figur, vil 'd', 'e' og 'f' uafværgeligt blive forkastet, og med dem ryger alle de aspekter, der knytter sig til disse, det være sig af filosofisk, psykologisk og ontologisk art. Münchow tyer her til pragmatismen og hævder, at 'e' og 'f' findes, såfremt antagelsen af disse kan siges at gøre en praktisk forskel i en given situation.

Der kan peges på visse lighedspunkter mellem den i artiklen opstillede figur for bevidsthedsniveauer og Hegels beskrivelse af bevidsthedens forskellige stadier. Der må i begge tilfælde være tale om, at de højere niveauer inkluderer de lavere, og modellen leder derfor naturligt tanke-rækken i retning af Hegels begreb om Aufheben. Det vil sige, at det er en *Negieren und ein Aufbewahren zugleich.* Disse to betydninger er hinandens modsætninger, men dog beslægtede, som Hegel selv pointerer i *Wissenschaft der Logik* (GW 11: 58/1ff.). *Aufheben* er altså ikke bare en negeren af tidligere gyldighedsfordringer eller bevaren af tidligere indhold, men også en genopdukken i forandret skikkelse på grundlag af en bedre indsigt altså *op*-løftet. Herved fremhæves fortolkningsaspektet, der er yderst vigtig for Hegel i *Phänomenologie des Geistes* (brugen af Aufhebungsbegrebet er altså ikke i dette værk den samme som i *Wissenschaft der Logik*). Aufheben vil altså sige at ophæve og opbevare, nærmere bestemt at indoptage som berettiget moment i systemet. Dette må – i hvert fald på overfladen – svare til den figur, Münchow bruger til at illustrere bevidsthedens rejse fra 'Gross' til 'Very subtle'. Hver gang man træder et skridt tilbage oplever man, at det, der i ét nu er proksimalt, bliver distalt og dermed synligt. Det understreges netop i prologen, at der – for hvert skridt tilbage der tages – stadig kigges på det selvsamme indhold, som man før var identisk med. Det distale materiale bliver netop ikke ekskluderet, men inkluderet i det nye perspektiv, og der er derved tale om aufheben.

Hvis man vælger at tolke figuren – og muligvis Wilbers samlede teori om kontemplation – ud fra en hegeliansk tankegang, må det dog siges at være lidt af en tilsnigelse. Er der da ikke en væsentlig forskel netop i den måde, hvorpå denne transcendens opnås? Hegels tanke er ikke, at vi via *meditationen* skal transcendere os selv, men at man kan opnå denne udvikling gennem grundig *refleksion*. Når bevidstheden forlader sig selv, som den først opfattede sig, og siden genfinder sig selv i det oprindelige, men dog på et højere niveau, kan man sagtens se parallellerne til Münchows fremstilling, idet der i begge tilfælde synes at være tale om, at S1 indeholder S, men samtidig overskrider det, og S2 inkluderer S og S1 men ikke kan reduceres til disse. Hvor man i vesten vil vælge refleksionen som middel til bevidsthedens rejse, vil man i buddhismen søge et dybere niveau end dette ved hjælp af meditationen. Spørgsmålet er så, om man med vestens metoder kan nå dette dybere niveau, og om refleksion og meditation er komplementære.

III. Fejlen

Thomas Martin Møller Burø

Et grundlæggende træk ved interkulturel kommunikation som fag og problemfelt er tendensen til at etablere gensidig forståelse gennem dialog som succeskriteriet, og gensidig misforståelse som det suveræne fejlkriterium (Blasco 2004). I sig selv en ganske sympatisk tendens. Applikeret på muligheden for dialog mellem tilsyneladende kuhnske inkommensurabiliteter i form af vestlig videnskab og tibetansk buddhisme viser perspektivet sit værd, når det demonstrerer, at det vitterligt er muligt at tale sammen og forstå hinandens meningshorisonter. Interkulturel dialog behøver ikke at være et problem.

Min læsning af prologen har ledt mine tanker i retning af *fejlen*. I teksten fremstår *fejlen* som uudfoldet, hvilket disse hurtige overvejelser på ingen måde klandrer artiklen for, netop fordi artiklens formål er at tænke en måde at etablere kommunikation og gensidig forståelse på. I kontrast hertil står *manglende forståelse* eller *misforståelse*. Manglende forståelse eller misforståelse er dog ikke blot fejl, der udelukkende fører til negativer, selvom fejlslagen kommunikation kan medføre megen elendighed. Manglende forståelse og misforståelse er også motiverende og skabende, som et par hurtige eksempler kan illustrere.

For Homi Bhabhas postkoloniale filosofi er *det nye* en central problemstilling, som søges begrebsliggjort ved konsekvent at placere det dynamiske ved kultur i overlapningerne (*interstices*) mellem kulturelle formationer (Bhabha 2004: 1ff). Denne insisteren giver anledning til at udvikle begreber som *hybriditet og flertydighed*, altså henholdsvis tilstande af sammensætning og af supplement. Det nye er altid sammensat af kendte elementer. Det er sammensætningen, der skaber det nye, hvilket i sig selv næppe er en ny pointe. Det pirrende er, at det nye fremkommer som noget *ukendt*, som en begivenhed, der skal navngives, før vi kender det (Badiou 2005: 202–3). I det øjeblik vi via navngivning har gjort det kendbart, så er det ikke længere nyt forstået som en udfordring til vores livsverden, men blot indlejret i vores perspektiv, mere eller mindre trivialiseret. Uden at skulle trække eksemplet for langt, så er Bhabhas pointe, at mødet mellem kulturer gennem *oversættelse* skaber noget nyt: den kulturelle oversættelse tilhører hverken den ene eller den anden part, men er midt imellem, fordi der netop er elementer fra begge horisonter tilstede (Bhabha 2004: 10). Lad os gå videre, for vi har endnu ikke mødt *fejlen*.

At læse Bhabha er lidt som at læse Derrida. Krævende og en lille smule nævenyttigt. De mest frugtbare dialoger denne læser har haft med Bhabha og Derridas tekster er præcis på de punkter, hvor teksterne har fremstået som mest uforståelige, indfoldede og utilnærmelige. Der gives to muligheder: at give op og springe over, eller at forsøge at skabe en mening med og en forståelse for (af?) teksterne. Den førstnævnte resignerer, den sidstnævnte skaber. Ingen af tilgangene opnår at forstå teksten i tekstens egen ret og er altså begge eksempler på fejlslagen kommunikation. Men ud af dette møde med uforståelighed, af ukendbarhed, kan der opstå en motivation mod kreativ tænkning, mod etablering af mening, således at tænkningen indgår i en skabende relation med teksten, selvom den der læser ikke forstår teksten. Med andre ord, så kan fejlslagen forståelse være produktiv, netop fordi vi ikke forstår. Der introduceres noget nyt i den handling det er at oversætte uforståeligheden til forståelse. Teksten er, som kommunikerende, hverken ekskluderet fra meningsskabelsen eller dominerende, men netop delagtig i den oversættelse, der finder sted mellem meningshorisonter. Læseren er en aktiv skaber af en mening, der netop ikke består i udelukkende at indlejre teksten i et allerede etableret perspektiv af mening, hvilket blot ville være at bruge teksten som medium til at genfinde sig selv. Ikke blot oversættelsen, men tilmed den fejlslagne dialog skaber en kombination af elementer, der træder sammen og fremstår som noget nyt.

Ovenstående er ikke en kritik af "Diakron, diatopisk og kontemplativ hermeneutik"; det er snarere et forsøg på at fremskrive et element, som teksten, interkulturel kommunikation som fag og hermeneutik bærer i sig, men som oftest ikke kommer til udtryk. I Gadamers tilfælde er det afstanden mellem vores fordomme og det ukendte, der skaber grobund for læring (1990: 297). Denne afstand er som sådan ikke et eksempel på fejlslået forståelse. Fejlslåen forståelse er netop erstatningen af afkodning med overkodning, i det omfang at en ny kode etableres. Denne skabelse af en ny mening, en ny tolkning af et stykke konkret væren kan opfattes som et *supplement* og man kan med en vis ret påstå, at Derridas tekster i kraft af deres supplementer af tillagte meninger qua den almene læsers, undertegnedes inkluderet, besvær med forståelsen, må være *overdeterminerede*. Det er en helt personlig og fuldstændig udokumenteret lommefilosofisk påstand, at Derridas meget omfattende virkningshistorie *ikke* kun skyldes hans begrebers anvendelighed, men også deres, til tider, uforståelighed. Man er som læser mildest talt tvunget til at tænke med, eller måske parallelt.

Anskuet fra denne vinkel er *fejlen* en besynderlig lille størrelse, der nogle gange kan have en meget stor virkningshistorie, netop fordi vi hellere vil skabe vores egen mening, end slet ingen mening at have.

IV. Brobygning

Morten Münchow

Fejlen som fænomen i dialog er så afgjort interessant. Men fejlen brugt som resignationsmulighed er en stor fare. Det er netop lysten til ikke at resignere overfor problemerne ved at have en dialog mellem tibetansk buddhisme og vestlig videnskab, der førte mig til at skrive prologen i første omgang. At prologen har hovedvægt på ligheder og forståelse snarere end forskelle og fejlslagen forståelse skyldes dens fokus på etablering af et forskningsparadigme, som først og fremmest er resultatorienteret og måske mere brobyggende end problematiserende.

Det er interessant at blive påmindet fejlen som centralt element i interkulturel filosofisk dialog og ikke mindst, når emnet for dialog er kontemplative oplevelser og implikationerne af disse. Tomhedsbegrebet er meget centralt i tibetansk buddhisme, som prologen handler om, og i tomhedsbegrebet ligger flere interessante ting, som kan knyttes til fejlen, som Thomas Martin Møller Burø omtaler. For det første er det centralt, at alle modeller og dermed også eventuelle dialogkonklusioner ikke skal forstås 'absolut' men 'konventionelt' (Nagarjunas 2-foldige sandhedsteori), hvorfor de som sådan altid er åbne for genfortolkning og omformulering i nye sammenhænge. Så uanset hvor godt en dialog "lykkes" og hvor gode modeller man end får bygget (f.eks. nye integrale videnskabsteoretiske modeller, som kan inkludere kontemplative sandheder sammen med traditionelle naturvidenskabelige, filosofiske og teologiske sandheder), så er der altid noget "ukendt", som modellen ikke kan fange, og dermed bør der være en principiel ydmyghed og fleksibilitet mht. den nye models – uanset hvor imponerede god den end måtte være – absolutte sandhedsværdi! Ligesom modellen altid ville skulle tolkes forskelligt til forskellige historiske og kulturelle tider og dermed generobres af kommende generationer og dermed indgå forandret i en ny sammenhæng.

Som Mette Smølz Skau påpeger, er der i min model ligheder med Hegels beskrivelse af bevidsthedens forskellige stadier. Sammenligninger (ligheder og forskelle) mellem buddhistiske begreber og vestlige tænkere som Hegel er på systematisk vis blandt andet undersøgt af grundlæggeren af Kyotoskolen, Kitaro Nishida (1870–1945) og hans efterfølgere. Hvorvidt man kan nå samme bevidsthedsniveauer ved vestlig refleksion og østlig meditation er et godt spørgsmål. Det er desværre nok et af de spørgsmål, hvor man må spørge dybere: Hvad forstår man ved vestlig refleksion og hvad forstår man ved østlig meditation? En interessant kortlægning, synes jeg, findes i Ken Wilbers "Integral Psychology", som trods sit psykologiske sigte er så generel og dybdegående, at meditative psykologier i meget høj grad er inkluderet.

En for mig tiltrækkende måde at beskrive domænet for højere bevidsthedsstadier i forbindelse med min model, præsenteres i Ken Wilbers[6] artikel "Eye to eye", som formuleres mere videnskabsteoretisk end filosofisk spekulativt, og denne vil jeg kort gennemgå.

Ken Wilber: The Eye of Flesh; The Eye of Mind; The Eye of Contemplation

Wilber vil i artiklen forsøge at karakterisere og afgrænse de empiriske, mentale og kontemplative videnstypers domæner, således at de kan spilde mindre tid på magtkampe, hvor hver position forsøger at subsummere andre traditioner under dem selv (sådan som Thomas Kuhn karakteriserede 'normalvidenskabelige perioder'). I antologien fra 1983 *Eye to Eye: The Quest for the New Paradigm* (2001) hedder den første artikel "Eye to Eye".

De tre øjne

Wilber tager udgangspunkt i kristne mystikeres erkendelsesteori. Han henviser blandt andet til Giovanni di Fidanza Bonaventuras' (ca. 1217–74)[7] opdeling af epistemologi og ontologi i tre domæner:

1. Kødets øje, der ser den eksterne verden af rum, tid og objekter ('a'-'c' i figur s. 1).
2. Sindets øje, med hvilket vi får viden om filosofi, logik og sindet selv ('c'-'d').
3. Kontemplationens øje, hvormed vi får adgang til transcendent virkelighed ('e'-'f').

Det handler både om epistemologi og ontologi, fordi hvert domæne har sin erkendelsesevne ('øje'). Der er den sammenhæng, at al viden indenfor hvert område opnås gennem *illumination* af tre typer lys: Den ydre verden og den indre verden 'oplyses' af henholdsvis *lumen exterius* og *lumen inferius* og fører til viden om den umiddelbare ydre og indre verden. *Lumen superius* oplyser transcendent virkelighed, og er således hverken ydre eller indre, da dualistiske distinktioner hører til kødets og sindets erkendelsesmodus. Det kan derfor være lidt misvisende at henvise til det kontemplative øje og dertilhørende domæne, da denne dualisme per definition ikke giver mening for det transcendente. Wilber nævner, at hans egen skelnen mellem de tre domæner svarer til den buddhistiske skelnen mellem Gross (kødets domæne), Subtle (sindets domæne) og Very subtle/causal (kontemplationens domæne).

Kødets øje

Lumen exterius ser ikke nødvendigvis en på forhånd givet verden, men ser et delvist afdækket, delvist konstrueret[8] domæne af *sanseerfaringer*, som opleves af alle væsener, der besidder kødets øje f.eks. også dyr. Det er den basale sensomotoriske intelligens, hvor et objekt er enten A eller ikke-A. Det er det empiriske (sådan som empiri forstås i den europæiske filosofi) øje, der ser *sanseerfaringer*. Dette øje med dertil hørende domæne kan kaldes: De empirisk-materialistiske videnskabers genstandsområde (Wilber 2001: 3f).

Sindets øje

Lumen inferius ser i domænet af idéer, billeder, logik og begreber – den subtile verden. Fordi det har været så udbredt at basere erkendelsen på kødets øje, er det vigtigt at understrege, at sindets øje ikke kan reduceres eller tilfredsstillende forklares *i kraft af kødets øje*. Sindets øje *inkluderer og transcenderer* kødets øje.

Kontemplationens øje

Kontemplationens øje er for sindets øje, hvad sindets øje er for kødets øje. Ligesom sindet inkluderende (!) transcenderer kødets øje, således transcenderer kontemplationens øje inkluderende (!) sindets. Og ligesom sindets øje ikke kan reduceres til kødets (som den traditionelle empirisme og visse kognitionsvidenskabelige traditioner forsøger at gøre det), kan det kontemplative øje ikke reduceres til sindets øje (Wilber 2001: 6).

Hvordan (be)vises viden?

Wilbers omtale af 'øjne' viser det radikale i modellen, for hvor det plejer at være empirismen der har patent på at fundere sine sandheder i korrespondens og ikke bare kohærens, så hævder Wilber, at det giver mening at benytte sig af empirismens påstand om, at al viden skal funderes i erfaring på de tre domæner. I sindets domæne er *a priori* sandheder og rationelle sandheder noget, man ser og checker med sindets øje, og dette udgør en intuitiv erfaring, som ens rationelle viden er *funderet* i. På samme måde er transcendente sandheder noget, man funderer sin viden om *transcendentalia* i kraft af. På denne måde er der mange former for viden, der ligger uden for sanseerfaring, som empirismen var fokuseret på; der er ingen viden, der ikke er funderet i *erfaring* generelt set, hvis man accepterer, at viden er funderet i erfaring indenfor det respektive domæne. Det er sådanne modeller for viden, der kan resultere i, at både filosoffer og kontemplativt praktiserende kan tale om f.eks. sprog*videnskab* og kontemplativ*videnskab*.

Når nu al viden er et spørgsmål om erfaring inden for de respektive områder, må det være vigtigt at gøre sig klart, hvordan erfaringsdannelse ser ud i de tre domæner. Wilber foreslår, at (1) de *konkrete metodologier* for dataakkumulation og verifikation ser meget forskellige ud i de tre domæner, men at der (2) er nogle *abstrakte principper* for dataakkumulation og verifikation i de tre domæner, der essentielt er identiske, og disse principper, foreslår Wilber ser sådan ud:

1. *Instrumental injunction.* This is always of the form, 'If you want to know this, do this'.

2. *Intuitive apprehension.* This is a cognitive grasp, prehension, or immediate experience of the object domain (or aspect of the object domain) addressed by the injunction; that is, the immediate data-apprehension [illumination].

3. *Communal confirmation.* This is a checking of results (apprehensions or data) with others who have adequately completed the injunctive and apprehensive strands (Wilber 2001: 40).

Det er en model for *kvalificeret viden*, som Wilber mener, indeholder pointerne fra empirismen, Kuhns paradigmeteori og Poppers tanker om falsifikation. Punkt 2 svarer til empirismen, men ikke den klassiske, der er begrænset til kødets øje, men et princip der gælder både kødets, sindets og kontemplationens øje. Punkt 1 lægger sig op ad Kuhns paradigmeteori på den måde, at man i dataindsamling udfører en *procedure*, der bibringer *illumination* eller *afsløring*[9] af data, som ikke bare ligger og venter på en, men som gives i et grundlæggende samspil mellem erkendelsen og virkeligheden (som ikke er selveksisterende men heller ikke kun en mental projektion). Punkt 3 henviser til det kollektive aspekt ved viden, og også det sted, hvor data i højeste grad bliver kritiseret af andre, der også har arbejdet med de samme procedurer for dataindsamling. Det er dette punkt, der kan opdage og kritisere blind tro og dogmatik, da disse ikke kan henvise til de data, der afslører (læs: fjerner sløret for) de påstande, som deres dogmatik hævder, og da viden skal være *funderet*, bliver dogmatikken skilt fra.

Transcendenserkendelse

Wilber bruger Zenbuddhisme som eksempel på en vej til transcendenserkendelse, og han påpeger, at hjertet i Zen ikke er et dogme men *en procedure* – et eksempel hvis efterfølgelse bibringer en *illumination* og ikke et tillært verdensbillede – en afsløring af data. *Proceduren* (punkt 1 for 'kvalificeret viden') er 'zazen' – meditation – og Wilber understreger, at hvis man ikke udfører proceduren og udvikler sig adækvat, kommer man aldrig til at få kontemplative illuminationer, ligesom man ikke får litterære illuminationer, hvis man ikke lærer at læse.

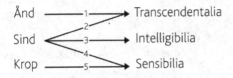

Selvom hvert øje har adgang til direkte intuitiv erkendelse i sit eget domæne, er der det specielle ved sindets øje, at det i kraft af sit domænes symbolske, intentionelle, refleksive og henvisende karakter kan bruges til at *pege på* og *repræsentere* andre data fra alle domæner: *sensibilia, intelligibilia* selv og *transcendentalia*. På ovenstående figur, som er Wilbers egen (2001: 62), er vist epistemologiske relationer mellem de tre øjne og de tre domæner. #5 er sensomotorisk kognition – kødets øje, der presymbolsk erkender den pre-symbolske verden (*sensibilia*). #4 er empirisk-analytisk tænkning, der holder sig strengt indenfor det, der giver rationel mening i forbindelse med *sensibilia*. #3 er mental-fænomenologisk tænkning, der reflekterer og funderer refleksion i *intelligibilia* selv – en hermeneutisk dynamik. #2 kan kaldes mandala-tænkning eller paradokstænkning – sindet der forsøger at ræsonnere *om* transcendentalia. #1 er *gnosis* – kontemplationens øje, der trans-symbolsk erkender den trans-symbolske virkelighed. Illumination af *transcendentalia*.

Intelligibilia kan tilfredsstillende kigge på og kortlægge/afbilde *sensibilia*, fordi det transcenderer og inkluderer dette, og det kan også kigge på og afbilde sig selv, men som der blev vist med Kant, kan sindets øje ikke få direkte indsigt i og dermed hverken verificere eller falsificere *transcendentalia*, fordi disse datas 'virkelighedsmodus' *transcenderer* (dog på inkluderende vis) sindets virkelighed. Den eneste måde hvorpå *intelligibilia* kan forholde sig til *transcendentalia* er ved paradoksal, poetisk og mandalisk strategi, som kan pege i retningen af *transcendentalia*, men da det transcenderer *intelligibilia*, vil det være med en 'progressiv-dekonstruktiv' strategi, som tager *intelligibilia* til dens grænse, hvor erkendelsen kan skifte modus til at erkende *transcendentalia*. Det er vigtigt, at der er to veje fra sindets niveau: en progressiv og en regressiv, hvor *sensibilia* er en regression i forhold til *intelligibilia* og *transcendentalia* er en progression.

Forståelse og beskrivelse af dette spændende emneområde kræver både sammenligninger med andre lignende modeller og erfaringsbeskrivelser fra egen og andre kulturer, og det kræver en nysgerrighed overfor deciderede fejltolkninger og generelle ubegribeligheder ved emnet og ved hermeneutisk aktivitet som sådan.

Slutnoter

1. Der står f.eks. ikke noget om de typiske problemer, der er forbundet med tværkulturel hermeneutik i de grundbøger i videnskabsteori, der flittigt bruges på de danske universiteter: *Humanistisk videnskabsteori* (Collin et al. 1995), Politikens *Introduktion til Moderne Filosofi og Videnskabsteori* (Føllesdal et al. 1992) og *Universitet og Videnskab* (Fink et al. 2003).

2. Eksempler på hermeneutisk tværkulturel filosofi er den japanske bevægelse 'Kyotoskolen' (se Dilworth 1989; Garsdal 2003).

3. Ifølge Buddhismen genfødes man så længe man ikke har nået fuld oplysning, og denne cykliske eksistens er smertefuld (Radhakrishnan 1989: 278f).

4. Swami Janakananda (Janakananda 1999, se www.yoga.dk) er dansker, og mødte i slutningen af 1960'erne yogien Swami Satyananda (se www.satyananda.net), som har lavet et yogasystem i forlængelse af den vediske tradition (se www.yogavision. net/yv/traditions/tantra.htm). Han er grundlægger af 'International Yoga Fellowship Movement' og 'Bihar School of Yoga'. Information om traditionen og dens institutioner (ashram, universitet osv.): www.yogavision.net.

5. Sogyal Rinpoche fortæller hvordan hans lærer rent praktisk udførte 'pointing out instruction' (Sogyal 1998: 41ff).

6. Se www.kenwilber.com.

7. Italiensk filosof og teolog. Efter studier ved universitetet i Paris indtrådte Bonaventura i 1243 i franciskanerordenen.

8. Wilber er opmærksom på moderne sociologisk, strukturalistisk samt buddhistisk kritik af erkendelse af uafhængige og selveksisterende genstande.

9. Da Wilber er tilhænger af Nagarjunas tomhedsanalyse, skal man ved 'afsløring af data' ikke forstå det som et selveksisterende subjekt, der 'opdager' selveksisterende objekter, der bare ligger og venter på at blive opdaget/afsløret. Den afslørende procedure bibringer data, der på den ene side ikke er selveksisterende, men på den anden side heller ikke er ren bevidsthedsprojektion. De er betinget samopståede. Dette skal man have in mente hver gang 'afsløring' bliver brugt i denne tekst.

Litteratur

Badiou, A. (2005). *Being and Event*. New York: Continuum.

Bertelsen, J. (1999). *Bevidsthedens Inderste*. København: Rosinante Forlag.

Bhabha, H. (2004). *The Location of Culture*. London: Routledge Classics.

Blasco, M. (2004). Stranger to Us than the Birds in Our Garden? Reflections on Hermeneutics, Intercultural Understanding and the Management of Difference. I: Blasco, M. og Gustafsson J. (red.). *Intercultural Alternatives*. København: CBS Press: 19–48.

Collin, F. et al. (2001). *Humanistisk videnskabsteori*. Viborg: DR Multimedie.

Davidson, R.J. et al. (2002). *Visions of Compassion*. New York: Oxford University Press.

Descartes, R. (2002/1641). *Meditationer over den første filosofi*. Frederiksberg: DET lille FORLAG.

Gadamer, H.-G. (1990). *Truth and Method*. New York: Crossroad.

Gadamer, H.-G. (2004). *Sandhed og metode*. Århus: Systime A/S.

Garfield, J.L. (2001). *Empty Words*. Oxford: Oxford University Press.

Goleman, D. (2003). *Destruktive følelser*. København: Borgen.

Harvey, P. (2002). *An Introduction to Buddhism*. Cambridge: Cambridge University Press.

Heidegger, M. (2002/1927). *Being and Time*. Oxford: Blackwell Publishing.

Janakananda S. (1999). *Yoga, tantra og meditation*. Lynge: Bogans Forlag.

Lovejoy, A.O. (1978). *Essays in the History of Ideas*. Westport: Greenwood Press.

Lübcke, P. et al. (1996). *Vor tids filosofi: Videnskab og sprog*. København: Politikens forlag.

Panikkar, R. (1979). *Myth, Faith and Hermeneutics*. New York: Paulist Press.

Popper, K.R. (1996/1945). *Kritisk rationalisme*. København: Nyt nordisk forlag.

Schmidt, L.-H. (2001). *Det videnskabelige perspektiv*. København: Akademisk forlag.

Snow, C.P. (1964). *The two Cultures*. Cambridge: Cambridge University Press.

Wilber, K. (2000). *Integral Psychology*. Boston og London: Shambala Publications

Wilber, K. (2001). *Eye to Eye: The Quest for the New Paradigm*. Boston og London: Shambala Publications.

Metalogue 6

A Dialogical Approach to the Danish Foreign Policy

II. Political Dialogues as
Movements of Collectivity
By Oleg Koefoed

I. A Dialogical Approach to the
Danish Foreign Policy
Prologue
By Lizaveta Dubinka-Hushcha

Medialogues

IV. Dialogues in International
Relations
Epilogue
By Lizaveta Dubinka-Hushcha

III. Dialogue as the Foundation of
International Society
By Alan Klæbel Weisdorf

Part II in the anthology has primarily dealt with the challenges of intercultural hermeneutics in a strictly philosophical sense. The following metalogue broadens up the hermeneutics to an international political level moving from a person-oriented approach to a societal-political approach. In this metalogue the field of International Relations is expanded with Heidegger's reflection on language, thereby creating a more elaborated conception of dialogue within this field. This introduction of a philosophical approach to International Relations seems compelled by the cartoon crisis that threw light on how a poor conception of dialogue resulted in a major Danish and European political conflict. In the prologue this conflict is examined within the field of International Relations. The prologue is followed by two dialogues which push further the potentialities for a reshaping of the field of International Relations. In the first, event-philosophy and the actor-network theory of Latour challenges the dialogical approach by proposing a shift of focus to events and non-human relations. In the second response, dialogue is claimed to be the ontological foundation for International Relations. These two responses are elaborated in the epilogue of the metalogue. Rather than replacing philosophy with International Relations, Dubinka confronts the responses with International Relations, enabling an expansion of the concept of dialogue within International Relations.

Language: English

I. A Dialogical Approach to the Danish Foreign Policy

Lizaveta Dubinka-Hushcha

In the collection of political clichés, dialogue is undoubtedly the crown jewel, hence the unfortunate inflation of the term. For decades theorists of international relations (IR) have been preoccupied with problems of war, peace and power, while the concept most commonly referred to in international politics remained beyond the realm of political science. My long-term vision thus is to contribute into the development of a dialogical theory in IR, which would help to close this gap.

A classic property of IR science has been a perennial debate between its main theories, modified by 'neo-' and 'post-' variations on the themes. Competition in excessive rationality and excessive abstractness often brings theory away from reality and hinders the possibility of a common ground for dialogue. The "Grand dispute" in IR is similar to the dilemma of gravitation and electro-magnetism which Albert Einstein sought to resolve by trying to reconcile the two theories. While gravitation theory may be excellent in explaining the processes affected by large bodies (like States), electro-magnetism provides ample evidence to what may happen on a smaller level behind the decision-making processes (like culture, identities, discourses, largely speaking what linguists would call

168

'culturems'). The discovery of quantum mechanics was just as revolutionary for physics as constructivism was for IR. Suddenly the world appeared to be constructed of even smaller particles.

Theory of international relations is both rather old and relatively young at the same time. On the one hand, it has a long tradition of drawing on history and philosophy, which since ancient times have analyzed causes of war (Thucydides, Nicolo Machiavelli, Thomas Hobbes, Carl von Clausewitz) and sustainability of peace (Emerich de Vattel, Baruch Spinoza, David Hume, Fransisco de Vitoria, Hugo Grotious, John Locke, Immanuel Kant). On the other hand, it was not until 1919, when the first department of international relations was established in Aberystwyth that the new discipline attempted to distinguish itself from other branches within the field of social sciences. One year later a department of IR was opened at London School of Economics (LSE). It is worth mentioning that the first generation of IR was very much concerned with normative work rather than descriptive.

As a distinct discipline, IR was dominated by exponents of so-called political realism (Hans Joachim Morgenthau, Stanley Hoffmann, Henry Alfred Kissinger), and later neorealism (Kenneth Walts, Robert Gilpin) during the period of Cold War. Some of the theories of European integration, for example, neofunctionalism, intergovernmentalism and others, were also initially emitted by American authors (Ernst Haas, Karl Deutsch, Andrew Moravchik). The development of a distinctive European IR theory was driven by the French Sociological School (Raymond Aron), the English School of IR (Martin White, Hedley Bull, Charles Manning, John Vincent), and the Copenhagen School (Barry Buzan, Ole Wæver), to mention a few.

If American scientists considered the problem of security in the era of the Cold War in terms of confrontation between the two superpowers, the European researchers, including representatives of the Copenhagen school, were primarily interested in the problem of interaction between European and world processes in the field of security. One of the main features of the Copenhagen School, along with the study of non-military aspects of security, is positioning itself as a non-American School of International Studies.

The founders of the Copenhagen School Buzan, Wæver, and Jaap de Wild propose to distinguish between two views on security: an 'old' militaristic approach, centered on the State, and a 'new' approach, which aims to conceptualize the notion of threat and turmoil of both military and non-military nature. Buzan and others offer to consider security as a discourse in which certain problems are subjected to 'securitization' or 'desecuritization' (Buzan et al. 1998).

This discursive approach to security, proposed by the Copenhagen School, suggests that the reality acquires meaning through representations of objects, actors, stories. Using the terminology of Michel Foucault, discourse – is, first of all, an instrument of power (Foucault 2002: 133–4), through which political actors are struggling for the possession of the right to determine the scope of interpretation and to extrapolate their impact on the socio-political relations. With this discursive approach to IR I intend to characterize a recent political phenomenon which had an impact for Danish society.

One example of securitization in international relations can be regarded as the recently mainstreamed image of real or perceived threats to security embodied in radical Islamism. For the Danish society, the problem has become particularly acute in light of the publication of cartoons of the Prophet Muhammed in the Danish newspaper *Jyllands-Posten*.

The former Danish Foreign Minister Uffe Ellemann-Jensen (from the Liberalist party 'Venstre') ascribed the cause of the conflict to a diplomatic *faux pas* of the Prime Minister of that time Anders Fogh Rasmussen (also Venstre), whose refusal to meet the eleven Arab ambassadors goaded the Muslim religious leaders to seek support outside the country. The Prime Minister's position, however, was based on non-interference into the freedom of speech as one of the main attributes of a democratic society.

During the escalation of the crisis (February 2006) Uffe Elleman-Jensen stressed the need for "cultural dialogue" and respect for other religions for the sake of successful development of relations between

Denmark and the Arab countries in particular, and participation in the globalization process in general.

The Foreign Minister Per Stig Møller (from the conservartive party 'Det Konservative Folkeparti') called the 'cartoon crisis' just the tip of the iceberg, part of a wider problem, known as the 'clash of civilizations' (Petersen 2006: 631). This characterization by Møller however only partially grasps the nature of the conflict. In the following I will elaborate on this issue, and afterwards return to the dialogical solution proposed by Elleman-Jensen.

The 'clash of civilizations' was originally the title of a chapter in Arnold Toynbee's treatise *Civilization on Trial* (2003), which was used in 1993 by the American sociologist Samuel Huntington to emphasize that the central and most dangerous aspect of the emerging global politics after the end of the Cold War would be the conflict between groups of different civilizations. Unlike another American scholar Francis Fukuyama, Huntington did not believe in the automatic victory of liberalism and the "end of history" which, in Fukuyama's opinion, would characterize the system of international relations after the fall of the Soviet Union (1992: 30).

The forefathers of IR theory such as Morgenthau and Quincy Wright have also analyzed the influence of cultural factors on the incitement of international conflicts (Morgenthau 1947: 9; Wright 1942: 111). But these scholars do not assign such importance to those factors, as does Huntington. According to Huntington's theory, the system of values, culture and laws have a comprehensive impact on how states define their interests.

A quantitative analysis of the impact of cultural differences on international conflicts was made by the mathematician and physicist Lewis Richardson in 1950s. In particular, Richardson drew attention to the everrecurring conflict between Islam and Western European Christianity. His empirical study shows that belonging to one religion does not reduce the potential for conflict (Richardson 1960).

Errol Henderson and Ted Gurr conducted a similar empirical analysis of the relationship between cultural differences and inter-state wars in

171

the mid-1990s. In his study of ethno-political conflicts Gurr has used the same data on minorities as Huntington, and came to the conclusion that the main cause of ethno-political conflicts between groups of different civilizations since the Second World War was the transformation of political systems in the states to which they belonged (Gurr 1994). The end of the Cold War increased the number of such transformations, as justified by such examples as Kosovo or the recently proclaimed independence of Abkhazia and South Ossetia.

Thus, if cultural differences play a role in conflicts between states, it would rather be the role of 'discursive weapons', to use the terminology of securitization theory (Buzan et al. 1998).

Another explanation to civilizational conflicts can be derived from Erich Fromm's observation of the frequency of wars, which increases with the level of civilization (1999: 267; own translation from Russian). Oswald Spengler, one of the most prominent thinkers of the philosophy of civilization, regarded civilization as the final stage of the life of culture (*Hochkultur*), which loses its soul in the process of urbanization and will have to die after having reached this stage (2003: 53; own translation from Russian).

Spengler's pessimism regarding the future of European civilization has been shared by politicians and theologians across the Atlantic (Donald Rumsfeld, Mitt Romney, George Weigel). In this regard, the provision of basic values as a means of implementing foreign policy is justified by necessity to sustain societal stability in the era of the clash of civilizations. In our case with the Danish foreign policy concept, these values can be divided into 4 main categories: 1) the individual and society, 2) freedom, 3) democracy, 4) security. This emphasis on liberal-democratic values in the context of post-9/11 division of the world into 'The West and the rest' helps Denmark to strengthen its position as part of the Western civilization.

However, the cartoon crisis showed that Denmark was not prepared for conflict prevention on the grounds of intercivilizational differences. The value of dialogical approach to intercultural communication, as suggested by Elleman-Jensen and in a theorical form by Mikhail Bakhtin, Muneo Yoshikawa, David Bohm and others, is to be found in the ability to step out from one's own ground to meet the other and to emphasize the act of meeting between two different beings without eliminating the otherness or uniqueness of each (Bakhtin 1986; Bohm 1995, 2004; Yoshikawa 1987).

While given a subtle account in political science, the question of dialogue nevertheless has been at the centre of attention of many prominent thinkers, such as Martin Buber, Martin Heidegger, David Bohm and Bakhtin to mention a few. In crude terms, 'dialogue' originates from the Greek roots *dia* (through, across) and *logos*, (word, meaning). Bohm warns against the commonly mistaken understanding of dialogue as something to do with 'two' and suggests a notion of dialogue as "a meaning which flows from one participant to another" (2004: 6).

As noted by Bakhtin, "a meaning only reveals its depths once it has encountered and come into contact with another, foreign meaning: they engage in a kind of dialogue which surmounts the closedness and outsidedness of these particular meanings, these cultures" (1986: 7).

According to Heidegger, the main issue of dialogue between East and West lies in the problem of interpretation, which is central for both visual and imaginative texts, *ut pictura poesis*. Heidegger attributed the failure of communication between East and West to linguistic differences, which were explicitly highlighted in his work *On the Way to Language*. By extending the meaning of language to *a house of being*, one can analyze the problems of communication not only between individuals, but also between cultures or civilizations. The cartoon crisis revealed that because the Western and Eastern houses of being are set apart, the problem of understanding how certain speech acts shape perceptions of conflict by national and international audiences is important for learning how to feel at home in either of them.

The cartoon crisis presents an apt illustration of intercultural dialogue as a recently self-actualized phenomenon in international relations. This crisis essentially highlights the dialectical nature of communication, which according to Philip Harris and Robert Moran is both "the hero and the villain at the same time" (cit. in Bjerke 1999: 23), as it can both facilitate exchange of information and distort it, in the latter instance leading to misunderstandings and occasionally a clash.

The specifics of dialogue in international relations is that war is inevitably followed by peace, when the costs of not going into dialogue become increasingly unacceptable. One can recall the Vienna Congress in 1815, the League of Nations in 1919 or the foundation of the United Nations in 1945. In my opinion, the problem of dialogue understood as *a free flow of meaning* is inseparable from the study of politics. The dichotomy of war and peace unfolds the unity as well as the contradiction of relations between states and is rooted in the complex system of human relations where Information (read meaning) is conducted through the great chain of Being.

II. Political Dialogues as Movements of Collectivity

Oleg Koefoed

There are forces and powers at stake in the events to which Lizaveta Dubinka-Hushcha refers. There are also complex realities, and there is good reason in including more than one way of seeking to understand phenomena such as the seemingly sudden outburst of rage and violence that unfolded in the 'Cartoon crises' in 2006 and again in 2008. Undoubtedly, there are elements of conflict – this is rather obvious from an immediate perspective. But of course, this in itself answers as little as claiming that there is a dialogue taking place. Many more questions beckon to be answered: to what extent is the encounter, the clash, which we witness in an event such as the cartoon crisis, driven by the disagreements or territorial claims made by the actors themselves? And to what extent is it a matter of other forces, lying at another level? The claim to a "clash of cultures" or "civilizations" (i.e. Huntington) seems to point in the direction of larger entities at play – or, one could say – to levels of higher complexity, than the individual voices and territorial claims. Theories of discourse have played an important role in the views upon such an over-individual level, whether professed by Foucault in the direction of history (1969), and social and cultural studies – or by i.e. Geertz in the direction of cultural encounters between the scientific gaze and indigenous life forms (1973). Central to this discussion is the notion of culture as symbolic representations. Thus, international politics are, seen from this point of view, to some extent guided or influenced by utterances or enunciations, and by the link between these and their "bodies of discourse", orders of discourse, or discursive formations (see also Laclau 1996).

Common to all of these theories is, not surprisingly, a view of conflicts as negotiated by human actants in an overarching linguistics or even a political grammar of international relations. If we try carefully to challenge this notion of discursivity from its own perspective, the discourses of international relations might be composed not only by linguistic elements, individuals, and institutions, but maybe also by a number of other actants, human as well as non-human. Some of these are almost infinitely extended and complex on a macro-level (see Latour 2006), while other elements move on the infinitesimally small level; the different levels being complicated/folded by processes over time, matter and space. One might imagine a work of interpretation starting not with the analysis of political utterances (as we have become accustomed to think through the media that cover such utterances in a self-referential repetition), but with the simple question: what are the movements in the political event? What actualities, potentialities and virtualities can be reconstructed in such an international political event?[1]

We might also distinguish here between a social constructivism as sketched above, and an empirical look at socialities or culturalities, as inspired by the sociology of Gabriel Tarde, rather than the Durkhemian ontological and methodological individualism (e.g. Maffesoli 1996; Lazzarato 2002). As a field distinct from the one of 'society', sociality in the works of Michel Maffesoli is the field of the multiple, the small, the local, the networked communities, brought in play again and again in eventality (1988). From a focus on language as the sole field of politics, a clear line must be drawn towards war, as a form of action that exceeds language and discourse (and politics, as we have been told). However, when we move to a perspective inspired by socialities or collectivities (Latour 2006), the line between discursive and extra-discursive events is erased and replaced by the lines of a reality formation drawn by the collectivities themselves.

The issue about constructivism is not a matter of reality or not. War, of course, is real, and so is a drawing of the prophet Muhammad. Stating that they are created by the collectivities does not amount to claiming the contrary. What it does question, however, is what/who is interacting and thus, what it could mean that there "is dialogue". We may assume Tarde's claim that "Everything is a society, every phenomenon is a social fact" (1999: 67, own translation) – but we may also, alongside this assume a more interesting consequence: that in every fact, in every eventuality, the social is collaborating with itself through the folding of social eventualities. This may seem odd when we think of an event such as the cartoon crisis – but there are two interesting questions raised by this claim, which I will propose as supplements to Dubinka's initial prologue. One is that we should be very careful about assuming that we know the finalities of any social (complex) event (for a discussion see Smith and Jenks 2004). Many misunderstandings may arise out of simple transference of assumptions from an individualist perspective to the complexity of the social. The other is that social events, according to a Tardian complexity orientation, may as one of their finalities have their very complication. Inventions such as new lines of difference and interweaving of cultural meaning, may call for being resolved, untied, simplified. But their lesson and their purpose might just as well be to increase complexity and thus to increase the resilience of "international society". Of course, this assumption also assumes the two cultures to be part of one, larger sociality. In itself, this is a thought that may be welcomed or discarded for reasons far away from theoretical truth.

III. Dialogue as the Foundation of International Society

Alan Klæbel Weisdorf

I would like to propose a somewhat radical claim concerning the relation between international relations and dialogue, that is, the idea that dialogue can be seen in some sense as the ontological foundation of the former.

The traditional point of departure for theories of international relations is the ostensible existence of states. By virtue of states' mutual interaction we get international relations, or so the logic goes. But this elegant a priori construction only works as long as we consider the state the first fact of international relations, which in turn means considering the state as a static and ahistorical entity. This entire intellectual construct is balanced on a particular reading of world history, where the peace of Westphalia in 1648 takes the role of the magician, pulling the modern state and with it international relations out of the hat. Having neatly settled a controllable temporal and spatial realm of investigation with the so-called Westphalian order scholars began producing theories about the actions of so-called states as they collided inside this order. The ontological sequence from state to international relations was born.

But what if it were the other way around, that is, if international relations, or more precisely world politics, came before the state? Up until WWII, 'international society' was one of the key concepts of IR theorizing (today, the concept is mostly known from the English School). The notion of an international society, a society of societies, suggests that political entities are embedded in a social structure that influences their existence and actions. This can be read in two ways. First, Hedley Bull's (English School) perspective presented an idea where international society descends as a kind of superstructure unto the basis formed by the international system (consisting of interacting political entities) (Bull 1995/1977; 2000/1980: 172). This leads back to a rather conventional view of international relations.

The second way is more radical and inspired by Charles A.W. Manning and his social phenomenological approach to international relations. A key argument for Manning, who was professor of International Relations at London School of Economics (LSE) (1930–1962), was the purely phenomenological existence of the state. In other words, the state was ultimately a fiction; it did not exist *in fact*. However, the state did exist *in effect*, since people believed in the existence of the state and acted as if the state existed (Manning 1962: 35). If we link this idea with the idea of discourses or narrative theory, then a perspective of an entirely different origin of world politics emerges centered on the construction and diffusion of meaning. In this light, international society is not so much a social structure and a collection of physical institutions, but a discursive realm where the very meaning of the international is continuously (re)constituted, including conceptions of 'statehood'. In other words, there could not be a 'state' prior to international society.

In this perspective, international society is thus the first 'fact' of international relations, simply by virtue of the fact that the very idea of 'international relations' is formed within international society. International society, being constituted through a set of discourses, is a relatively stable, but not a static phenomenon. The political entities that emerge within international society gradually adopt and change their corporate and social identities as they share and elaborate discourses framing their own existence and mutual relations; as they begin to share and tell stories of "who we are (as states, poleis, great powers etc.)", to use narrative theory. In other words, the identity formation of political entities is not a solipsistic exercise, but a truly Other-oriented process.

Seeing international society as the constituted outcome of shared narratives, relations among political entities become dialogical in a very real sense; international relations are formed and transformed as meaning flows from Self to Other and back, and constituting each of these and their relation in turn.

Civilizational encounters become more readily understandable in these terms. Political entities are not so much carriers of 'interests', but of meaning: what it means to be a state in terms of morphology and social role, what it means and how to interact with another 'state' etc. Civilizations, if one wishes to use that term, can be defined as characterized by a relative harmony of their international narrative; within a civilization an intersubjective understanding has developed as regard to the social and corporate nature of political entities, the distinction between legitimate and illegitimate political entities, the nature and forms of legitimate interactions etc. This harmony of meaning does not entail peaceful relations, but rather a shared understanding of the terms of their existence and interaction (incl. war). To use the words of Manning, there is a shared understanding of the legitimate players and the game being played (Manning 1962; 1972: 318f).

An encounter between political entities of different international societies (civilizations) is not only a physical encounter, but a collision of different systems of meaning – different kinds of players, playing a different kind of game. The encounter between the European powers and the Sino-centric world of East Asia provides an illustrative example. On their part, the European powers initially approached the Chinese Other as if it were a power like them, sovereign and equal, and they expected that the Chinese would engage in trading relations of mutual benefit. In other words, their expectations reflected the shared European understanding of the nature of international relations. The Chinese-centered international society was based on a shared narrative of international relations that involved hierarchically organized entities, with China as the natural and legitimate center (the suzerain). Other states stood in various degrees of subordinate status, and the exchange of goods was conceived of as a tribute and gift-giving rather than trade. In other words, the encounter between the Europeans and the Chinese was a clash of international societies, involving radically different discourses concerning Self and Other. The two sides each approached the encounter with a narcissistic and deeply embedded conception of the natural and the legitimate with regard to the international. The outcome was the violent victory of one system of meaning at the expense of the other.

The question is whether the Cartoon crisis is a replay, on a different scale and with a different object of contention, of the same clash of narratives as the encounter between Europe and China? The defeat of China marked the ascendancy of European power and the accompanying hegemony of a European conception of the world. The murky outcome of the Cartoon crisis leaves one in doubt about which narrative is framing the conception of the world of today.

Initially, I made the somewhat bold claim that dialogue should be seen as a foundation of international relations. As I have tried to illustrate in this brief essay, dialogue is perhaps equally or even more interesting as a concept of international society, than as one of interstate and inter-communal communications as it is usually conceived, as it entails the very constitutive process involved in the formation of international relations.

IV. Dialogue in International Relations

Lizaveta Dubinka-Hushcha

In the prologue, I made an attempt to present dialogue as a novel concept to International Relations. This theoretical claim received pertinent and perceptive responses from both dialogue partners, whose suggestions informed my further conceptual penetration. As it derives from Oleg Koefoed's and Alan Klæbel Weisdorf's dialogical responses, the following supplements to the prologue can be made:

- Defining the actants and forces at play: civilisational metamorphosis.
- Dialogue as an innate attribute of IR: the problem of methodological choice.

Until the end of the 20th century IR scholars were unanimous about nation-states being the main actors of international politics. This type of thinking, dominant through the Cold War, has been challenged by the emergence of new types of threats, which were no longer restricted by national boundaries. At the same time, the scale of international trade and globalization has put the power of economic networks above the traditional military aspects of power. This led to the emergence of such separate political studies as international political economy, geoeconomics etc. The traditional 'territorial logic' of political analysis has been supplemented by the logic of human and financial flows, as well as the flows of natural resources. The science was later abased by a new phenomenon in international relations – international terrorism.

International relations between states have traditionally been managed by means of diplomacy, which presupposes certain norms and protocol. The Westphalian system of IR, referred to by Klæbel Weisdorf in his response, was based on the multilaterally accepted principle of mutual non-interference into the internal politics of sovereign states, and the major modes of interaction were wars and diplomatic negotiations.

One of the consequences of the shift in international system in the post-Cold War period has been a revival of civilizational discourse in explanation of possible conflicts in the future. Thus, it is no longer considered exotic to discern civilizations as separate actors of international politics (F. Braudel, A. Chelyadinsky, R. Cox, H. Koechler, H. Moshirzadeh, Y. Rashkovkiy, D. Senghaas, S.K. Sanderson etc.). However, as Koefoed rightly puts it, reference to *The Clash of Civilizations* induces reflections on another level of complexity, which stands above individual voices and territorial claims. This question is related to another problem pointed out by Klæbel

181

Weisdorf, namely the international society. For, in the same manner as the singular or plural form of the term 'international society' entails a variance in meaning, the singular or plural form of 'civilization' offers diverse conceptual views of the international system.

Robert Cox distinguishes between exclusive and inclusive meanings of civilization. "Used in the singular, it contains an implicit exclusive, hierarchical meaning distinguishing the civilized from the uncivilized or barbaric. Used in plural, it acquires a pluralistic, inclusive meaning – that there are different ways of becoming civilized" (Cox 1996: 142). The exclusive meaning of civilization can be found in the division into *homo humanus* and *homo barbarous* in Ancient Rome, as well as throughout the Enlightened Europe, which for the time took up *la mission civilisatrice* in relation to other societies. At the same time the prominent German thinkers, including Kant, Goethe and Schiller denied the division into 'civilized' and 'barbarians' as it was expressed by Friedrich the Great based on the criteria of accomplishments in the French language. Disenchantment with the ideas of progress, brought about by the First World War and the Great Depression, encouraged Spengler and Toynbee to search for an alternative meaning of civilization, which began to be used in plural.

In the process of rethinking the Westphalian system of international relations the concept of civilizations re-emerges alongside those of the interstate system, the global economy, gender and the biosphere as elements in a more comprehensive and integrated approach to understanding world politics (Cox 1996: 141). The question is how these elements are to interact in the existing system of international relations and what influence it is going to produce on the system itself.

Klæbel Weisdorf argues in his part, that dialogue has always been an inseparable part of interactions between states. This is due to the fact that international relations had been a property of international society well before the institutionalization of state took place. To quote from Klæbel Weisdorf, "there could not be a 'state' prior to international society" (p.

178). The assumption that IR is not bound to states leads us to a question of methodological choice.

Social constructivism and the English school are regarded as the most appropriate framework for analysing dialogue due to their shift of focus from a state-centric approach (Moshirzadeh 2004: 3). Neorealism understands IR as a field of power struggle; using the words of Cox, this theoretical perspective was perfectly suited for to the rivalry of two superpowers (2003: 77). As noted by an Iranian political scientist Homeira Moshirzadeh, because the very nature of dialogue rejects power relations, the dialogue of civilizations can be seen as a non-statist, dialogical, multiculturalist, justice-oriented approach to international relations (2004: 2). The proposed view of IR as a dialogical phenomenon is based on two theoretical prerequisites: firstly, the hermeneutic vs. positivist way of explanation (phenomenon) (Koechler); and secondly, its communicative nature (dialogue) (Yankelovich).

The properties of dialogue, as derives from philosophy of Buber, Bohm, and Bakhtin are:

- Equality (allowing for an assumption that the Other is as valid as Self).

- Trust ("Dialogue between cultures and civilizations is in its very essence a confidence-building measure")(The Stockholm Conclusions: 1).

Thus, if the nature of dialogue rejects power relations as such, why would the term dialogue be used so frequently in the context of diplomacy and international relations? I share the opinion of Wæver, who points at some crucial decisive sides of human nature, such as the use of fear as means for sustaining power:

Most often an order legitimizes itself with a reference to an external threat (a method developed to perfection in the symmetry of the cold war). When order is not organized against a specific country it has to be based on a legitimizing principle, but will always have to operate against specific developments (Wæver 1997: 240).

Klæbel Weisdorf argues that political entities (be it states or civilizations – my addition) are not so much carriers of 'interests', but of meaning. Therefore certain conflicts, such as the cartoon crisis, may have their own complication, using the words of Koefoed. It would be a mistake to assume that one of the IR theories may help to establish a complete picture of finalities and forces behind any international event. International Relations, in contrast to natural environment, emerged as a result of social activity, that is to say, they are not given per se, but rather constitute a man-made reality. Therefore, as noted by Koefoed, war (power) is real, but it is essential to bear in mind that it is a product of socially articulated effort, aimed at meeting certain political ends. And again, as rightly pointed out by Koefoed, there are forces and reasons behind such an effort, whose finalities present a considerable challenge for analysis due to their continuous perplexity.

My answer to this problem of complex international reality is that it can be understood as an overarching holograph with N number of meanings – from constellations of power and historical memories to cultural codes, social practices and individual emotional experience. Based on the idea of enfoldment – unfoldment, borrowed from Bohm's quantum physics, the extension of IR to a myriad of meanings helps to understand that 1) everything is interrelated into an unbroken whole, where every individual part of the chain enfolds information about the whole object (identity-in-unity); 2) the process of enfoldment is not confined to one particular angle, but penetrates from a macro-level (world-system, civilizations, poles, powers) to the culturems of individual (sub)consciousness. Because "everything is folded into everything", Bohm also suggests that the more parts of the holograph one is using, the more detailed image one will get from different angles (1995: 10).

To illustrate the mechanics of enfoldment – unfoldment, one may recall a concert of symphonic music. In most cases we are able to tell a piece of music from the first notes of the orchestra, if we are acquainted with it. Mood and movement of the tune, acoustics of the place, and the level of professional training of the musicians are all reflected in the kinetics of a single note. At the same time, all things being equal, the perception of music would not be the same even by the same audience at a different point of time.

Understanding the wholeness of a political event can present a greater challenge than recognizing a piece of music. The level of difficulty however does not mean that the task is not worth it. For, if we understand a historical event in the context of its time and space dimensions, we get a chronotope which characterizes an international system at a particular stage or epoch.

Endnotes

1. This perspective draws on the work of Gilles Deleuze; the three concepts are presented in *Différence et répétition* (1968).

Bibliography

Bakhtin, M. (1986). *Speech Genres and Other Late Essays*. Texas: University of Texas Press.

Bjerke, B. (1999). *Business Leadership and Culture*. Cheltenham, UK and Northampton, MA: Edward Elgar Publishing.

Bohm, D. (1995). *Unfolding Meaning: A Weekend of Dialogue with David Bohm*. London: Routledge.

Bohm, D. (2004). On Dialogue. New York: Routledge.

Braudel, F. (1993). *A History of Civilizations*. New York and London: Penguin Books (First published in French as *Grammaire de Civilisations* by Les Editions Arthaud, Paris, 1987).

Bull, H. (1995/1977). *The Anarchical Society: A Study of Order in World Politics*. New York: Columbia University Press.

Bull, H. (2000/1980). The European International Order. In: Aldershot, K. and Hurrell, A. (eds). *Hedley Bull on International Society*. Houndmills: Macmillan Press Ltd.

Buzan, B., O. Wæver and J. Wilde (1998). *Security: A New Framework for Analysis*. London: Lynne Rienner Publishers.

Chelyadinsky, A. (2008). Civilizations as the Global Subjects of International Relations. *Journal of International Law and International Relations*, 2: 26–32.

Cox, R. (1996). Civilizations in World Political Economy. *New Political Economy*, July, 1(2): 141–57.

Cox, R. with Michael G. Schechter (2003). *The Political Economy of a Plural World: Critical Reflections on Power, Morals and Civilization*. London and New York: Routledge.

Deleuze, G. (1968). *Différence et répétition*. Presses Universitaires de France: Paris.

Foucault, M. (1969). *L'archéologie du savoir*. Paris: Éditions de minuit.

Foucault, M. (2002). *The Archaeology of Knowledge*. Trans. A.M. Sheridan Smith. London and New York: Routledge.

Fromm, E. (1990). *The Anatomy of Human Destructiveness*. Minsk: Popurri, (in Russian).

Fukuyama, F. (1992). *The End of History and the Last Man*. New York: Free Press.

Gadamer, H.-G. (1999). *Truth and Method*. London: Sheed and Ward.

Geertz, C. (1973). *The Interpretation of Cultures: Selected Essays*. New York: Basic Books.

Gurr, T.R. (1994). Peoples against the State: Ethnopolitical Conflict and the Changing World System. *International Studies Quarterly*, 38(3): 347–77.

Hannikainen, L. and S.K. Sajjadpour (2002). *Dialogue among Civilizations: The Case of Finnish-Iranian Human Rights Expert Dialogue*. Rovaniemi, Finland and Tehran, Iran: University of Lapland, Rovaniemi.

Heidegger, M. (1962). *Being and Time*. New York: Harper and Row Publishers.

Heidegger, M. (2001). *Poetry, Language, Thought*. New York: Perennial Classics.

Heidegger, M. (2002). *The Essence of Human Freedom. An Introduction to Philosophy*. London and New York: Continuum.

Heidegger, M. (2003). *Philosophical and Political Writings*. London and New York: The Continuum International Publishing Group Inc.

Heidegger, M. (2005). *Introduction to Phenomenological Research*. Bloomington: Indiana University Press.

Henderson, E.A. and R. Tucker (2001). Clear and Present Strangers: The Clash of Civilizations and International Conflict. *International Studies Quarterly*, 45(2): 317–38.

Huntington, S. (1993). The Clash of Civilizations? *Foreign Affairs*, 72(3): 22–49.

Huntington, S. (1996). *The Clash of Civilizations and the Remaking of World Order*. New York: Simon and Schuster

Kisiel, T. and T. Sheehan (2007). *Becoming Heidegger: On the Trail of his Early Occasional Writings, 1910–1927*. Evanston: Northwestern University Press.

Koechler, H. (1997). Philosophical Foundations of Civilizational Dialogue: The Hermeneutics of Cultural Self-comprehension versus the Paradigm of Civilizational Conflict. Paper presented at the Third Inter-Civilizational Dialogue 'Civilizational Dialogue: Present Realities, Future Possibilities', University of Malaya, Kuala Lumpur, September 15–17th.

Latour, B. (2006). *Re-assembling the Social. An Introduction to Actor-Network Theory*. Oxford: Clarendon Press.

Laclau, E. (1996). *Emancipations.* London: Verso.

Lazzarato, M. (2002). *La puissance de l'invention.* Paris: Les empêcheurs de penser en rond.

Maffesoli, M. (1996). *Ordinary Knowledge.* New York: Wiley and Sons.

Morgenthau, H. (1947). *Politics among Nations: The Struggle for Power and Peace.* New York: Knopf.

Nikulin, D. (2006). *On Dialogue.* Lanham, MD: Lexington Books.

Manning, C.A.W. (1962). *The Nature of International Society.* London: London School of Economics and Politics.

Manning, C.A.W. (1972). The Legal Framework of a World in Change. In: Porter, B. (ed.). *The Aberystwyth Papers: International Politics 1919–1969.* Oxford: Oxford University Press.

Moshirzadeh, H. (2004). Dialogue of Civilizations and International Theory. Faculty of Law and Political Science, University of Tehran. Paper Presented at the ISA Annual Convention, March. Montreal, Canada.

Petersen, N. (2006). *Dansk udenrigspolitisk historie. Bind 6: Europæisk og Globalt Engagement, 1973–2006.* Copenhagen: Gyldendal Leksikon.

Rashkovskiy, Y. (2008). Civilizacionnaya teoriya: poznanie istorii – poznanie sovremennosti. *Mirovaya ekonomika I mehdunarodnye otnosheniya,* 8: 76–84.

Richardson, L.F. (1960). *Statistics of Deadly Quarrels.* Pacific Grove, CA: Boxwood Press.

Sanderson, S.K. (1996). *Civilizations and World Systems: Studying World-Historical Change.* Walnut Creek, CA: Altamira Press.

Senghaas, D. (2001). *The Clash within Civilizations: Coming to Terms with Cultural Conflicts.* London and New York: Routledge.

Smith, A. and C. Jenks (2004). *Qualitative Complexity: Ecology, Cognitive Processes and the Re-emergence of Structures in Post-humanist Social Theory.* London: Routledge.

Spengler, O. (2003). *The Decline of the West.* Moscow: Iris Press, (In Russian).

Tarde, G. (1999/1895). *Œuvres de Gabriel Tarde, volume 1: Monadologie et sociologie.* Le Plessis-Robinson: Institut Synthélabo.

The Stockholm Conclusions (1998). Adopted by the Euro-Mediterranean Workshop

'Dialogue Between Cultures and Civilizations', Stockholm, April 23–24th.

Toynbee, A. (2003). *Civilization on Trial.* Moscow: Iris Press, (In Russian).

Yankelovich, D. (2001). *The Magic of Dialogue: Transforming Conflict into Cooperation.* New York: Touchstone.

Yoshikawa, M. (1987). *The Double-swing Model of Intercultural Communication between East and West. Communication theory: Eastern and Western Perspectives.* London and New York: Academic Press.

Wright, Q. (1942). *A Study of War.* Chicago: The University of Chicago Press, 1942.

Wæver, O. (1997). *Concepts of Security.* PhD Dissertation. Copenhagen: Institute of Political Science, University of Copenhagen.

III. Intercultural Rationalities

Metalogue 7

Tolerance and Multiculturalism Revisited

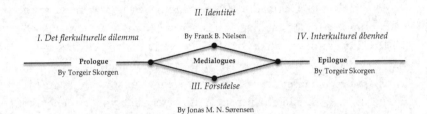

II. Identitet

I. Det flerkulturelle dilemma   By Frank B. Nielsen   *IV. Interkulturel åbenhed*

——— **Prologue** ——————— **Medialogues** ——————— **Epilogue** ———
By Torgeir Skorgen   By Torgeir Skorgen

III. Forståelse

By Jonas M. N. Sørensen

In this metalogue tolerance and multiculturalism are questioned and revisited. The starting point is the Canadian philosopher Charles Taylor, through his essay "The Politics of Recognition". Taylor reconstructs modern multiculturalism by tracing it back to early Enlightenment principles. In the prologue, Torgeir Skorgen argues against this exclusively Occidental understanding of multiculturalism. He suggests that the concept – to be faithful to its own multicultural aspirations – needs to include voices from different cultures and traditions. As a positive contribution to multiculturalism Skorgen reconstructs the concept of tolerance from what he calls the Arabian-Judaic-Christian tradition of tolerance developed around the medieval town Cordoba. In the two dialogues, the dialogical partners Frank B. Nielsen and Jonas M. Sørensen ask questions regarding identity making, individuality, cross-cultural understanding, cultural norms and above all Taylor's ideas of multiculturalism. In the epilogue, Skorgen answers the questions by explicating an intercultural, dialogical and open-ended interpretation of multiculturalism.

Language: Norwegian and Danish

193

I. Det flerkulturelle dilemma

Torgeir Skorgen

Vår tids filosofiske interesse for multikulturalismen og dens konseptuelle grunnlag utfolder sin flukt i den flerkulturelle politikkens skumringstime. I land som Norge, Danmark og Nederland har et kor av intellektuelle stått fram og gjort multikulturalismen ansvarlig for en angivelig feilslått integreringspolitikk og for en performativt selvmotsigende kulturrelativisme. I virkeligheten har multikulturalismen og dens teoretiske begrunnelser hovedsaklig vært kjennetegnet av en pragmatisk avveining mellom ulike typer av rettigheter, hensyn og behov for anerkjennelse. For den kanadiske filosofen Charles Taylor består det sentrale dilemmaet i å avveie hensynet til individbaserte universelle rettigheter som retten til liv, eiendom, tanke- og trosfrihet på den ene siden mot hensynet til minoritetskulturers rett til overlevelse, selvhevdelse og behov for anerkjennelse på den andre siden.

1.

I sitt klassiske essay "The Politics of Recognition" fører Taylor dette spenningsforholdet i multikulturalismen tilbake til tre verdisøyler, som alle ble utviklet og begrunnet i den europeiske opplysningstiden. Den første søylen er prinsippet om anerkjennelse basert på autentisitet, som Taylor fører tilbake til Herders kulturfilosofi og hans forsvar for de enkelte folkenes og kulturenes rett til å hevde sin egenart gjennom å ta i bruk sitt eget morsmål og søke sin egen vei til lykke. Den andre søylen er idealet om rettigheter basert på absolutt likhet, som Taylor fører tilbake til Rousseaus politiske filosofi med læren om den politiske allmennviljen, som de enkelte borgerne bør underkaste seg. Som den tredje søylen nevner Taylor prinsippet om likeverdighet, som han dels fører tilbake til Montesquieus politiske prinsipper og til Kants moralfilosofi med læren om den indre moralske stemmen som tilkommer alle mennesker. Mens prinsippet om anerkjennelse basert på absolutt likhet kan komme i konflikt med prinsippet om kulturelt spesifikke grupperettigheter, kan prinsippet om individets verdighet havne i konflikt med både kravet om partikulære grupperettigheter og prinsippet om absolutt likhet. Skal man eksempelvis sanksjonere kulturelle tradisjoner som fratar enkeltmennesker retten til fritt å velge ektemake eller livssyn? Og skal anerkjennelse av religiøs identitet oppfattes som et spesialtilfelle av kulturell identitet? For de mange muslimske flyktninger og migranter som lever i dagens Skandinavia vil nok dette oppleves som et abstrakt skille, på samme måte som kristendommen sterkt har bidratt til å prege majoritetsbefolkningens kultur. Ofte er det slik at den religiøse tilhørigheten forsterkes hos den som tar del i en eksilkultur. Om Taylor med sitt essay stiller en historisk diagnose eller forsøker å rekonstruere et normativt konseptuelt grunnlag for en flerkulturell anerkjennelsespolitikk med utgangspunkt i opplysningstiden, framstår imidlertid som tvetydig. Denne artikkelen tar imidlertid ikke først og fremst sikte på å peke på tvetydigheter og uforløste poenger i Taylors essay. I stedet for å slå barnet, i dette tilfellet multikulturalismen, ut med badevannet, slik mange kritikere gjør, vil jeg her undersøke mulighetene for å oppdatere Taylors perspektiv med tanke på en mer interreligiøst dialogisk og refleksiv form for multikulturalisme. Mot slutten av sitt essay innfører Taylor en hermeneutisk premiss fra Gadamer og Herder om likeverdighet og sannhetskrav som en nødvendig ontologisk forutsetning for å forstå andre kulturer. Taylor tar her utgangspunkt i Franz Fanons bok *Jordens fordømte*, der Fanon viser hvordan kolonialismens hegemoniske kultur med dens typiske stereotypier og dikotomier fortsetter å prege de koloniserte, selv etter at den politiske av-koloniseringen er et faktum (Fanon 2002: 152ff). En flerkulturell utdanningspolitikk vil derfor måtte motvirke den hegemoniske kulturens skadevirkninger ved å vektlegge f.eks. afro-amerikanske kulturelle uttrykksformer i utformingen av pensum.

Det konseptuelle grunnlaget for en flerkulturell utdanningspolitikk vil altså ligge i koblingen mellom behovet for kulturell anerkjennelse for å motvirke skadene av hegemonisk makt, og den hermeneutiske premissen om likeverdighet og sannhetskrav, som Taylor fører tilbake til Gadamer og Herder: Vi må alltid forutsette at 'de andre' har noe verdifullt å lære 'oss'. Hvordan dette skal kunne forenes med Herders historistiske kultur-hermeneutikk eller Kants moralfilosofi er imidlertid uklart. Men på bakgrunn av dette prinsippet om hermeneutisk anerkjennelse blir det desto mer påfallende at Taylor utelukkende trekker fram europeiske opplysningstenkere som Kant, Rousseau, Herder og Hegel i sitt forsøk på å rekonstruere grunnlaget for interkulturell dialog og flerkulturell anerkjennelse. Man kan innvende mot Taylor at han performativt unnlater å gi intellektuell anerkjennelse til tenkere fra andre kulturer og religioner, som han ønsker å invitere til en interkulturell dialog. Å se Taylors multikulturalismeteori i et interkulturelt og interreligiøst perspektiv vil også innebære å stille spørsmålet om interkulturell anerkjennelse tilbake til Taylors multikulturalismeteori: Ut fra Taylors essay kan man få inntrykk av at idealer om likeverdighet, individualitet og likhet er europeiske oppfinnelser. Filosofen Enrique Dussel har således kritisert Taylor for at han i boken *Sources of the Self* stiliserer moderniteten som en ensidig vestlig og progressiv oppfinnelse (Dussel 1993: 10ff). I det følgende vil jeg derfor argumentere for en alternativ rekonstruksjon av Herders og Kants kulturfilosofi og en utvidet begrunnelse for en interreligiøs/-kulturell dialog og en flerkulturell anerkjennelsespolitikk. Denne begrunnelsen kan ikke, som Charles Taylor, rekonstruere sitt premissgrunnlag ut fra en eksklusiv oksidental opplysningstradisjon, men må i stedet søke å integrere stemmer og perspektiver fra mange ulike kulturer og religioner i forhold til å oppnå fredelig sameksistens og toleranse. I dette essayet vil jeg imidlertid nøye meg med å rekonstruere noen relevante innsikter og argumenter fra en bestemt arabisk-jødisk-kristen toleransetradisjon med utgangspunkt i middelalderens Cordoba.

2.

Etter at det arabiske umajjade-dynastiet med hovedsete i Damaskus på det nærmeste ble utslettet i 756, klarte prins Abs al-Rahman å flykte fra

Damaskus til Cordoba i Spania. Her ble en ny toleransekultur grunnlagt, hvor muslimer eksempelvis ansatte jøder og kristne i statsadministrasjonen. Den meste berømte representanten for denne arabisk-jødisk-kristne høykulturen var den arabiske filosofen, legen og juristen Ibn Rushd (1128–1198), med den latiniserte navneformen Averroës. Ibn Rushd var kjent som sin tids mest fremstående oversetter og kommentator av skriftene til Aristoteles, som han oversatte og formidlet til samtidige jødiske tenkere som Maimonides (1125–1204). Maimonides var sønn av en rabbiner som også talte og skrev på arabisk. Men både Ibn Rushd og Maimonides opplevde å bli forfulgt og fordrevet av dem som de ønsket å føre sammen i fredelig sameksistens. Begge døde i eksil, tynget av bitterhet, Ibn Rushd i Marrakech, Maimonides i Alexandria. Toleransens paradoks kan formuleres som at dens talspersoner i utgangspunkt har stilt seg utenfor eller på siden av den kulturelle/religiøse 'vi-gruppen' de ønsker å tale på vegne og føre sammen til en fredelig og tolerant sameksistens med andre kulturelle/religiøse grupper ('ut-grupper'). Der hvor det hersker politiske interessekonflikter, eller den andre gruppen framstilles som en eksistensiell trussel mot 'vi-gruppens' tro, livsform eller identitet, kan hatet og dets uttrykksformer (eksklusjon, utstøtning, utslettelse) bli opplevd som en moralsk plikt. En slik kulturell hat-dynamikk har blant andre Amin Maalouf beskrevet i sitt essay *Identitet som dreper* (1999). Med henvisning til moderne eksempler som bosniske muslimers vekslende historiske tilhørigheter, til Jugoslavia, Bosnia og Europa, eller sin egen situasjon som fransk forfatter med kristen libanesisk bakgrunn, peker Maalouf på muligheten av å ha komplekse tilhørighetsformer. Samtidig påviser han hvordan forestillinger om en dypere identitet og rene kulturgrenser fører til konflikter, der kravet om komplekse tilhørighetsformer oppfattes som en trussel eller et forræderi:

> Og når vi i våre dager så ofte oppfordrer våre samtidige til å "hevde sin identitet", så mener vi at de skal dykke ned i dypet av seg selv for å finne igjen denne påståtte, fundamentale tilhørigheten, gjerne til religion, fedreland, rase eller etnisk avstamming, og vifte med den i ansiktet på andre. Enhver som gjør krav på kompleks identitet blir satt utenfor (Maalouf 1999: 8).

I en slik kulturell situasjon vil toleransens talspersoner lett kunne oppfattes som forrædere mot forpliktelsen til å negere, hate eller utslette 'ut-gruppen': "Ofte er den identiteten vi påberoper oss en negasjon av våre motstanderes" (Maalouf 1999: 17). Eller de mistenkeliggjøres som "brønnpissere" fordi de våger å kritisere intoleranse eller diskriminerende holdninger og handlinger hos sin egen 'vi-gruppe'. Ikke bare blir de en trussel mot forestillingen om rene og dype identitetsformer. De risikerer også å bli satt utenfor den religiøse gruppen de ønsker å representere i den interreligiøse dialogen. Toleransen blir i slike situasjoner til en provokasjon.

Den interreligiøse dialogtradisjonen som her kort skal rekonstrueres, er først og fremst kjennetegnet ved at den oppfatter seg som et forsvar for en rasjonell religionsdialog. Det vil si at den insisterer på en form for trans-religiøs dialogisk rasjonalitet som kan danne en forståelses- og argumentasjonsplattform for å diskutere religionens plass i forhold til filosofien, kulturen og politikken eller oppklare interne fortolkningsproblemer og stridsspørsmål innad i den enkelte religionen. Ibn Rushd insisterte således på at filosofisk skolerte fortolkere skulle kunne delta i en diskusjon om dialektisk Koran-utlegning uten selv å være muslimer:

> However, rational interpretation must be done only by people well trained in syllogistic logic and metaphysics learned from the ancient philosopher (Aristotle). As such it is not necessary that the master should be a Muslim. There is the openness of a rational mind in Ibn Rushd (Sobidjo 1996: 86).

I kommentarlitteraturen påpekes det imidlertid at Ibn Rushd historisk sett har hatt større innflytelse på den kristne filosofitradisjonens utvikling enn den islamske. Dermed glemmer man ofte at Ibn Rushd også øvet betydelig innflytelse på jødiske filosofer som Maimonides og Spinoza. Han kom også, særlig via Maimonides, Bayle og Leibiniz til å påvirke den tysk-jødiske opplysningsfilosofen Moses Mendelssohn, som argumenterte for et balanseforhold mellom religiøs-kulturell overlevelse og universell opplysning, som skulle tilpasses adressatenes filosofiske forutsetninger ut fra hensynet til menneskets kollektive strev etter lykke.

3.

Men disse debattene slår også inn i og forstyrrer de filosofiske posisjonene til Herder og Kant, som blir så viktige for Taylors rekonstruksjon av multikulturalismens konseptuelle grunnlag. Et nærmere studium av Kants historiefilosofi og antropologi og hans innbitte polemikk mot Herder, ville ha vist at Taylors oppfatning av Kant som garantist for et flerkulturalistisk likhetsprinsipp er minst like problematisk som oppfatningen av Herder som herold for ideen om nasjonal og kulturell autentisitet. I det historiefilosofiske skriftet "Idee zu einer Geschichte in weltbürgerlicher Absicht" (1784), som delvis er et oppgjør med Herder, forfekter Kant i hovedsak et universalistisk kulturbegrep. Kants hovedanliggende er imidlertid ideen om at mennesket virkeliggjør et fornuftig og moralsk anlegg og fullbyrder sin lykke som art ved historiens slutt. For Kant er historiens slutt ensbetydende med virkeliggjøringen av det rettsbærende borgerlige samfunnet. Denne moral- og historiefilosofiske betraktningsmåten videreføres også i den rettsfilosofiske traktaten Den evige fred (Zum ewigen Frieden) (Kant 2002/1795). De tre definitivartiklene inneholder blant annet Kants drøfting av forholdet mellom "nasjonal selvstendighet og et forpliktende internasjonalt fredsforbund". I disse definitivartiklene erkjenner Kant at veien mot en evig eller definitiv fred kan være lang. Men fordi ideen om den evige fred sammenfaller med Kants historiefilosofiske oppfatning av historien som en moralsk utviklingsprosess, er Kant overbevist om at målet en gang vil bli nådd:

> Denne hyldest som enhver stat (i det minste verbalt) gir rettsbegrepet, beviser likevel at et enda større, skjørt for tiden slumrende moralsk anlegg kan påtreffes i mennesket, et anlegg som en gang kan bli herre over det onde prinsipp i mennesket [...] og som vi kan håpe vil være tilfellet også hos andre (Kant 2002/1795: 25).

Selv om Kant ut fra det rettsfilosofiske perspektivet i Den evige fred tilsynelatende legger et statsborgerrettslig kriterium til grunn for begrepene om folk og nasjoner, har Kants nasjonsforståelse også en ekskluderende side i forhold til de antatt 'ville folkene' i og utenfor Europa og i forhold til den jødiske minoriteten i Prøyssen. Jødene var nemlig ikke omfattet av det statsborgerlige kriteriet for nasjonstilhørighet, etter som de ennå ikke hadde sivile eller statsborgerlige rettigheter. Ifølge Kant skyldtes dette at det "israelittiske folket" var fremmed for de moderne europeiske opplysningsideene om individets moralske frihet og at de derfor ikke hadde vært i stand til å gi seg selv en politisk forfatning. Kants forakt for de tyske jødene, som ennå ikke hadde statsborgerrettigheter, kommer også til uttrykk i hans populære antropologi-forelesninger. Her defineres "folket" som "den mengde mennesker som er forent i et landstrøk, for så vidt som den utgjør et hele", og "nasjonen" som "den mengden eller også den delen av samme mengde som gjennom felles avstamning forstår seg som forent til et borgerlig hele" (Kant 2002/1798: 193).

For Kants rival Herder utgjorde imidlertid dialogen med orientalske og jødiske diktere og filosofer en viktig inspirasjonskilde, som han bekjenner seg til allerede i sine tidligste skrifter. Dette gjelder særlig Herders samarbeid med den ledende tysk-jødiske opplysningsfilosofen Moses Mendelssohn (1729–1786), som kanskje er blitt mest undervurdert i forskningslitteraturen så langt. Det er fortsatt en utbredt oppfatning at Herder både skal ha gitt opphav til etnisk nasjonalisme, nasjonal sjåvinisme og at enkelte av skriftene hans skal være kompromittert gjennom antisemittiske synspunkter. Et av de mest kontroversielle spørsmålene som er reist ved Herders forfatterskap er hans beryktede forsvar for den nasjonale fordommen (Herder 2002/1774: 59). Herders fordomsapologi skal imidlertid ikke oppfattes som en rettferdiggjørelse av fordomsfulle betraktningsmåter hos moderne historikere. Snarere vil Herder advare den moderne historikeren mot en for streng vurdering av de fordommene han måtte finne hos "unge nasjoner" eller ennå "barnlige kulturer", lik som oldtidens hebreere og egyptere. Her gjelder det for historikeren å bli oppmerksom på faren som ligger i at man legger den samtidige opplysningskulturen til grunn som målestokk for å vurdere og forstå tidligere tiders kulturer. Herder kritiserer eksempelvis den klassisistiske kunsthistorikeren Winckelmann for å ha nedvurdert den egyptiske kunsten ut fra en gresk-klassisistisk målestokk. I det samme skriftet går Herder også i rette med enkelte opplysningstenkeres forestillinger om lykksaligheten som det historiske endemålet for menneskeheten. I stedet understreker Herder at lykksaligheten er noe individuelt som hvert folk og hver nasjon til enhver tid kan oppfylle i den grad de uttrykker og virkeliggjør sine klimatisk og historisk betingede muligheter. Dette var et av kjernepunktene i den etter hvert bitre striden mellom Kant og Herder: Mens Kant gjorde historien fornuftig, gjorde Herder fornuften historisk og estetisk. Men striden handlet like mye om antropologiens grunnlag: På bakgrunn av sin humanitetsfilosofi og teologi holdt Herder fast på ideen om menneskehetens enhet og avviste teorier om ulike menneskeraser. Kant ble på sin side stående i spenningen mellom en empirisk basert antropologi, der mennesket deles i distinkte raser med den hvite på topp, og en pragmatisk antropologi, som befatter seg med det som mennesket gjør ut av seg selv i sivilisert omgang med andre mennesker. Problemet var bare at sivilisert omgang i utgangspunktet var noe Kant forbeholdt de hvite europeerne.

4.

Herder og Mendelssohn argumenterte på sin side for å balansere hensynet til universelle individbaserte rettigheter og friheter med respekten for kulturell og religiøs partikularitet. Både Herder og Mendelssohn oppvurderer religionen som en ressurs for å levendegjøre og forsone forholdet mellom borgerne og staten. (cf. Herder 1967/1887: bd. XII, 161; cf. også Mendelssohn 1989: 361). Begge argumenterer for en sammenheng mellom den allment utbredte språkbruken og tenkemåten hos publikum og for at filosofen må ta hensyn til ytringens adressivitet, altså hensynet til hvem som er dens potensielle mottagere. Mendelssohn argumenterer således også for at staten om nødvendig må prøve ut nye lover som kan hindre at menneskets vesentlige bestemmelser (til verdighet, samvittighet og trosfrihet) kommer i konflikt med dets uvesentlige bestemmelser (til kulturell og religiøs dannelse og mangfoldighet), eller at "menneskeopplysning" kommer i konflikt med "borgeropplysning" (Mendelssohn 1997/1784: 315f).

Her videreutvikler Mendelssohn et argument fra Ibn Rushd, som i sitt verk *Gjendrivelsen av gjendrivelsen* argumenterer for en rasjonalistisk og pluralistisk Koran-fortolkning som kan bringe religionens sannhet i harmoni med filosofiens. Samtidig argumenterer Ibn Rushd for at fortolkningsdiskursen skal være tilpasset de potensielle mottakerne og deres grad av filosofisk skolering (Averroës 2001: 3). Alle som kjenner sin Aristoteles kan som nevnt delta i den filosofiske diskusjonen om fournuftig utlegning av Koranens åpenbaring, selv uten å være muslimer.

Taylor vil, som vi har sett, forankre det multikulturalistiske prinsippet om likeverdighet i Kants moralfilosofi og individualitets- og autentisitetsprinsippet i Herders kulturfilosofi. Det tredje prinsipp er som nevnt idealet om absolutt likhet, som Taylor fører tilbake til Rousseaus republikanske ideer om allmennviljen, der individets selvforståelse og formål går restløst opp i kollektivets (Taylor 2004: 1992: 89). Taylor stiller seg imidlertid kritisk til Rousseaus forvandling av likeverdighet til absolutt likhet eller identitet. Det rousseauske likhetsprinsippet kan sees som en forløper for dagens franske laicitë-politikk med et strengt skille mellom stat og religion, som igjen bunner i idealet om den kultur- og fargeblinde staten, der alle behandles likt som statsborgere. At dette idealet ikke har kunnet dekke over utviklingen av et klassedelt fransk samfunn med omfattende strukturell diskriminering og ulmende etniske motsetninger i forstedene, kan sees som et apropos til Taylors forsøk på å begrunne en flerkulturell balansetenkning.

II. Identitet

Frank B. Nielsen

Jeg vil i dette svar tage fat på et af kernebegreberne i Skorgens abstract; *identitet*, og skitsere en alternativ forståelse af begrebet i forhold til Taylors, som forhåbentlig kan inspirere Skorgen og udvide teori-feltet til det personlighedspsykologiske. Identitet er et fænomen som til stadighed har optaget Charles Taylor. For Taylor er identitet bestemt, som et forhold mellem den individuelle søgen efter autenticitet og det omgivende samfunds meningshorisonter (*preexisting horizons of significance*) (1991). Taylor synes at udelade en væsentlig stillingtagen til om disse meningshorisonter er *gode* i normativ/etisk forstand. Ydermere synes de at få funktion som idiosynkratisk ophøjede rettesnore. Teorien har en stærk forklaringskraft i forhold til kulturmøder, hvor tingene går galt. Den forklarer hvorfor individer hægter sig stærkt fast til kulturelle normer og værdier, hvorfor integration vanskeliggøres og hvordan *assimilation* i form af undertrykkelse af modpartens identitet ofte bliver det eneste alternativ i et møde mellem to kulturer. Desværre forklares det, som Skorgen pointerer, ikke hvordan integration kan harmonere med autenticitet. Hvis vi skal følge Taylor, bør vi så overhovedet mødes med folk fra andre kulturer?

Modsat Taylor kan man opfatte identitet som en mere personlig og voluntaristisk størrelse. Mennesket er ifølge sådan en opfattelse med et Erich Frommsk udtryk: *citizen of the world*, først og fremmest, *citizen of Denmark or Norway*, sekundært. Hermed hævdes det at identitet/autenticitet ikke er reducérbar til, og afhængig af, kultur (højst: påvirket af). Og at der netop derfor er håb. Samtidig bliver teorier af denne type oftest *normative*, dvs. de hævder at der er nogle værdier, der hæver sig over det kulturspecifikke område og som har en eller anden form for absoluthed. Det kunne f.eks. være etiske principper, konkretiseret ved eksempelvis menneskerettighederne, som vi gerne påtvinger andre lande med kulturer vidt forskellige fra vores af ovennævnte årsag. Hvis der ikke findes andre standarder end de internt kulturgivne kan vi intet svar give på hvorfor andre lande bør overholde "vores" menneskerettigheder. Derudover kan man stille det interessante spørgsmål om to mennesker fra forskellige kulturer overhovedet kan forstå hinanden, hvis de ikke er en del af et større tredje (f.eks. vores fælles økobiologiske ophav)? Det er ofte i vores helt grundlæggende menneskelighed vi finder fælles forståelse, og ikke i det særegne kulturkontingente. En fortaler for denne *normative* identitetsteori vil hævde at identitet kan, og i visse tilfælde bør, eksistere uafhængigt og som en stærk modsætning til den omgivende kultur.

Amin Maalouf er inde på nogle af de mekanismer der gør sig gældende i forhold til identitetsdannelse og voldelige udfald mod andres identitet, på samme måde som identitetsteoretikere som f.eks. Erik Erikson (1994). Dannelsen af den "negative" identitet, som Maalouf kalder "identitet som dræber" er netop et kernepunkt i de konflikter, som er mellem kulturer og som kan undgås. Valget af den "negative identitet" er et typisk udslag af følelsen af ingen identitet at have (at være den anonyme hr. hvem-som-helst (*das Man*)) (Erikson 1994: 173–89). Anonymitetsfølelsen som kan slå over i negativ identitet kan også kaldes konformitet, og har hos Erikson en betydning, der i min optik ligger meget tæt op ad Taylors begreb om autenticitet. "Positiv" identitet er altså ikke at forstå som autenticitet i Taylors brug af ordet. Det er snarere tværtimod. Eksemplificeret ved teenagealderens oprør, skitserer Erikson, hvordan netop et brud med de omgivende "meningshorisonter" er en del af skabelsen af identitetsfølelsen. En hvilken som helst følelse af identitet er bedre, ifølge Erikson, end at føle sig som et rent kulturprodukt og det er således det negative udfald skal forstås (1994: 132–3).

Istedet for at tale om 'kulturmøder' bør man måske tale om 'individmøder', idet man tillægger det enkelte individ større ansvar for sin identitet, og at man påtænker og fremelsker individer som forholder sig refleksivt til deres baggrund og kultur, og som på væsentlige områder skaber deres egen identitet.

III. Forståelse

Jonas M.N. Sørensen

I det korte innledende avsnittet skriver du at multikulturalismens teoretiske begrunnelse er pragmatisk. Jeg antar at du finner denne pragmatikken problematisk, og vil gjerne møte dette synet med en innvending som kan synes spissfindig, men din formulering er påpekningsverdig: Hva er virkeligheten? Du trekker etter hvert på Kant i din argumentasjon. For Kant er vi borgere av to verdener. Provokativt kan jeg spørre om formålenes rike finnes i virkeligheten? I forlengelse av dette synes jeg at din ambisjon i del 1 om å undersøke mulighetene for en mer interreligiøst dialogisk og refleksiv form for multikulturalisme er sympatisk, men likevel savner jeg en beskrivelse av et nøytralt utgangspunkt, eller som du skriver, muligheten for en rekonstruksjon av et normativ konseptuelt grunnlag for multikulturalismen. I etikken er vi vant til å forholde oss til det normative. Jeg tror Kant ville noe mer. Du beskriver de tre søylene i Taylors begrep om multikulturalisme. *Sources of the Self* tatt i betraktning, mener vel Taylor at heller ikke multikulturalismens paradokser løses med verdinøytralitet. Du skriver om anerkjennelse av tenkere fra andre kulturer og religioner mot slutten av del 1. Jeg tror vi ofte mener relativ når vi sier multikulturell. Hva tror du? Det lar seg gjøre å se imøtekommelse av et nøytralt utgangspunkt når du går til muslimske og jødiske tenkere på 1200-tallet i del 2. Du beskriver et skille mellom 'vi-grupper' og 'ut-grupper'. Kan det være slik at de forskjellige tradisjonene gjør en sammenligning mulig, mens et felles utgangspunkt for argumentasjon fortsatt er ute av syne? Hvis så, er dette problemet annerledes enn problemet med fraværet av andres forståelse?

La meg komme med et eksempel med utgangspunkt i del 3: Hvis vi tenker oss at Kant mente seg lite forstått av den tysk-jødiske Mendelssohn, har vi da med forskjeller å gjøre som ligner de forskjellene du beskriver med Maloufs fransk-libanesisk-kristne bakgrunn i vår tid, og Rushd og Maimonides på 1200-tallet? Kant etterlyser forståelse for sine oppfatninger fra Mendelssohn, Tetens og Grave i et brev til Mendelssohn av 16. August 1783 (Zammito 1992). Sent på 1780-tallet skriver han sin tredje kritikk. Ambisjonen er å forene subjektiv frihet med naturens formålstjenlighet, men Kant kommer i tvil om formålstjenligheten og Spinozas panteisme utlagt av Herder i Kants samtid. I din fremstilling bygger du på andre deler av Kants forfatterskap, men i og med at du går så vidt inn i Mendelssohns og Herders argumenter, finner jeg tredjekritikken fra 1790 relevant. Kant betraktet den som et oppgjør med Herder. Mot slutten av del 3 skriver du om Herders advarsel mot barnlige kulturer som hebreerne og egypterne. Denne ordbruken finner jeg særegen, hva mener Herder med at en kultur er barnlig?

Jeg tillater meg her å gå tilbake til mitt utgangspunkt. Vi kan på en inkluderende måte ha en vennlig holdning til tanker annerledes enn våre egne. Jødisk tankegods i 1700-tallets Tyskland, fransk-libanesisk tankegods i dagens Frankrike. Ikke desto mindre, refleksiviteten du utvikler, vil du kalle den normativ? Anerkjenner vi hverandre når vi deler normer? Jeg mistenker at vi – jeg mener storsamfunnet – egentlig vil at alle skal ligne på majoritetsbefolkningene. Den tredje av Taylors søyler er spenningen mellom likeverdighet og den indre moralske stemmen vi finner beskrevet i Kants *Moralens Metafysikk*. Kan likeverdigheten være en kandidat til den nøytraliteten jeg har tatt til orde for, undrer jeg meg til slutt. Jeg synes det er et problem, om ikke i teksten din, så innenfor dette temaet, at vi ender opp med å forsøke sammenligne forskjellige tankemodeller uten å komme oss videre. Vi beskriver forskjeller og likheter, men sitter igjen med fraværet av et felles utgangspunkt. Her er forhåpentlig dialogen selv en av nøklene, og jeg synes den interne diskursen du bygger opp er veien å gå. Likevel savner jeg å komme videre fra påpekningen av forskjeller til en ny felles forståelse, og dette savnet berører tematikken her, om ikke den innholdsrike teksten din direkte.

IV. Interkulturel åbenhed

Torgeir Skorgen

I denne epilog vil jeg:

1. gå inn på Frank Bækholm Nielsens spørsmål om hvor vidt Taylors teori om identitet som et forhold om 'den individuelle søgen etter autenticitet og det omgivende samfunds meningshorisonter' kun er samfunnsontologisk konstituerende, eller om 'disse meningshorisonter er gode i normativ/etisk forstand'.

2. problematisere den foreslåtte vendingen fra kulturer til selvdefinerende individer på bakgrunn av Taylors kritikk av atomisme og det liberale begrepet om 'negativ frihet'.

3. imøtegå et par misforståelser i Jonas M.N. Sørensens lesning av mitt innlegg og herunder kommentere hans anvendelse av Kant og

4. problematisere hans etterlysning av et felles 'nøytralt utgangspunkt' for å sammenligne de tenkerne som nevnes i mitt innlegg.

Mitt overordnede anliggende vil imidlertid være å imøtekomme den konstruktive oppfordringen til å sammenfatte hovedsynspunktene fra mitt opprinnelige opplegg på en mer systematisk måte, og forsøke å utlede noen mulige konklusjoner av dette. Men allerede her vil jeg understreke viktigheten av å ikke fremsette premisser eller konklusjoner som vil virke unødvendig sementerende og dermed kontraproduktive i forhold til dialogen. For den dialogen jeg har i tankene, har ingen absolutt begynnelse eller slutt. Den dreier seg like mye om historien, kulturenes og menneskelivets dialogiske eksistensform: Stanser dialogen, stanser livet. Svaret på det flerkulturelle samfunnets utfordringer, med tendenser til assimilering, diskriminering og segregering, kan ikke bestå i å dedusere systembygninger ut fra et tenkt universelt utgangspunkt, som alt for ofte viser seg å være etnosentrisme i forkledning. Den beste veien til å korrigere slike former for indre villfarelser og selvbedrag består i at jeg ytrer meg til de andre og stiller meg lydhøre for deres tilsvar. Det må også være denne dialogens utfordring.

1.

For Taylor er menneskelig identitetsdannelse således noe som vi bare kan utvikle gjennom forstående dialog og anerkjennelse i fellesskap med andre. Gjennom språket blir vi sosialisert inn i en verden av meninger, verdier og tradisjoner. Dette er ifølge Taylors antropologi med på å karakterisere mennesket som et 'selvfortolkende dyr' (Taylor 2007a: 140–75). For Taylor betyr det for det første at vi er vesener som tolker oss selv og verden. For det andre innebærer det at vi har identiteter som utformes i dialog med andre. Videre betyr det at vi står i et intensjonalt forhold til verden. Dessuten er mennesket kjennetegnet ved at det alltid allerede er situert i et moralsk rom. Dette innebærer at vi er stedfestet innenfor en moralsk struktur med en viss orientering mot det gode. Slik har vi muligheten til å foreta 'sterke vurderinger' om forhold som impliserer vesentlige verdisondringer mellom oppfatninger av 'godt' og 'ondt', 'verdig' og 'uverdig'. Sist men ikke minst handler dette om hva slags standarder vi setter for oss selv som moralske vesener. Med andre ord: Hvem vi ønsker å være. Disse sterke verdivalgene skiller seg fra svake vurderinger, som bare dreier seg om hvor vidt utfallet av handlinger fører til mer eller mindre ønskverdige forhold.

Til Frank Bækholm Nielsens spørsmål om Taylor ignorerer spørsmålet om hvor vidt den egne kulturens meningshorisonter er gode i normativ/etisk forstand ville nok Taylor svare at vi som menneskelige individer har evnen til å foreta sterke vurderinger og distinksjoner mellom godt og ondt innenfor den egne kulturen på det etisk-antropologiske nivået. Men samtidig vil det være slik at også disse vurderingene må uttrykkes språklig i faktiske eller forestilte dialoger med andre. Dermed er de henvist til å foregå innenfor et bestemt kulturelt rammeverk på et samfunnsontologisk nivå: For at jeg skal kunne danne meg en bevissthet om meg selv, eller om godt og ondt for den del, trenger jeg et språk som jeg ikke har funnet opp selv, men i hovedsak har overtatt fra andre, som speiler meg og korrigerer mine misforståtte, feilaktige eller forvrengte selvoppfatninger. Slik er både språket og min individuelle identitet sosialt og dialogisk konstituert. Individet er kun det som det er i kraft av hele det samfunnet og den kulturen som har frembrakt, oppdratt og næret det.

2.

Inspirert av romantisk-idealistiske og hermeneutiske tenkere som Herder, Humboldt, Hegel, Heidegger og Gadamer utvikler Taylor sin kritikk av atomistisk pregede former for liberalisme. Atomisme kan her forståes som et annet uttrykk for individualisme, nærmere bestemt en oppfarning av individets ontologiske forrang i forhold til gruppen. Liberalistenes atomistiske ideal om individets rettigheter og friheter til å utforme sitt liv uten unødvendig innblanding fra andre snur Taylor på hodet: I stedet hevder han at mennesket er et sosialt og selvfortolkende dyr som er avhengig av anerkjennelse fra 'de andre' for å kunne bli seg selv. I essayet "Fordelingsrettferdighetens karakter og rekkevidde" sammenfatter Taylor motsetningen mellom den atomistisk pregede liberale posisjonen og den sosiale posisjonen på denne måten:

> For diskusjonens skyld kan vi si at en oppfatning om det menneskelige gode er atomistisk dersom den forestiller seg at mennesket kan oppnå dette godet i ensomhet. Det mennesket med andre ord får ved å samarbeide, er et sett av midler for å oppnå disse godene [...]. I motsetning til dette vil en sosial oppfatning av mennesket hevde at en konstitutiv betingelse for å søke det menneskelige gode er knyttet til å eksistere i et samfunn. Dersom jeg argumenterer for at mennesket ikke engang kan være et moralsk vesen, og således heller ikke en kandidat til noe som kan virkeliggjøre det menneskelige gode, utenfor et fellesskap av språk og gjensidig diskurs om det gode og dårlige, rettferdige og urettferdige, så forkaster jeg ethvert atomistisk syn. Dette skyldes at det mennesket får fra samfunnet, ikke bare er en hjelp til å virkeliggjøre sitt gode, men selve muligheten til å være et menneske som søker det gode (Taylor 2007b: 242f).

I motsetning til denne posisjonen hevder Taylor i hermeneutisk og kommunitaristisk ånd at mennesket aldri kan gå bakenfor sin karakter av å være et samfunnsvesen, etter som også et slikt standpunkt vil måtte være språklig formidlet, som vi har sett. Derfor har kollektivet ifølge Taylor ontologisk forrang foran individet.

Slik tror jeg nok at Taylor også ville ha svart på Frank Bækholm Nielsens forslag om å oppgi kulturalistiske oppfatninger av identitet til fordel for en mer liberal og eksistensialistisk oppfatning av individenes selvdeterminerende identiteter. Men dermed er det ikke sagt at kulturelle rammeverk som språk, tradisjoner, verdihorisonter osv. er statiske eller entydige (essensielle) eller at vi prinsipielt ikke har mulighet til å transcendere dem eller ha flere kulturelle tilhørighetsformer samtidig. Dette er etter min, og så vidt jeg skjønner også mine dialogpartneres, oppfatning et høyst problematisk punkt hos Taylor, som også skaper problemer for hans utkast til en flerkulturell anerkjennelsespolitikk.

I Danmark og Norge har vi i den senere tiden opplevd et politisk stemningsskiftet der 'kulturalistiske' forklaringsmodeller oppgis til fordel for individualistiske. Kritikerne av den ensidige kulturalismen har utvilsomt rett i at invividene i den foreløpig siste av de moderne verdener har mulighet til å krysse kulturelle grenser og tilskrive seg komplekse hybride kulturelle tilhørighetsformer. Men dersom man innbiller seg at dette kan skje uavhengig av noen form for kulturelt rammeverk, som f. eks. språk, utdannelse og sosialisering, faller man tilbake på den atomistiske liberalismens naiviteter. Det vil også være mitt svar til mine dialogpartnere på spørsmålet om kulturforklaringer bør vike for prinsippet om individuell autonomi.

3.

Jeg finner det ikke spesielt problematisk at Taylor går inn for en pragmatisk avveining mellom ulike former for rettigheter og anerkjennelsesformer, slik Jonas M.N. Sørensen hevder at jeg gjør. Tvert imot mener jeg at det er en styrke ved Taylors teori om en flerkulturell anerkjennelsespolitikk. Svakheten ved Taylors teori er at han i overveiende grad nøyer seg med å beskrive idéhistoriske og samfunnsontologiske forutsetninger for at dilemmaet har oppstått, uten å angi noen tydelige retninger for hvordan de ulike hensyn og dilemmaer i praksis skal kunne avveies og løses. Til det ville nok Taylor svare at dette er en oppgave for samfunnsborgerne og de politiske beslutningsprosessene, og ikke for filosofene å løse. For Taylor vil det likevel være slik at grensen for anerkjennelse av gruppebaserte kulturelle praksiser går ved fundamentale individbaserte rettigheter som retten til liv, eiendom, trosfrihet osv.

Den form for toleranse og forståelse som er maktpåliggende for fredelig sameksistens og dialog i et flerkulturelt og flerreligiøst samfunn, er således knyttet til respekt for og anerkjennelse av ulike kulturers og religioners verdighet og rett til overlevelse. For den tysk-jødiske filosofen Moses Mendelssohn gjaldt dette både hans rett til å publisere og delta i den tyske opplysningskulturens offentlighet på linje med kristne flertallstyskere uten å oppleve sensur eller andre sanksjoner på grunn av sin jødiske tro. På den andre siden måtte Mendelssohn tåle kritikk fra den jødiske minoriteten i Tyskland, både fordi han blandet seg med de tyske opplysningsforfatterne og fordi han gikk inn for en modernisering av jødedommen slik den ble praktisert den gang. Å bli anerkjent - både som filosof og som jøde - av toneangivende tyske skribenter som Lessing, var avgjørende for Mendelssohns muligheter til å overleve som jøde og offentlig filosof.

Denne problemstillingen er etter mitt syn ikke parallell til den som Sørensen trekker fram i sitt dialogsvar, nemlig at Kant ikke fant forståelse for sin transcendentale idealisme hos Mendelssohn og andre. At Kant i de første årene etter utgivelsen av *Kritikk av den rene fornuft* møtte manglende forståelse for sin transcendentale refleksjonsmetode blant sine samtidige, deriblant Mendelssohn, Goethe og Herder, var et generelt problem, som nok fikk betydning for Kants berømmelse som filosof, men ikke for hans muligheter til å overleve som filosof og opplyst prøyssisk protestant.

4.

Når det gjelder spørsmålet om et mulig felles utgangspunkt for å sammenligne de tenkerne jeg trekker fram i mitt opplegg (Ibn Rushd, Mendelssohn, Herder, Kant) mener jeg igjen at vi er henvist til nødvendigheten av å gå reflektsivt, hermeneutisk og dialogisk fram. I den refleksive moderniteten kan vi ikke som Ibn Rushd eller Mendelssohn ta utgangspunkt i en universell guddommelig fornuft som åpenbarer seg på ulikt vis i filosofien og i religiøse åpenbaringer. Vi kan heller ikke som Kant sette vår lit til at den 'rene' monologiske fornuften skal formulere universelle premisser og systembygninger på vegne av alle kulturer, religioner eller epoker. Som filosofer har vi ikke tilgang til noen evighetens synsvinkel som tillater oss å formulere et forpliktende universelt og ahistorisk felles utgangspunkt. I stedet er vi henvist til å begynne der vi er, med å forstå hverandre og oss selv i en uavsluttet og uavsluttbar dialog, og å tyde fortidens stemmer på basis av vår egen tids utfordringer.

Det som ikke kan stå til diskusjon er imidlertid prinsippene om individets ukrenkelige verdighet og, i forlengelsen av dette, fundamentale individbaserte rettigheter, som retten til liv, eiendom og samvittighetsfrihet. Samtidig kan vi på refleksivt vis utlede en bestemte historisk samfunnsontologisk utviklingsprosess som har frembragt de normative kulturelle prinsippene og filosofiske regulative ideene som er nødvendig for at fredelig interkulturell/-religiøs dialog skal kunne finne sted. La meg avslutningsvis minne om noen av de viktigste:

1. *Individenes ukrenkelig verdighet:* Ideen om en ukrenkelig verdighet som må tilkjennes alle mennesker er en arv som ikke bare skriver seg fra europeisk opplysnings- og humanitetsfilosofi, men fra en rekke religiøse tradisjoner.

2. *Kommunikativ åpenhet, revisjonsberedskap og toleranse:* Mot slutten av essayet om 'anerkjennelsens politikk' innfører Taylor en hermeneutisk premiss fra Gadamer om likeverdighet og sannhetskrav som en nødvendig ontologisk forutsetning for å

forstå andre kulturer. Vi må alltid gå ut fra at alle historiske og kulturelle overleveringer har en form for sannhet vi kan lære noe av med henblikk på at forstå vår egen situasjon i verden. Taylor argumenterer her for en analogi mellom postulatet om individenes likeverdighet og postulatet om ulike kulturers likeverdighet som utgangspunkt for sammenlignende forståelse. Og han begrunner denne med henvisning til Gadamer og Herders hermeneutikk. Det konseptuelle grunnlaget for en flerkulturell anerkjennelsespolitikk må ligge i koblingen mellom behovet for kulturell anerkjennelse for å motvirke skadene av hegemonisk makt, og den hermeneutiske premissen om likeverdighet og sannhetskrav: Vi må alltid forutsette at 'de andre' har noe verdifullt å lære 'oss'. Ibn Rushds tanke om at filosofisk skolerte Koran-fortolkere kan delta i diskusjoner om fornuftig tekstfortolkning uten å være muslimer selv, kan sees som et tidlig gjennombrudd for ideen om kommunikativ åpenhet, revisjonsberedskap og toleranse.

3. *Fredelig interkulturell sameksistens:* Idealet om fredelig sam- eksistens er for det første fundert i det første prinsippet om individets verdighet og i prinsippet om kommunikativ åpenhet og dialog. Selv om vold i en viss forstand også kan være en dialogisk ytring, vil den ikke være forenlig med de to første prinsippene. Det er derfor en sentral innsikt hos Mendelssohn at staten både må sikre individbaserte universelle rettigheter og retten til kulturell og religiøs overlevelse og dessuten balansere begge hensyn for å skape mest mulig harmoni og lykke.

4. *Refleksiv hermeneutikk:* Den refleksive hermeneutikken tar inn over seg at enhver forståelse er betinget av behovet for å forstå vår egen fremtid og nåtid, og at våre fortolkninger av fortidens kulturelle og religiøse overleveringer må være tilpasset vår tids utfordringer og praksiser (cf. Skorgen 2006: 219–44). Det er først ved å lære av ulike kulturer og epoker vi kan oppdage og videreutvikle en felles humanitet, mer eller mindre i tråd med Herders historiske hermeneutikk (og med Frank Bækholm Nielsens konklusjon for

den del). Motsatt vil en fundamentalistisk hermeneutikk insistere på å at tolkninger, særlig av religiøse åpenbaringstekster, må være bokstavelige og uforanderlige, og eksempelvis ikke allegoriske.

5. *Permanent reforhandling og dialog: "Å være vil si å ha dialogisk samkvem. Når dialogen slutter, slutter alt. Derfor kan dialogen egentlig ikke slutte, og den må ikke slutte"* (Bakhtin 2003: 197).

Slutnoter

1. Selvom den givetvis for langt de fleste mennesker ikke er det. Kulturel de-personalisering af kulturens medlemmer hører snarere til reglen end undtagelsen. Man kan sagtens argumentere for at der snarere er tale om to forskellige typer personligheder/personlighedsniveauer, som nødvendiggør brugen af to forskellige teorier, end at der er tale om to rivaliserende teorier.

Litteratur

Averroës (1974/1875). *Philosophie und Theologie von Averroes. Harmonie der Religion und Philosophie.* overs. av Marcus Joseph Müller. Franz in Comm.: Osnabrück.

Averroës (2001). *The Book of the Decisive Treatise determining the Connection between the Law and Wisdom & Epistle Dedicatory.* overs. av Charles E. Butterworth. Provo, Utah: Brigham Young University Press.

Bakhtin, M. (2003). Dialog hos Dostojevskij. I: Bakhtin, M. *Latter og dialog.* overs. av Audun Johannes Mørk. Cappelen: Oslo.

Dussel, E. (1993). *Von der Erfindung Amerikas zur Entdeckung des Anderen: ein Projekt der Transmoderne.* Suhrkampf: Düsseldorf.

Erikson, E. (1994). *Identity, Youth and Crisis.* New York: W.W. Norton og Company New York.

Fanon, F. (2002). *Jordens fordømte.* Oslo: Oslo Bokklubbens Kulturbibliotek.

Herder, J.G. (1967). *Ideen zur Philosophie der Geschichte der Menschheit.* I: Herder, J.G. *Sämtliche Werke,* 34 bd. Bernhard Suphan (red.). Georg Olms: Hildesheim (Berlin 1887), bd. XIII.

Herder, J.G. (2002/1774). *Endnu en historiefilosofi til menneskeheden dannelse.* overs. av Adam Paulsen. DET lille FORLAG: Frederiksberg.

Iman Sobidjo (1996). Understanding Religion: The Contribution of Ibn Rushd. I: Wahba, M. og M. Abousenna (red.). *Averroës and the Enlightenment.* Prometheus Books: New York.

Kant, I. (2002). *Den evige fred. En filosofisk plan.* overs. av Øystein Skar. Aschehoug: Oslo.

Kant, I. (2002). *Hva er mennesket? Antropologi i pragmatisk perspektiv.* overs. av Øystein Skar. Pax: Oslo.

Maalouf, A. (1999). *Identitet som dreper.* over. av Per E. Fosser. Pax Oslo.

Mendelssohn, M. (1989). Jerusalem oder über religiöse Macht und Judentum, Schriften über Religion und Aufklärung. Philosophische Bücherei: Darmstadt.

Mendelssohn, M. (1997). On the Question: What Does 'to enlighten' mean? I: Mendelssohn, M. *Philosophical writings.* overs. av Daniel O. Dahlstrom. Cambridge: Cambridge University Press.

Schulte, C. (2002). *Die jüdische Aufklärung. Philosophie, Religion, Geschichte.* Verlag C. H. Beck: München.

Skorgen, T. (2006). Hans Georg Gadamer: Fordommens produktive mening og forståelsens universalitet. I: Lægreid, S. og T. Skorgen (red.). *Hermeneutikk – en innføring.* Spartacus: Oslo: 219–44.

Taylor, C. (1989). *The Sources of the Self: The Making of the Modern Identity.* Cambridge: Cambridge University Press.

Taylor, C. (1991). *The Ethics of Authenticity.* Harvard: Harvard University Press.

Taylor, C. (1992): *Multiculturalism and "The Politics of Recognition".* Princeton: Princeton University Press.

Taylor, C. (2004). The Politics of Recognition I: Goldberg, D.T. (red.). *Multiculturalism: A Critical Reader.* Oxford, UK og Cambridge, USA: Blackwell: 75–106; først publisert i: Zammito, J. H. (1992). *The Genesis of Kant's Critique of Judgement.* Chicago: Chicago University Press.

Taylor, C. (2007a). Forderlingsrettferdighetens karakter og rekkevidde. overs. av Morten Enger. AGORA, 3: 239–70.

Taylor, C. (2007b). Selvfortolkende dyr. overs. av Morten Enger. *AGORA*, 3: 140–75.

Zammito J (1992). *The Genesis of Kant's Critique of judgment.* Chicago: University of Chicago Press.

Metalogue 8

A Religious Modernity? A Modern Religion?

II. En radikal religionskritik

By Rasmus Ahrenkilde

I. Habermas og Hick: En religiøs modernitet? En moderne religion?

Prologue
By Jonas Jakobsen

Medialogues

IV. Gentænkning af Habermas og Hick

Epilogue
By Jonas Jakobsen

III. Ny hermeneutisk situation

By Torgeir Skorgen

The theme of this metalogue is the potential rationality of religion and religious arguments and voices in a multi-religious but rational modernity and public sphere. In the prologue, Jonas Jakobsen presents Jürgen Habermas' answers to these difficult issues. Jakobsen agrees with Habermas on many points. Yet Jakobsen finds Habermas' view on the relationship between philosophy and theology unconvincing. According to Habermas it is not a matter of philosophy to decide whether the world-views proposed by different religious doctrines are true or false. Jakobsen does not agree, and tries to develop a more critical standpoint by expanding Habermas' thinking with ideas offered by the Christian theologian and philosopher of religion John Hick. In the fist dialogue, Rasmus Ahrenkilde criticises the idea of supplementing the critical thinking of Habermas with the theological thinking of Hick. According to to Ahrenkilde Hick is not critical enough. In the second dialogue, Torgeir Skorgen criticises the thinking of Habermas. According to Skorgen Habermas' arguments are a continuation of western colonial thinking. To accommodate the skeptical dialogue partners, Jakobsen tries in the final epilogue to rethink both Habermas and Hick.

Language: Danish and Norwegian

I. Habermas og Hick: En religiøs modernitet?
En moderne religion?

Jonas Jakobsen

1. Habermas: Religionens revitalisering – pluralismens udfordringer

Habermas er kendt for at forsvare en version af det "moderne projekt", nemlig en vision om et samfund baseret på ligheds- og frihedsprincipper, demokratisk fornuft og statslig livssynsneutralitet. I sit hovedværk fra 1981, *Theorie des Kommunikativen Handelns*, beskriver han vejen mod et sådant samfund som en sekulariseringsproces: gradvist skal den fornuftige samtale skabe det forenende bånd mellem borgerne, som religionerne før garanterede. I dag er han mere forsigtig mht. den sekulære fornufts rolle og fremtid: for det første synes den europæiske sekulariseringsmodel at være en undtagelse snarere end en regel; for det andet vinder religiøse stemmer og synspunkter stadig større politisk indflydelse i moderne demokratier, også de europæiske; for det tredje byder indvandringen fra ikke-vestlige kulturer på nye konflikt- og uenighedspotentialer som følge af pluraliteten af religions- og livsformer. Det er disse tre forhold der har fået Habermas til at tale om en ny og "post-sekulær" fase af moderniteten (2008).

Men hvad er betingelserne for den tværkulturelle og religiøse sameksistens, for dialogen, hvis den europæiske sekularisering ikke sætter standarden for den globale udvikling? Mens nogen begræder 'religionens genkomst', og andre hylder den, bør den post-metafysiske tænkning anskue den som en "kognitiv udfordring", siger Habermas (2005: 113). Dvs.: Vi bør reflektere (selv-)kritisk over den, og besinde os igen på både troens og den sekulære fornufts grænser. En sådan selvbesindelse kan, mener Habermas, udgøre en modvægt til den proklamerede (og muligvis selvopfyldende) profeti om et nært forestående 'civilisationernes sammenstød'.[1] Jeg skal nedenfor se på (a) Habermas' overraskende fremhævelse af religionernes 'semantiske potentialer' i en normativt og eksistentielt sårbar livsverden, samt (b) de krav om anerkendelse og gensidig lærevillighed, han stiller til både religiøse og ikke-religiøse borgere i det post-sekulære samfund.

(a): Når Habermas i dag er begyndt at interessere sig for religion, skyldes det ikke, at "sekulariseringens ypperstepræst" er blevet from (Glebe-Møller 1996). Interessen skal snarere ses i sammenhæng med hans fortsatte bekymring for, at den strategiske og objektiverende fornuft, der kendetegner den økonomiske sfære i kapitalistiske samfund, skal trænge ind i og "kolonisere vores livsverden", dvs. vores dagligdags moral-, værdi- og meningshorisont, og her udbrede en ødelæggende, egocentrisk tænke- og handlemåde (Habermas 2005: 247–8). Ganske vist er moderne samfund kendetegnet ved (a) et kompliceret retssystem, der skal afgøre konflikter og straffe krænkelser af fastlagte regler og love, samt (b) en række formale, demokratiske procedurer, der skal give pengestrømmen og de politiske beslutninger legitimitet som 'folkets' vilje. Så hvad er egentlig problemet? Problemet er, siger Habermas, at den liberal-demokratiske retsstat ikke kan bygge på abstrakte rettigheder og procedurer alene, hvis den skal *motivere* individerne til at deltage i det fælles liv med andet og mere end egne interesser for øje. Moderne, pluralistiske samfund, der ikke har rod i en fælles (f.eks. religiøs) vision om det gode liv, kræver en vital *solidaritet* mellem borgerne, for at fungere. Men solidaritet kan vi ikke lovgive os frem til. Solidaritet må udspringe af et levende civilsamfund og en livsverden, der gennemstrømmes af spontane eller "før-politiske" motiver i retning af velvilje og parathed til givetvis at ofre egne interesser for andres (Habermas 2005: 110). Hvis vores livsverdenshorisont begrænses af snævre økonomiske imperativer, kan den imidlertid ikke udgøre et sådant solidaritetens overskudslager.

Nu er det ikke sådan, at Habermas uden videre omfavner de religiøse traditioner som frelsende solidaritetskilder i en normativt og kulturelt forarmet modernitet. Han står usvækket fast på idealet om et aktivt deltagerdemokrati, hvor borgernes "kommunikative handlinger" i den brede offentlighed reproducerer og fornyer det "forenende bånd" religionerne før garanterede (2005: 111). Kommunikativt handlende orienterer sig ikke efter egocentriske mål-middel-kalkuler, men taler med hinanden for at nå til indforståethed om en given situation og dens rette fortolkning. Truslerne mod en fri og inkluderende intersubjektivitet kommer således ikke fra modernitetens egne idealer, som både religiøse kritikere og den poststrukturalistiske fornuftskritik hævder, men fra "eksterne årsager" (2005: 113) – først og fremmest fra den moralsk afsporede kapitalistiske nyttetænkning. I lyset af truslerne fra kapitalismens udhulning og forfladigelse af menneskets livsverden ser Habermas de religiøse traditioners 'semantiske potentiale' som noget, der er værd at tage vare på: De religiøse samfund har gennem flere tusind år udviklet et vokabular, der kan udtrykke moralske intuitioner og eksistentielle grunderfaringer. Det religiøse sprog kan motivere os til at overskride egocentrisk nyttetænkning og vække nyt håb i livets krisesituationer. Netop derfor kan der i det religiøse sprog holdes noget intakt, som ellers truer med at gå tabt i dagens samfund med dets institutionaliserede ekspertviden, nemlig: "Tilstrækkeligt nuancerede udtryksmuligheder, sensibilitet for det forfejlede liv, samfundsmæssige patologier, mislykkede individuelle livsudkast og ødelagte livssammenhænge" (2005: 114, egen oversættelse). Det er således i den demokratiske retsstats egen interesse at behandle religionens før-politiske solidaritets- og meningskilder med "skånsomhed" (2005: 116).

(b) Desuden påpeger Habermas, at hvis vi tager princippet om statslig livssynsneutralitet alvorligt, så har *ingen* substantielle verdensfortolkninger forrang, hverken sekulære eller religiøse. Ligeså lidt som man i et post-sekulært samfund kan organisere staten ud fra f.eks. kristne eller islamiske principper, kan man kræve, at staten forsvarer en ikke-religiøs verdensanskuelse. Den religionsfjendtlige ateisme, der vil udradere religionen fra samfundet og menneskeheden, krænker efter denne tankegang de selv samme ligheds- og frihedsprincipper, som den vil forsvare *mod* religionen. Ganske vist kan der i den *formelle* offentlighed, f.eks. ministerier, retssale og forvaltning, udelukkende bruges ikke-religiøst sprog, da alle borgere må kunne forstå og tilslutte sig det.

I den *uformelle* offentlighed derimod, dvs. den bredere, demokratiske debat om fælles anliggender, er det uretfærdigt, hvis religiøse borgere ikke kan bruge religiøse (eller religiøst inspirerede) argumenter, f.eks. når de deltager i debatter om etiske spørgsmål. Et sådant forbud ville påføre religiøse borgere en uforholdsmæssig stor byrde i forhold til ikke-religiøse: Religiøse ville være nødsaget til at splitte deres identitet i to, en religiøs og en ikke-religiøs, og oversætte fra den første til den anden under deltagelse i offentlige diskussioner. En anden ulempe ved at udelukke religion fra det offentlige rum er, at religiøs tro og praksis fortrænges til det private og skjulte, og dermed ikke kan vurderes og kritiseres åbent i frie offentlige debatter.

Én ting er imidlertid at anerkende religionernes eksistensberettigelse i offentligheden. Noget andet er – og her kan mange muligvis ikke følge Habermas – at ikke-religiøse borgere skal stille sig *lærevillige* overfor religiøse. Man kan sige, at det moderne projekt i højeste grad har været en lang læreproces for *de religiøse*, som gradvist har relativeret deres absolutte sandhedskrav i henhold til "modernitetens epistemiske situation", dvs. at de har anerkendt (a) den sekulære statsforfatning, (b) den samfundsmæssigt institutionaliserede videnskabs epistemiske forrang og (c) universelle ligheds- og frihedsrettigheder. Men Habermas mener altså, at lærevilligheden også må gå den anden vej, dvs., at sekulære borgere ikke *a priori* bør udelukke, at de religiøse sprogspil kan indeholde lærerige indsigter. Selvom det religiøse sprog fremstår uforståeligt eller fremmed for den "religiøst umusikalske", er det nemlig ikke udelukket, at dele af dette sprog kan frisættes fra indkapslingen i åbenbaringssandheder, og *oversættes* til et offentligt tilgængeligt sprog, f.eks. til moralske eller eksistentielle udsagn af almen interesse: "En liberal politisk kultur kan endda forvente af de sekulariserede borgere, at de deltager i arbejdet med at oversætte relevante bidrag fra det religiøse til det sekulære sprog" (Habermas 2005: 118, egen oversættelse). Eksempelvis mener Habermas, at det kristne princip om 'lighed for Gud' med succes er blevet oversat af Kant til en almengyldig fornuftsmoral med direkte genealogisk forbindelse til ideen om menneskerettigheder.

Er lærevilligheden ensidig, dvs. fraskriver sekulære borgere *på forhånd* religiøse ytringer enhver form for værdi, skævvrides for det første præmisserne for dialogen mellem sekulære og religiøse borgere. For det andet udelukkes religiøse grupper *som* religiøse fra den diskuterende og kommunikativt handlende offentlighed – noget Habermas vil undgå med sin insisteren på, at religiøs tro i visse tilfælde kan oversættes til rationelt tilgængelige og diskuterbare påstande. For det tredje kan dette anspore de troende selv til at betone de sær-religiøse og uoversættelige, dvs. ikke alment tilgængelige, aspekter af deres egne traditioner, med negative følger for den tværreligiøse- og kulturelle dialog.

2. John Hicks pluralismetese – i lyset af Habermas

I en tid, hvor både religiøse grupper og religionsmodstandere råber højt om, at religion generelt – eller bestemte religioner specielt – ikke kan forenes med demokrati, livssynspluralisme og universalistiske moralprincipper, indtager Habermas, efter min opfattelse, en nuanceret og frugtbar position.

Når det kommer til Habermas' opfattelse af forholdet mellem teologi og filosofi – og dermed til muligheden for filosofisk religionskritik – stiller jeg mig imidlertid skeptisk. Habermas opfordrer her for en gangs skyld ikke til kritisk dialog, men til en slags ærbødig, filosofisk påpasselighed. Filosofien skal stille sig lærevillig, men ikke *kritisk*:

> Kort sagt, den post-metafysiske tænkning forholder sig lærevillig og agnostisk til religionen. Den består på forskellen mellem trossandheder og offentligt kritiserbare gyldighedskrav, men afholder sig fra den rationalistiske anmaselse, selv at ville afgøre, hvad der er fornuftigt i de religiøse verdensbilleder, og hvad ikke (Habermas 2005: 149, egen oversættelse).

Det er med andre ord op til de troende selv at spekulere over, hvorvidt deres tro er moderne og fornuftig. Dermed godtager Habermas kun den ene side af traditionen fra Kant: den velvillige oversættelse. Den anden side, fornuftskritikken, afstår han fra. Men kan man virkelig forvente oversættelser og lærevillighed af den sekulære tænkning, hvis den ikke – i al respekt – må påpege ting, den finder kritisable? Man kan naturligvis give Habermas ret i, at filosofien ikke skal ophøje sig selv til en fornuftens overdommer over religiøse forestillinger (i stil med Hegel). Men er det alligevel ikke synd for teologien, hvis den skal undvære sin gamle sparringspartner, filosofien?

For at bakke mit synspunkt op, har jeg valgt at rekruttere den kristne teolog og religionsfilosof John Hick. Hick prøver på den ene side at formidle/oversætte mellem forskellige religioner, f.eks. ved at fremhæve ligheder og fællestræk, som (han mener) kan anerkendes tværreligiøst. På den anden side mener han, modsat Habermas, at det er muligt at fortsætte den kantianske fornuftskritik af *bestemte religiøse doktriner*, nemlig dem, der modvirker fredelig, tværreligiøs sameksistens og læring.

Hick giver os valget mellem at være realister eller non-realister mht. religionernes epistemiske status (1993: 3). Non-realister afskriver muligheden for at religionerne faktisk handler *om* noget, og ser derfor religiøse ytringer som rent psykologiske eller sociologiske fænomener. Til forskel herfra mener realister, at religionerne handler om noget, der *eksisterer*, nemlig en transcendent – dvs. ikke direkte erfarbar – virkelighed. Imidlertid skelner Hick mellem 'naive' og 'kritiske' realister: En naiv realist er en tilhænger af en partikulær religion, som mener, at denne religions postulater uden videre er 'rigtige', f.eks. at det som står i bibelen eller koranen er uproblematisk sandt. En kritisk realist, som Hick selv, godtager derimod den moderne opdagelse af det religiøse vokabulars sociale, historiske og samfundsmæssige konstruerethed og betingethed: Religioner er *menneskelige* fortolkninger af – eller 'svar' på – spørgsmålet om virkelighedens ultimative beskaffenhed. Hick er derfor enig med Kant i, at virkeligheden *i sig selv*, dvs. som den er uafhængig af vores måde at begribe og erfare den på, aldrig kan beskrives adækvat med menneskelige begreber: Enhver virkelighedsbeskrivelse er nødvendigvis en beskrivelse fra *vores* perspektiv, og ikke fra Guds (om han eksisterer). En kritisk realist accepterer altså, at religioner er perspektiver, samt at hendes egen religion er et blandt mange mulige svar på spørgsmålet om virkelighedens absolutte struktur og mening.

Allerede i Hicks positive vægtlægning af religiøs pluralisme, samt i fremhævelsen af fællestrækkene ved de store verdensreligioner, ligger der en kritik af eksklusivistiske og fundamentalistiske positioner. Imidlertid gør han også op med *bestemte* dogmer, som han mener, er uforenelige med religiøs pluralisme, særligt indenfor den kristne tradition, han selv står i. Lad os tage et eksempel fra Hick: Den udbredte tro på, at Jesus – og *kun* Jesus – er sandheden, vejen og livet for *alle* mennesker på denne jordklode (1993:35). Som jeg forstår Habermas, kan fornuftigheden af denne doktrin kun diskuteres internt blandt kristne. Hick, derimod, argumenterer mod doktrinen med *almene fornuftsargumenter*, dvs. argumenter, der kan forstås og vurderes uafhængig af religiøst tilhørsforhold. Dermed overskrider Hick Habermas' skarpe adskillelse af filosofi og teologi. Hick hævder bl.a., at troen på, at Jesus er den *eneste* vej til frelse for *alle* mennesker på kloden, er moralsk uacceptabel: Størstedelen af denne verdens befolkning er vokset op i ikke-kristne familier og samfund uden reel mulighed for at omvende sig til Kristus. Det ville være en mærkelig gud, der tildelte frelse kun til kristne, da ikke-kristne ikke har haft et reelt valg: ligesom kristne tror på det de har lært af forældre, samfund osv. Hvorfor skal millioner af mennesker uforskyldt fødes ind i f.eks. buddhistiske, muslimske eller hinduistiske samfund, mens andre fødes lige ind i den rette tro? Ud over at være moralsk forkastelig, er denne forestilling også uacceptabel på kristne præmisser, hævder Hick: den er uforenelig med forestillingen om en kærlig og algod gud.

I samme forbindelse kritiserer Hick den kristne inkarnationslære, dvs. læren om, at Jesus både var gud og menneske. Hvis Jesus ikke blot var et spirituelt og moralsk højst opvakt menneske, men Gud i menneskeskikkelse, udelukker det jo, at f.eks. Buddha eller Muhammed *også* kan være 'sandheden, vejen og livet'. Den kristne profet stilles i en privilegeret særposition. Hick går her frem via en kombination af bibeleksegese og fornuftsargumenter; han påpeger f.eks., at Jesus ikke er den eneste i de kristne skrifter, der er genopstået fra de døde, eller taget til himmels af gud, samt at Jesus ikke selv forstod sig selv som hverken den jødiske messias eller den kristne Guds søn (1993: 45). Men først og fremmest betvivler Hick det *intelligible* i doktrinen om, at Gud i en periode var et autentisk menneske:

> How can God cease to have God`s attributes? What can it mean to say that the eternal, self-existent Creator of everything that exists (...) was for some 30 years not eternal, not self-existent, not the Creator of? everything that exists [...]? (Hick 1993: 50).[2]

Hick mener derfor, at forståelsen af Jesus som et *menneske*, og netop et menneske, der var helt usædvanligt opfyldt og inspireret af Guds nærvær, er tættere på opfattelsen i den tidlige, historiske kirke, og desuden passer til en moderne kristendom, der anerkender muligheden af tilsvarende skikkelser i andre traditioner.

(c) Hick har et mere strengt syn end Habermas på, hvilke substantielle, religiøse dogmer, der er forenelige med gensidig læring og fredelig religiøs sameksistens. Eller positivt formuleret: Han kræver i højere grad end Habermas dogmatisk åbenhed og interreligiøs nysgerrighed. Et eksempel på dette er hans refleksion over Buddhas lære om 'ubesvarede spørgsmål' (*avyakata*) i *Pali-skrifterne* (Hick 1993: 105). Essensen i denne lære er, mener Hick, at vores fiksering på at sidde inde med de rigtige dogmatiske svar på religiøse spørgsmål, kan modvirke det, religionen *egentlig* er til for, nemlig at overskride menneskets lidelsesprægede optagethed af sit eget velbefindende til fordel for en væren i verden, der hviler i noget andet end egocentrisme. Dette radikale perspektivskifte, denne udtrædelse af lidelsens kredsløb, som er en mulighed for alle mennesker, kaldes i buddhismen 'oplysning', i kristendommen bl.a. 'frelse'. Pointen er imidlertid, at oplysning og frelse ikke er betinget af dogmatisk korrekthed. For at illustrere denne pointe fortæller Buddha lignelsen om manden, der blev ramt af en pil og insisterede på at vide, hvilken type bue der var tale om, hvem der havde lavet den, hvem der skød den og fra hvilken afstand – *før* han blev behandlet (gengivet fra *Pali-skrifterne* af Hick (1993: 106)). Trangen til at vide kan være til vores egen ulykke; accepten af uvidenhed, kan hjælpe os på vores vej. Særligt i Mahayana-traditionerne, for eksempel zen-buddhisme, betones det, at dyrkelsen af en bestemt religiøs lære hurtigt bliver et nyt ego-projekt, en ny tilknytning, der skaber lidelse og konflikt. Desuden har religiøse spørgsmål, modsat f.eks. videnskabelige, den karakter, at de enten er 'ubesvarede' eller 'ubesvarlige'. De *ubesvarede* findes der et svar på, som vi ikke er i besiddelse af, f.eks. hvorvidt universet er evigt (Buddhas eksempel) eller hvorvidt Muhammed virkelig udnævnte sin fætter Ali som sin efterfølger, som sunni- og shiamuslimer er uenige om. De *ubesvarlige* er spørgsmål, hvis besvarelse ligger uden for den menneskelige begrebsdannelses rækkevidde. Buddha siger i pali-skrifterne, at spørgsmålet om, hvorvidt en oplyst person (*Tataghata*) eksisterer efter døden, er et sådant spørgsmål (og dermed, at dets besvarelse er irrelevant for oplysning). Det ultimativt ubesvarlige spørgsmål er naturligvis, mener Hick, spørgsmålet om virkelighedens ultimative beskaffenhed – om f.eks. det buddhistiske begreb 'tomhed' (*sunyata*) eller det kristent-jødisk-muslimske begreb *Gud* passer bedst. Vi bør derfor, mener Hick, sidde *let* på vores dogmer: Svarene på de ubesvarede spørgsmål bør vi betragte som gæt, svarene på de ubesvarlige som *myter*, der er sande i den grad de muliggør

> a state of complete inner freedom, equilibrium, peace, lack of angst, and a sense of being entirely "at home" and unthreatened in the universe, which expresses itself both in a positive affective state and in compassion for all forms of life (Hick 1993: 122).

II. En radikal religionskritik

Rasmus Ahrenkilde

Tak til Jonas Jakobsen for en interessant og velskrevet prolog, hvis indhold jeg grundlæggende ikke har mange indvendinger imod. For dialogens skyld, vil jeg dog prøve at zoome ind på et par detaljer. Žižek vil her blive anvendt til at stille nogle forhåbentligt frugtbare spørgsmål. Filosofisk er Žižek næppe mere interessant end dem, han her møder, men måske kan en brydning bringe noget nyt frem. Inden vi går til det vil jeg kort skitsere, hvad der er på spil, og hvad der ikke er på spil i artiklen. Habermas er ikke i tvivl om, at religion skal tilpasses modernitetens 'epistemiske situation', dvs. at de religiøse samfund fuldt ud anerkender den institutionaliserede videnskabs epistemiske forrang, universelle menneskerettigheder og statens livssynsneutralitet. Religion må endvidere 'agte' enhver person som person – og respektere alles lige ret til 'etisk' frihed.

Habermas godtager ikke nogen rettigheder til beskyttelse af religiøse grupper, hvis disse kan forringe muligheden for, at individer i disse grupper kan bryde ud af eller kritisere deres egen kultur/religion, og han vil ikke acceptere umoderne tilværelsesforståelser f.eks. i undervisningsplaner, som giver validitet til religiøse forståelser af menneskets oprindelse eller lignende. Dette fundament er Jakobsen enig i.

Habermas mener videre, at religionernes indhold og trosartiklerne ligger udenfor filosofiens legitime kritikområde. Ifølge Habermas skal religionerne selv via en refleksiv hermeneutisk praksis udvikle deres indhold, så det er tilpasset modernitetens epistemiske situation. Dette, gør til gengæld Jakobsen urolig: "Er det ikke synd for teologien, hvis den skal undvære sin gamle sparringspartner, filosofien?" Jakobsen konsulterer her en anden tænker, nemlig Hick, som skal godtgøre, at der går noget tabt, hvis filosofien holdes tilbage. Men går der ikke mere tabt med Hick? Det vil jeg på baggrund af Žižek prøve at pege på.

Hicks religionsfilosofiske bidrag er på baggrund af Kants metafysikkritik at skelne mellem naive og kritiske realister med hensyn til troens epistemiske status. Kritiske realister er bevidste om, at religiøse tolkninger altid er for-os, hvorved der åbnes op for en mere tolerant holdning til andre udlægninger af virkelighedens absolutte struktur og mening.

Denne kritik, mener jeg, for så vidt allerede er indeholdt i praksis ved Habermas krav om tilpasning til modernitetens epistemiske situation.

Derfor må der være tale om en forklarende korrektion til en intern-religiøs verdensforståelse, og mit første spørgsmål er derfor, om man ikke kommer til at sidde hårdt på en relativisme, hvis man sidder blødt på sine overbevisninger, og om der så ikke tabes den modstandskraft mod koloniseringen af livsverdenen, som bl.a. er Habermas begrundelse for at være positivt optaget af religion?

Man kan i modsætning til relativismen hævde, at der er brug for normative gradueringer mellem påstande, f.eks. tildele høj status til hævdelsen af, at et menneskeliv er helligt, men omvendt afvise en for-tælling der retfærdiggør menneskeofringer. Pointen er, at en almen relativisme synes at bliver uholdbar. Visse standpunkter må vi være villige til at bekæmpe, andre diskutere, og andre igen kan vi udlægge som spørgsmål om smag. Dette gælder alle diskurser som påvirker livet, og det religiøse kan næppe holdes fri herfra.

Mit andet spørgsmål går således på, om Hick ikke er lidt uinteressant i forhold til religionskritik? Hvor ville vi være uden Feuerbach, Marx og Nietzsche, som har afdækket nogle af religionsfænomenets sociale og eksistentielle undertrykkende og livsfjendske tilbøjeligheder? (I øvrigt formulerer de samtidigt filosofier, som rækker ud over en tole-ranceideologi).

I første omgang er det interessante her dog at se på, hvilken type religionskritik, det er, Habermas ser som et problem. Habermas har tilsyneladende udviklet en fornemmelse for den religiøse semantiks egenart og mulige positive effekter, og det er denne, han prøver at indpode i den moderne bevidsthed. Han ser et potentiale i religionerne i og med deres særlige poetiske verdensbeskrivelser og påpeger, at disse beskrivelser i nogle sammenhænge kan indgyde håb, mod og vilje til etisk indstilling på en måde, der styrker livsverdenen. Den særlige religiøse poesi bygger bl.a. på en intern teologisk kontekstualitet, og derfor er pointen, at den moderne filosofiske kritik skal holde sig til at kritisere religioner i forhold til deres normative anvisninger og socialpragmatiske konsekvenser. Kritikken skal ikke begive sig ud i det nærmere trosindhold.

Ved at lade det være op til teologerne at reformulere de religiøse trossætninger, ser Habermas muligheden for en frugtbar udveksling, hvor de poetiske verdensbeskrivelser kan bibeholdes, (i kontrollerede former), og supplere de mere sterile retslige og bureaukratiske strukturer i det moderne samfund. Man kunne også frygte, at hvis den moderne kritik går for langt, kommer der til at mangle religiøst rodfæstede samtidsadækvate verdensbeskrivelser, hvilket kan føre til kollektive meningstab, og videre lede til anakronistiske og tendentielt, for moderniteten, farlige modreaktioner.

Sat på spidsen kan inddragelsen af Hick således set ikke begrunde, at Habermas indskrænkelse af religionskritikken er problematisk, når 1) religion grundlæggende af Habermas opfattes som poetisk verdensbeskrivelse, (jf. også at den moderne epistemiske situation med dens videnskabstro skal danne udgangspunkt for den offentlige debat og meningsdannelse), og 2) der allerede med Habermas er åbent for kritik i forhold til f.eks. ekskluderende normative handlingsanvisninger og negative sociale konsekvenser.

Til sidst vil jeg spørge, om Jakobsens anvendelse af Hicks meget "bløde" religionskritik er udtryk for, at han reelt ikke kan se ret meget positivt i religion, men mener, at han bør tolerere fænomenet? Hvis dette er tilfældet, kommer han så ikke til at overtage tidens liberale tolerance-ideologi, som ifølge Žižeks radikalfilosofi har en række negative konsekvenser?

For det første kan tolerancen medføre en distancering på det personlige plan, idet der ikke er en respektfuld tillid til, at den anden person kan håndtere eller fatte den "sandhed", man selv har fundet. For det andet går den fælles oplysning tabt, som formentlig ellers ville være kommet ud af en dialog om tilværelsens forskellige strukturer. Endelig peger Žižek på, at det moderne fokus på tolerance er en del af de diskursive strømme, som han beskriver som en kulturliggørelse af politikken. Disse diskurser slører ifølge Žižek, at de grundlæggende problemer i verden, som der kan gøres noget ved, handler om ulighed og uretfærdighed (2008: 109–79).

Žižek vil i øvrigt kritisere religion mere radikalt. Det er ikke tilstrækkeligt at kræve, at religion ikke har negative sociale effekter, hvilket synes at være både Habermas og Hicks grundforståelse. For Žižek er tilværelsen grundlæggende antagonistisk, og de religiøse fortællinger er en del af samfundets konstituerende diskurser. Derfor må religion i alle elementer, trosartikler mv., kritiseres med henblik på kampen for en mere retfærdig verden. Žižek vil ikke udgrænse de religiøse fortællinger, men bruge dem proaktivt, f.eks. ved en særlig tolkning af den kristne fortælling. Žižek peger på, at "Guds"inkarnation og korsfæstelse viser det guddommeliges afmagt i den sociale verden og dermed også Menneskets fulde ansvar (2003).

III. Ny hermeneutisk situation – religionskritikk i den refleksive modernitetens tidsalder

Torgeir Skorgen

Det er mitt hovedinntrykk at Jonas Jakobsen har skrevet et tankevekkende og engasjerende essay om Habermas og Hick som berører problemstillinger av stor betydning for forståelsen av vår egen historiske situasjon i den foreløpig siste av de moderne verdener. Denne forståelsen må nå ifølge Habermas forholde seg til religionens tilbakekomst i vårt moderne samfunn, som dermed er blitt post-sekulært. Hvordan kan filosofien lære av religionens særlige form for innsikter, erkjennelser og språkliggjøring av disse – og samtidig utgjøre et rasjonelt korrektiv i form av 'en opbyggelig, nutidig og filosofisk religionskritik'? Men hva menes egentlig med religionskritikk i den andre, utvidede moderniteten, som ifølge Habermas (og andre modernitetsteoretikere) ser ut til å ha avløst den første og rokket ved dens grunnpremisser? Bør dette føre til en mer ydmyk filosofisk selvbevissthet som møter religionens stemmer med en ny form for lydhørhet? Eller skal filosofien fortsatt spille rollen som rasjonell læremester med suveren kompetanse til å avgjøre hvilke av religionens 'semantiske potensialer' som er fornuftige og verdifulle og ikke? Det siste spørsmålet synes for denne leseren å være det avgjørende. At moderniteten er gått over i sin andre, utvidede (eller refleksive) fase synes å innebære at det første modernitetsprosjektet har støtt på sine grenser og derfor er nødt til å stille spørsmål ved sine egne legitimerende premisser og begreper, slik som ideene om fremskrittet og fornuften. Fra hvilket ståsted kan i så fall filosofien i dag møte religionen i en dialog til begges gjensidige utbytte? Som Jakobsen påpeker, synes Habermas å ha beveget seg bort fra sitt tidligere syn på den europeiske sekulariseringen som en bevegelse med universell normativ status i forhold til "'det moderne prosjektet' – dvs. for visjonen om et samfunn basert på likhets- og frihetsrettigheter, demokratisk fornuft og statlig livssynsnøytralitet" (p. 218). Dette problemet synes imidlertid ikke bare å gjelde de europeiske demokratiene, men også for det som framstår som grunnmotivene i Habermas' filosofiske prosjekt til nå: 1) å begrunne en moderne kommunikativ fornuft, 2) å begrunne en prosedural, livssynsnøytral forfatningspatriotisme, 3) å berge det ufullbyrdede europeiske opplysningsprosjektet mot reaksjonære og irrasjonalistiske tilbakeslag og 4) å redde livsverdenen fra å bli kolonisert av den instrumentelle fornuftens systemverden. Det er disse opprinnelige grunnmotivene i Habermas' kritiske filosofi som nå konfronteres med det post-sekulære samfunnets utfordringer og skaper forhåpninger til religiøse tradisjoner som 'semantiske kilder til mening, solidaritet og identitet i livsverden': "Hvad er betingelserne for den tværkulturelle- og religiøse sameksistens, for dialogen, når den europæiske sekularisering ikke – som ellers forventet – sætter standarden for den globale udvikling?" (p. 218).

Til denne dialogiske prosessen ønsker Habermas å invitere religionens stemmer og ta disse på alvor som 'semantiske potensialer' for rasjonell og eksistensiell mening i en livsverden som den instrumentelle fornuftens systemverden truer med å overta. Som eksempel nevner Habermas den kristne tanken om 'likhet for Gud' som religiøst forbilde, eller semantisk potensial, for den universalistiske innretningen i Kants praktiske og politiske filosofi. Mer uklart er det hvor vidt også Habermas' kritiske post-marxistiske filosofi er påvirket av religiøse forbilder, tilsiktede eller utilsiktede. For denne leseren kan begrepet om rasjonelt oversettbare 'semantiske potensialer' minne om de kristne erobrernes møte med de koloniserte 'hedningene', som riktig nok ble tilskrevet 'slumrende subjektskvaliteter' (Todorov, Dussel), men først kunne bli til subjekter gjennom kristen dåp og omvendelse. Bare at for Habermas er det filosofien og den kommunikativt handlende fornuften som har makt til å forløse religionens slumrende selvbevissthet og gjøre de troende om til moderne, refleksive subjekter. En alternativ dialogisk tilnærming kunne være å ta utgangspunkt i møtet mellom det filosofiske og det religiøse språket som et møte langs epistemologiske og ontologiske grenselinjer, hvor de to kan representere et synsoverskudd (Bakhtin) i forhold til hverandre. I kraft av dette grenseforholdet og synsoverskuddet kan de to stille nye, kritiske og eksistensielt meningsfylte spørsmål til hverandre. Med sitt bilde av filosofien og teologien som gjensidige 'sparringspartnere' later også forfatteren til å åpne for en slik mulighet.

Habermas inviterer på sin side til dialog på like fot i et forsert forsoningsforsøk, der filosofien på lite overbevisende vis utstyres med kyskhetsbelte i møte med religionens 'innhold', men ikke dens framføringsformer. Men til syvende sist later det til å være filosofien og dens opplysningsideal som definerer premissene for dialogen og avgjør om den har vært vellykket; dvs. om den har bidratt til visse prekonsiperte begreper og modeller og motvirket den instrumentelle fornuftens kolonisering av livsverdenen. Dessuten forutsetter den normative dialogmodellen allerede sitt utopiske resultat: en kommunikativt handlende offentlighet med et refleksjonsrom der alle kan delta på like fot. Dette er en implikasjon som Habermas ikke kan gi slipp på uten samtidig å gi slipp på de emansipatoriske og epistemologiske pretensjonene i sitt opprinnelige ideologikritiske prosjekt. Men i verste fall kan dette bli en ny måte å kolonisere religionene på, i første rekke den islamske, for dermed å kunne kontrollere den. Den anvendte definisjonsmakten blir av majoriteten og de flertallsvalgte myndigheter betegnende nok gjerne forvekslet med 'livssynsnøytralitet'.

Finnes det så en vei ut av denne sirkelen? Kan man tenke seg en dialog med et overskridende potensiale som kan virke refleksivt frigjørende for begge? Dette tror jeg ville forutsette et noe annerledes begrep om både dialog og frihet, og et mer radikalt begrep om den refleksive moderniseringen, enn det som Habermas eller forfatteren later til å ta høyde for.

Dersom man med refleksiv modernisering forstår en ny og radikalt åpen hermeneutisk situasjon, kan individene verken ta den opplyningsfilosofiske eller religiøse tradisjonenes sannheter og verdier for gitt, men kun som utkast man kan anvende i sin søken etter mening, lykke, frihet og eksistensiell dybde. Spørsmålet om hvilke sannheter og verdier som kan forklare eller gi mening, verdighet og dybde til min egen situasjon her og nå og hjelpe meg til å leve eller forandre livet i fredelig sameksistens med andre ut fra en felles kommunikativ situasjonsfortolkning, blir i så fall den målestokken som både filosofiske og religiøse fortolkningstradisjoner må prøves mot. Dette er samtidig grunnen til at vi må holde utfallet av dialogen åpent. Eller med forfatterens formulering "Kommunikativ handlende orienterer sig ikke efter egocentriske mål-middel-kalkuler, men taler med hinanden for at nå til indforståethed om en given situation og dens rette fortolkning (*Einverständigung*)" (p. 220).

En slik hermeneutisk refleksiv åpenhet synes langt på vei å ligge til grunn for Hicks komparative religionsfilosofi. Forfatteren presenterer Hicks forsvar for en kritisk realistisk religionskritikk, som forutsetter at religioner handler om noe av eksistensiell betydning for oss som mennesker. I forlengelsen av dette tar han opp Hicks kritikk av 'eksklusivitiske' fortolkninger og dogmer som er uforenlige med idealet om gjensidig læring og fredelig sameksistens. Mens forfatteren er kritisk til Habermas' inkonsekvente religionskritikk, er han generelt mindre kritisk til Hicks tilnærming. En mer prinsipiell drøfting av begreper som 'religion' og 'komparativ metode' kan klargjøre ulike fenomenologiske, epistemologiske, religionspsykologiske og hermeneutiske argumenter for og mot sammenlignende religionsstudier som sådanne. Til sammen ville disse argumentene også kunne kaste lys på begrepet om religionskritikk, som Habermas pretenderer å videreføre fra Kant. Det er imidlertid vesentlig forskjell på om religionskritikk skal forstås som kritikk av religiøse overbevisninger i alminnelighet (Dawkins), som kritikk av andres religion (kristen-europeisk islamkritikk) eller som en kritisk selvrefleksjon i forhold til det hermeneutiske og historisk-sosiale grunnlaget for egne religiøse praksiser og tolkningstradisjoner. Det er religionskritikk i den siste meningen som kan gi grunnlag for en likeverdig, pluralistisk dialog mellom religioner og filosofien, der filosofiens rolle bl.a. kan bestå i å gjøre den religiøse selvrefleksjonen mer gjennomsiktig for seg selv. Religionens rolle kan bl. a. bestå i å konfrontere filosofien med dens delvise neglisjering av spørsmål om mening, lykke, eksistensiell dybde, det gode livet og fredelig sameksistens i den foreløpig siste av de moderne verdener.

IV. Gentænkning af Habermas og Hick

Jonas Jakobsen

1. Svar til Rasmus Ahrenkilde

Rasmus Ahrenkildes svar indeholder ingen protester mod artiklens fremstilling af Jürgen Habermas, eller mod fremhævelsen af Habermas' relevans for aktuelle religions- og kulturmøde-problematikker. Det er dog ikke rigtigt at jeg og Habermas "ikke vil acceptere umoderne tilværelsesforståelser f.eks. i undervisningsplaner, som giver validitet til religiøse forståelser af menneskets oprindelse eller lignende" (p. 227). Det, vi mener, er at læreplaner ikke kan begrundes religiøst, og at religiøse samfund må acceptere at universiteter og lignende bygges op om den institutionaliserede videnskab (inklusiv teologi og religionsvidenskab).

Ahrenkilde har imidlertid en række indvendinger mod inddragelsen af John Hick, hvoraf jeg opfatter de tre vigtigste således: (a) For det første mener Ahrenkilde ikke, at Hicks religionspluralisme kan bidrage til den *revitalisering af livsverdenen*, som Habermas håber på, og som er et omdrejningspunkt i artiklen. (b) For det andet ønsker Ahrenkilde en mere *radikal religionskritik* end den Hick byder på. (c) For det tredje spørger Ahrenkilde, om ikke Hicks position trækker i retning af en tandløs *relativisme*, der i sin ligegyldige tolerance skygger over verdens reelle problemer og uretfærdigheder.

I det følgende forsøger jeg at svare på disse indvendinger i kronologisk rækkefølge:

(a) *Revitalisering*: Som fremstillet i artiklen, er Habermas interesseret i det religiøse vokabular og dets potentiale for at trøste, inspirere, indgyde mening og skabe solidaritet – noget den nøgterne, post-metafysiske filosofi må give afkald på. Store dele af den vestlige befolkning kan imidlertid ikke tage religionen til sig i nogen traditionel forstand, dvs. indenfor rammerne af et bestemt system af åbenbaringssandheder. Jeg tilhører selv denne gruppe. For os er det derfor en befrielse, at Hick åbner det religiøse vokabular på en så udogmatisk facon, at vi kan inspireres af det og fornemme dets visdom uden at måtte tage jomfrufødsler og gudesønner med i købet. Med Hick kan vi f.eks. tage afsked med den forældede tanke om gud som et antropomorft væsen i himmelen som bliver vred, jaloux, straffer, udvælger venner og fjender osv., samtidig som vi kan tale om gud i betydningen: den virkelighed, vi i dybeste forstand er underlagt, men aldrig kan gribe og beskrive udtømmende med noget menneskeligt begrebsapparat. Med Hick kan vi inspireres af den moralske og eksistentielle kraft i Jesu eksempel uden at ophøje troen på Jesus som guds søn til det øverste kriterium for sandhed og moral. Eftersom Hicks religionsfilosofi muliggør sådanne tilegnelser af det religiøse sprog, mener jeg, at han bidrager til en moralsk og spirituel revitalisering af moderne livsverdener. Hicks analyser minder i denne henseende om det Habermas kalder 'reddende oversættelser', dvs. oversættelser, der redder religionen fra at miste relevans for mange mennesker.

(b) *Religionskritik*: Ahrenkilde opfordrer til at kritisere religion mere *radikalt* end Hick, og nævner Nietzsche, Freud og Žižek som eksempler på radikal religionskritik. Jeg tilslutter mig fuldt ud denne opfordring. Hick mangler netop dét, Ahrenkilde efterlyser: en psykologisk eller filosofisk antropologi, der kan forklare religionernes problematiske eller ligefrem perverse sider i lyset af grundtræk ved den menneskelige subjektivitet (Habermas 2005). En anden mangel hos Hick, som Ahrenkilde peger på, er, at han (modsat f.eks. Habermas og Žižek) ikke interesserer sig for de sociale forhold, økonomiske mekanismer og magtpolitiske strategier, der bidrager til at skabe religionspatologier som fundamentalisme og terrorisme, f.eks. kapitalismens indtrængen i traditionelle livsverdner, den misforståede 'krig mod terror' eller manglende uddannelse og demokratisering.

Den massive modstand Hick mødes med, tyder imidlertid på, at hans teori ikke er blottet for radikalitet og 'bid'. Tværtimod: At en kristen teolog gør op med forestillingen om kristendommens epistemiske og moralske særstatus, er tydeligvis mere provokerende, end at der render nogle gymnasiale ateister rundt og skriver "gud er død" på deres penalhuse. I den såkaldte *Dominus Lesus*, en erklæring forfattet af bl.a. Joseph Ratzinger, den nuværende pave, og udstedt af den katolske kirke i 2000, bruges der derfor energi på at tage afstand fra Hick, ikke fra Nietzsche eller Žižek.

Efter min opfattelse kan de former for religionskritik Ahrenkilde nævner uden videre kombineres med Hicks fokus på selve den religiøse dogmatik. Selvom jeg langt fra er enig i alle detaljer i Hicks religionsopfattelse, ser jeg et potentiale i netop denne type religionskritik. Dette potentiale bygger på en observation, som Hick let berører, men for mig er helt afgørende: Ekskluderende religiøs dogmatik – "vi har ret, de andre tager fejl" – spiller en betydelig rolle i denne verdens konflikter og fordummede fjendskaber, f.eks. mobiliseringen af den kristne højrefløj i USA under Irak-krigen, den islamistiske terrorisme, den jødiske fastholdelse af Israel som en gave fra Gud eller hindu-nationalismens styrkelse (og angreb mod muslimer) i Indien. Disse og utallige andre eksempler på udnyttelse af religionernes voldspotentiale analyseres ofte som et resultat af *eksterne* faktorer, f.eks. manglende uddannelse, sociale forhold eller politisk undertrykkelse. Samtidig som disse faktorer er uomgængelige og vigtige, mener jeg, at *selve dogmatikken* ofte er en intern del af det problem, der skal løses: Fattigdom skaber ganske vist fundamentalisme, men fundamentalisme skaber også fattigdom. Lidelse skaber religiøs tro, men religiøs tro skaber også lidelse.

Når Hick kritiserer eksklusivistiske religiøse doktriner, skyldes det både, at de er moralsk uantagelige (a), at de skaber religiøs splid og konflikt (b) og at de er uforenelige med de store verdensreligioners spirituelle kernebudskaber: budskaber om næstekærlighed og frelse for *alle* mennesker, uanset tro (c). Selvom Hick forstår sig selv som kristen, forkaster han derfor doktrinen om, at kun kristne bliver frelst, samt den mildere "inklusivistiske" doktrin om, at andre også kan blive frelst, men kun i kraft af Jesu kærlighed. Sådanne doktriner er moralsk skadelige, eftersom dogmatikken bliver vigtigere end vores faktiske livsførelse: Det primære, moralske spørgsmål relateres til *religiøs tilhørighed*, og ikke til vore næstekærlige gerninger. Til sammenligning er der ifølge (min læsning af) Habermas ikke noget i vejen for at mene, at de "vantro" betaler for deres overbevisninger med evig dans på glødende trækul, så længe man ikke gør denne "kognitive dissonans" til en konflikt på det sociale og politiske plan (2005). Hick ville nok hævde, at politisk fred mellem grupper, der betragter hinanden som 'syndere' eller 'kættere', er urealistisk i det lange løb.

(c) *Relativisme og tolerance*: Ahrenkilde synes at være enig i min kritik af Habermas' opgavefordeling mellem filosofi og teologi, og lægger vægt på vigtigheden af filosofisk religionskritik. Når han alligevel ikke ser noget positivt i Hicks religionskritik, som ellers er ganske filosofisk, skyldes det, at han ikke godtager den relativisme, der er indbygget i Hicks position: Ifølge Hick kan vi som sagt ikke afgøre, med vore menneskelige begreber, hvilken religiøs virkelighedsbeskrivelse der er mest sand. Derfor må vi indrømme, siger han, at disse beskrivelser i epistemisk henseende er *ligeværdige bud* på, hvordan virkeligheden dybest set ser ud. Ahrenkilde er imidlertid ikke parat til at sætte religionerne på samme niveau, hvilket jeg har forståelse for. Jeg vil dog påpege, at Hick ikke er ude på at fratage folk *troen*, f.eks. troen på, at livet er skænket af en skabergud. Han siger bare, at vi ikke kan *vide*, om denne tro er den rigtige. Men, kunne man spørge, er det ikke også derfor, det hedder *tro?*

Efter at have læst Ahrenkildes medialog er jeg reelt i tvivl om, hvorvidt man må godtage Hicks tese om ligeværdighed, for at godtage hans eksklusivisme-kritik. Kan man ikke f.eks. mene, at Jesu livsførelse manifesterer en "højere" moralsk bevidsthed end Muhammeds, uden at betragte muslimer som "syndere" eller Islam som en "forkert" religion? Jeg kan ikke se noget principielt i vejen for kritisk at vurdere forskellige religioners (eller trosretningers) evne til at iværksætte den moralske og åndelige udvikling, der ifølge Hick er formålet med al religion. En sådan vurdering må naturligvis fremtræde med hermeneutisk indlevelse, respekt og forsigtighed. I tillæg må den rette sig mere mod religionernes pragmatiske effekter i menneskelivet, end mod deres epistemiske sandhedskrav.

I hvert fald må man medgive, at Hicks pluralismetese vil forekomme demotiverende, eller ligefrem *farlig*, for mange troende, da den ikke angiver stærke grunde til at vælge den ene religion frem for den anden.[3] Jeg er dog i tvivl om, hvorvidt dette er Hicks problem, eller hvorvidt det er et problem, der knytter sig til det 'alt for menneskelige' behov for at kende svaret på tilværelsens store spørgsmål, behovet for at være en af dem, der lever på den *rigtige* måde.

Ahrenkilde mener i samme forbindelse, at Hicks projekt minder om den form for relativistisk toleranceideologi, som Žižek har kritiseret for at føre til passivitet og ligegyldighed. Her må vi huske, at Hicks position ikke tolererer *hvad som helst*, den tolererer f.eks. ikke intolerant religiøs dogmatik. Pluralismen indebærer netop en skarp *kritik* af de religiøse praksisser og dogmer, der sætter absolutte skel mellem mennesker og religioner. Mens Habermas jo taler om tolerance på tværs af dybe forskelle i livssyn og religion, opfordrer Hick mere til at finde den "fælles forståelse af tilværelsen", som Ahrenkilde efterlyser. Hick mener ikke, at det er realistisk med en lærerig, tværreligiøs diskurs, eller med verdensfred for den sags skyld, så længe eksklusivismen præger det dogmatiske udsyn hos flertallet af helt almindelige troende. En ny forståelse af religionernes *fælles* spirituelle og moralske kerne er nødvendig, påstår han. Og denne kerne er han ikke parat til at relativere.

Selvom det er sjovt, som Žižek, at vende tingene på hovedet, er det faktisk ikke tolerance, dvs. evnen til – indenfor en vis moralsk grænse - at tåle dem, der ikke er som én selv, der er menneskehedens største problem.[4] Ahrenkilde og Žižek har ganske vist ret i, at vi har brug for *mere* end tolerance. Det er ikke nok at passe sig selv og lade andre være i fred; vi må *handle og vise solidaritet*, vi må række en hånd ud til dem, der har behov for hjælp. Men modvirker eller forhindrer Hicks position dette? Det synes Ahrenkilde at mene, eftersom han reducerer Hicks religionsopfattelse til noget rent privat og subjektivt. Dermed overser Ahrenkilde imidlertid den anden side af sagen: personlig frelse er, ifølge Hick, at blive frelst *fra sig selv*. Kristent talt frelses vi fra vores egen ego-centrerethed og åbnes for guds-centrering (og dermed for næstekærligheden og dens krav til vores livsførelse). Buddhistisk talt indser vi, at egoets aversioner og begær er kilden til det lidelsens kredsløb, som vi med oplysningen træder ud af. Denne udtræden medfører – som jeg citerer Hick for at sige til sidst i artiklen – en *dyb medfølelse for alle levende væsner*.[5]

Medfølelse uden handling er ganske vist tom, men handling uden medfølelse er blind.

2. Svar til Torgeir Skorgen

Skorgen sætter fingeren på en række spørgsmål og indvendinger, min tekst giver anledning til, og ansporer dermed til nødvendige præciseringer og gentænkninger. Skorgens centrale indvending mod Habermas er, at diskursmodellen udtrykker en type vestlig oplysningstænkning, der skjuler sin koloniserende magtudøvelse bag et slør af livssynsneutralitet. Dette ses, mener Skorgen, særligt i Habermas' svar på udfordringerne fra religionens "genkomst" i det moderne: Habermas' sekulære oplysningsprojekt er belærende overfor religionen, ja ligefrem "kontrollerende" og "koloniserende", særligt overfor muslimer. Efter mit svar på denne kritik (punkt a-e) vil jeg fremhæve en vigtig kvalitet ved Skorgens dialog, som, efter min mening, bør supplere, men ikke erstatte, Habermas' diskursteori (punkt f).

(a) Indledningsvis vil jeg korrigere den opfattelse, at Habermas "prætenderer at videreføre Kants begreb om religionskritik", som Skorgen skriver (p. 234). Habermas ønsker netop ikke at videreføre Kants substantielle religionskritik (2005: 216–57). Ifølge Habermas, men modsat Kant, er det ikke filosofiens opgave at vurdere fornuftigheden af religiøse doktriner. Det hovedspørgsmål som Skorgen stiller – "skal filosofien fortsatt spille rollen som rasjonell læremester med suveren kompetanse til å avgjøre hvilke av religionens 'semantiske potensialer' som er fornuftige og verdifulle og ikke?" (pp. 230–1). – ville Habermas svare ubetinget nej til. Men selvom filosofien ikke skal være en suveræn læremester, kan den jo godt indgå i en kritisk diskussion af religiøse forestillinger og praksisser. Dette er Skorgen tydeligvis enig i med sit forslag om en dialog, hvor filosofien og teologien kan repræsentere et 'synsoverskud' (Bakthin) i forhold til hinanden ved at stille "nye, kritiske og eksistentielt meningsfylte spørgsmål til hverandre" (p. 232).

(b) Skorgen er bekymret for, at der bag Habermas' begreb om 'oversættelse' af religionens indhold til et sekulært sprog, gemmer sig et oplysningsfilosofisk magtgreb, der uden reel dialog vil omgøre de religiøse til "moderne, refleksive subjekter" (p. 232). Denne bekymring deler jeg ikke. Habermas mener ikke, at det er *filosofferne*, der skal foretage oversættelsen på vegne af de religiøse. Han opfordrer først og fremmest *de troende selv* til at give udtryk for deres interesser på en måde, som kan forstås og diskuteres af andre end dem selv. Et praktisk eksempel på dette er, at kristne sjældent argumenterer for kristendomsundervisning i folkeskolen med at "Jesus er sandheden", men ofte med argumenter, der giver mening og kan vurderes af ikke-kristne. Habermas mener imidlertid ikke, at sekulære oversættelser skal være et *krav* for demokratisk deltagelse. Han er her uenig med de 'nye ateister' (f.eks. Dawkins 2006), der hævder, at religiøse udsagn *qua religiøse* er irrationelle og derfor hverken kan diskuteres, kritiseres eller have almenmenneskelig værdi. Habermas, derimod, hævder, at religiøse forestillinger ofte vil kunne formuleres som argumenter, der har almen, samfundsmæssig relevans. Det er jeg enig i: når *visse* muslimer f.eks. oversætter essensen af *sharia* til et påbud om, på samfundsniveau, at tage vare på de svage i samfundet, respektere de ældre og værne om naturen, kan elementer af Islam gøres aktuelle og forståelige for samfundet som helhed. Sådanne oversættelser gør Islam mindre mystisk og mindre farlig for udenforstående. Et andet eksempel på oversættelse i Habermas' forstand er de danske muslimers reaktioner under den såkaldte Muhammedkrise i 2006. Modstanden mod profetkarikaturerne bundede ganske vist i tro og 'religiøse følelser', men argumenterne mod karikaturerne var stort set *ikke* religiøse: I stedet for at citere koranen, talte danske muslimer (og andre) for et samfund, hvor *alle* borgere kan praktisere en religion uden at blive krænket i offentligheden. På denne måde oversatte muslimerne helt naturligt deres interesser til et af åbenbaringssandheder uafhængigt sprog.

(c) Skorgen er også bekymret for, at det på Habermas' præmisser i bund og grund er oplysningsfilosofien, der definerer betingelserne for dialogen med religionen og de religiøse: "Men til syvende og sidst lader det til at være filosofien og dens oplysningsideal som definerer betingelserne for en vellykket dialog" (p. 232). Dette afvises dog meget eksplicit hos Habermas. Tanken om, at kun religiøse har noget at lære i mødet med den sekulære modernitet, kalder Habermas for 'oplysningsfundamentalisme' eller 'sekularisme'. Denne type fundamentalisme kræver som bekendt, at religiøse grupper (og muslimer i særdeleshed) utvetydigt og underdanigt bøjer sig i støvet for vestlige ligheds- og frihedsrettigheder. Mod denne opfattelse indvender Habermas bl.a., at den konkrete fortolkning og anvendelse af abstrakte rettigheder som f.eks. ytringsfrihed og ligestilling mellem kønnene må fremgå som et resultat af konsensusorienterede diskurser, hvor *alle berørte parter* bliver hørt og taget seriøst. At Habermas sætter enkelte formale betingelser for sådanne diskurser, f.eks. fravær af vold og trusler, mener jeg er til større fordel for minoriteterne end for majoriteten. Det regulative ideal om fravær af vold og manipulation er forhåbentlig ikke et specifikt vestligt ideal!

Som Skorgen, opfordrer Habermas mange steder til gensidig lærevillighed mellem sekulære og religiøse borgere, noget jeg kun kan tilslutte mig. Men hvad kan en sekulær oplysningsfilosof egentlig lære af en traditionel muslim på Habermas' betingelser? Her taler Habermas om, at der i *alle* religiøse traditioner findes et eksistentielt og normativt potentiale, dvs. et vokabular, der er særlig sensitivt i forhold til at generere mening, identitet og solidaritet, netop dét, den sekulære modernitet har svært ved at skabe ud af sig selv. Dette potentiale lægger også Skorgen positivt vægt på i afslutningen af sit dialogindlæg. Det er kun i politisk og moralsk sammenhæng, at Habermas opfordrer til at "oversætte" dette potentiale, ikke når det kommer til eksistentielle eller værdimæssige diskurser (selvom oversættelser også her kan være til almenkulturel nytte).

(d) Skorgen mener, at Habermas' diskursmodel er *utopisk*. Han foreslår derfor at erstatte denne model med en "ny og radikalt åben hermeneutisk situation", hvor ingen kan "tage noget for givet" (p. 238). Men kan man virkelig forvente, at f.eks. traditionelle muslimer eller kristne ikke skulle tage deres tro for *givet*, når de indlader sig på dialog med deres sekulære medborgere? Her mener jeg, at Habermas' diskursmodel, hvor parterne i udgangspunktet tager visse ting for givet, f.eks. koranen eller menneskerettighederne, er mere *realistisk*.

At Habermas' diskursteori "forudsætter sit eget utopiske resultat" (p. 232), mener jeg ikke svarer til historiske fakta. Det er jo et *faktum*, ikke et ideal, at der i moderne, demokratiske retssamfund foregår en vis grad af kritisk refleksion over samfundets eksplicitte og implicitte magtmekanismer, over traditioner, identiteter, værdier og autoriteter. Ja, selv modernitetens egne præmisser og selvforståelser, f.eks. Habermas filosofi, kritiseres heftigt. Denne mulighed for kritik og diskussion er imidlertid en *tilkæmpet* mulighed og kan beskrives historisk som en kamp for demokratisering af den politiske magt og inkludering af udsatte eller marginaliserede grupper i samfundets viljesdannelse, f.eks. homoseksuelle, kvinder, handicappede osv.[6] Den kritiske offentlighed forudsætter med andre ord ikke sig selv.

I en *vis* forstand er Habermas' diskursteori ganske vist utopisk, og det er den helt bevidst: den forudsætter, som Skorgen skriver, et regulativt ideal om "et refleksjonsrom, der alle kan delta på like fot" (p. 232). Habermas mener, at vi bør *tilstræbe* dette ideal, uden at hævde at det er realiseret, let at realisere eller muligt at realisere fuldt ud. At selve idealet er moralsk suspekt, og i værste fald kan føre til en koloniserende kontrol over Islam, kræver en nærmere forklaring. Er man en "kontrolleret muslim", hvis man inviteres til dialog? Hvis man er repræsenteret af et parti i folketinget? Hvis man deltager i en offentlig diskussion? Det er desuden uklart, hvem 'muslimer' her er? Er det nogle få, mange eller alle muslimer, der ikke vil reflektere på lige fod med andre? Og er det ikke *kritikværdigt*, hvis de ikke vil det? Skorgens position nærmer sig her den post-kolonialistiske sekularismekritiker, Talal Asad, der hævder at "[t]he ideology of political representation in liberal democracies makes it difficult, if not impossible, to represent Muslims as Muslims" (Asad 2003: 173).

I de samfund, hvor man ikke bekymrer sig om utopiske ligheds- og frihedsidealer, eller afviser dem som 'vestlige', ser det for alvor sort ud for minoriteter og svages gruppers mulighed for at blive respekteret, hørt og få indflydelse.

(f) Habermas' diskursteori er imidlertid *mangelfuld* og bør suppleres med analyser af samfundets ikke-eksplicitte og ikke-diskursive magt-mekanismer, f.eks. de sociale og psykologiske mekanismer, der bevirker, at muslimer sjældent skriver i danske aviser, at indvandrerdrenge dropper ud af uddannelsessystemet eller at det kan være vanskeligt at få arbejde, hvis man hedder Muhammed.[7] Her mener jeg, at Skorgens (eller f.eks. Foucaults) sans for sprogets underliggende definitionsmagter *kan* være til stor hjælp. En overfladisk forståelse af begreber som livssynsneutralitet, demokrati og menneskerettigheder kan føre til, at vi ikke er solidariske med de grupper, der mangler forudsætninger for at *deltage* i demokratiet og *bruge* deres rettigheder. En strategisk brug af de samme begreber kan føre til stigmatisering af minoriteter som uoplyste eller fundamentalistiske, f.eks. når muslim-forskrækkede partier pludselig råber højt og skingert om kvinders rettigheder – uden sans eller interesse for, hvordan muslimske kvinder *selv* ser på sagen.

243

Slutnoter

1. Habermas spiller med udtrykket 'kulturernes kamp' tydeligvis på Samuel Huntingtons tese om et forestående 'clash of civilizations'.

2. Her roterer Kierkegaard i sin grav: Det er *netop* det for menneskeforstanden paradoksale, der er kernen i den kristne tro: springet ud på de '70.000 favne vand'.

3. For en uddybning af denne kritik af Hick – og andre kritikpunkter – se Jesper Garsdals svar til Michael Paulsen i denne bog (pp. 33–5).

4. Det forekommer mig noget uklart, hvad det præcist er Žižek mener vi ikke skal tolerere, når han opfordrer os til at finde sammen i "fælles intolerance" (2008: 162). Hans forsvar for en "guddommelig vold", der hverken kan begrundes eller legitimeres via standarder uden for subjektets oplevelse af situationen, gør det bestemt ikke bedre.

5. Særligt i Mahayana-buddhismen, som Hick er inspireret af, er formålet ikke at pleje vores egen nirvana-tilstand, men aktivt at hjælpe alle andre til oplysning, jf. Boddhisatva-idealet.

6. Som bekendt mener Habermas ikke, at dette potentiale er fuldt *realiseret* i moderniteten; hans bekymring angår netop det, der forhindrer denne realisering.

7. I Jakobsen (2009), der analyserer den såkaldte Muhammedkrise, kritiserer jeg netop Habermas' ensidigt diskursorienterede begreb om social integration ud fra Honneths anerkendelseteori.

Litteratur

Asad, T. (2003). *Formations of the Secular. Christianity, Islam, Modernity.* Stanford University Press

Berger, P. (1999). *The Desecularisation of the World.* Washington D.C.: Eerdmans.

Dawkins, R. (2006). *The God Delusion.* Bantam Books.

Glebe-Møller, J. (1996). *Jürgen Habermas. En protestantisk filosof.* København: Gyldendal.

Habermas, J. (1981). *Theorie des Kommunikativen Handelns* 1+2. Frankfurt am Main: Suhrkamp.

Habermas, J. (2001). *Glauben und Wissen.* Frankfurt am Main: Suhrkamp.

Habermas, J. (2002). *Religion and Rationality.* Cornwall: Polity Press.

Habermas, J. (2003). *Filosofi i terrorens tid* (m. Jaques Derrida). København: Informations Forlag.

Habermas, J. (2005). *Zwischen Naturalismus und Religion.* Frankfurt: Suhrkamp.

Habermas, J. (2008). Die Dialektik der Sekularisierung. *Blätter für Deutsche und Internationale Politik,* 4: 33–46.

Hick, J. (1984). *A Christian Theology of Religions: The Rainbow of Faiths.* London: John Knox Pres.

Hick, J. (1993). Disputed Questions in Theology and the Philosophy of Religion. New Haven, CT: Yale University Press.

Jakobsen, J. (2009). Den krænkede religion. Habermas, Honneth og profetens turban. *Etikk i praksis,* 1: 9–26.

Sloterdijk, P. (2006). *Zorn und Zeit.* Frankfurt am Main: Suhrkamp.

Žižek, S. (2003). *The Puppet and the Dwerf. The Perverse Core of Christianity.* Cambridge: The MIT Press.

Žižek, S. (2008). *Vold.* Aarhus: Philosophia.

Metalogue 9

Rationality and Modernity in the Thinking of Mohammed Abed al-Jabri

*II. Abed al-Jabri mellom gullaldertro
og kulturell hybridisering*
By Torgeir Skorgen

*I. Rationalitet och modernitet i
Mohammed Abed al-Jabris tänkende*

Prologue
By Alan Hajo

Medialogues

*IV. Al-Jabris filosofi: Alternativa
möjligheter och tolkningar*

Epilogue
By Alan Hajo

*III. Spørgsmål til al-Jabri:
Fortolkning, fornuft og demokrati*
By Jonas Jakobsen

The following metalogue presents and discusses the thought of the Moroccan thinker Muhammed Abed al-Jabri who has developed a complex theory about the structures of thought and reason in the Arabic and Islamic world. He has developed an Arab-Islamic philosophy wherein he emphasizes the importance of the Islamic philosopher Averroes (Ibn Rushd) and his approach to Greek thought. According to al-Jabri, examining Ibn Rushds thought and method makes it possible to use these as a model for a contemporary development of method, to define the relations of Arabs and Muslims to universal contemporary thought, and thus answer contemporary questions of universality, authenticity, knowledge, science, faith and reason. This prologue is responded by two dialogical answers. The first dialogue argues that al-Jabri's philosophy might move towards an essentialistic understanding of Islamic thought and prevent intercultural learning at a religious level. The second dialogue brings up the question whether a democracy is possible within modern Arabic Islamic thought, without reducing democracy to a question concerned with religion. These two critical remarks are answered in the epilogue by a critical reconstruction of al-Jabris philosophy dealing with potential essentialistic tendencies and democratic challenges for a modern Islamic thought.

Language: Swedish, Norwegian and Danish

I. Rationalitet och modernitet i Mohammed Abed al-Jabris Tänkande

Alan Hajo

Tänkaren Mohammed Abed al-Jabri (1936–2010), verksam vid Mohammed V's universitet i Rabat, Marocko (Ball och Bellamy 2003: 646), är en av de mest tongivande samtida tänkarna i arabvärlden. Hans idéer och den kritik han riktar mot stagnerade tankesätt inom den islamiska filosofin och teologin, har under flera decennier skapat debatter bland intellektuella i Mellanöstern och Nordafrika.[1] Hans texter är av historisk, filosofisk samt sociopolitisk art och han överskrider gärna akademiska discipliners gränser för att förklara fenomen i den dåtida och samtida arabiska och islamiska världen. Detta samt hans metod i vilken han väver samman västerländskt tänkande med islamiskt sådant gör hans filosofi intressant, likaså det faktum att den främst är riktad till en publik i Mellanöstern och Nordafrika och inte till en västerländsk sådan. Al-Jabri är skolad i Marocko och har aldrig studerat vid västerländska universitet (Kügelgen 1996: 113). En av hans mest intressanta idéer är den om nödvändigheten att formulera en rationalitetens filosofi i det forna och samtida arabisk-islamiska tänkandet. En rationalitet som har sin grund i den arabiska och islamiska kulturen och som är nödvändig

248

om araber och muslimer intellektuellt ska kunna möta den moderna globaliserade världen, utan att för den skull ge avkall på sin religion eller på sitt kulturella arv. Det är denna idé som granskas närmare i följande text. Idén om en arabisk-islamisk rationalitet med rötter i det medeltida, islamiska samhället är en länk i en större komplex tankekedja hos al-Jabri. En introduktion av en relevant del av denna innan en granskning av den arabisk-islamiska rationaliteten är därför här på sin plats.

Kritik av dagens hantering av historia och tradition

Al-Jabri är av åsikten att det moderna arabisk-islamiska samhället lider av brist på ett eget aktivt, i verkligheten förankrat, rationellt tänkande. Det arabiska och muslimska samhället hade, efter att under flera hundra år befunnit sig i en intellektuell dvala,[2] under 1800-talet vaknat till den moderna världen, utan någon passande filosofisk grund att stå på. Detta har gjort att man har kommit att hantera den moderna verkligheten på tre olika, mer eller mindre lyckade sätt och med hjälp av lånade eller föråldrade metoder. För att araberna och muslimerna ska kunna möta det moderna samhället som jämlikar och anpassa sig till den alltmer komplexa verkligheten måste de göra sig av med vissa irrationella tankemönster och hämta idéer, tankemekanismer och inspiration från den egna kulturens storhetstid, då främst från tiden mellan 1000- och 1400-talet. Detta bör dock göras med vissa förbehåll och valet av delar av det historiska tankegodset som ska införlivas med den moderna världen bör göras med omsorg.

En av al-Jabris hjärtefrågor, är den om hur araberna ska vinna tillbaka sin kulturs storhet och hur de ska kunna återuppväcka sin tradition. I dagsläget finns det i den arabisk-islamiska världen, enligt al-Jabri, tre olika sätt, genom vilka man tolkar historiska skeenden och med hjälp av vilka man försöker hantera dessa två av varandra beroende frågeställningar.

Det första benämns av al-Jabri som *den fundamentalistiska läsningen* med ursprung i Jamal al-Din al-Afghanis (d. 1897) och Mohammed Abduhs (1849–1905) reformistiska läror. Dessa tänkares idéer om förnyelse av det historiska arvet misstolkades och istället för att leda till reform och uppgörelse med de tankemekanismer som ledde den arabisk-islamiska kulturen i fördärvet, utmynnade de i dess motsats, i en glorifiering av det förgångna och i en fixering vid idén om "äkthet" (al-Jabri 1999: 9). Detta har resulterat i islamistisk fundamentalism och extremism. Det andra sättet kallar al-Jabri för *den liberala läsningen* vilket går ut på att man som arab tar till sig det västerländska tankegodset och använder det som ram och utgångspunkt vid analys av den islamiska kulturen. Detta resulterar i att araben, istället för att analysera och förstå den egna kulturen genom ett eget tankegods gör detta genom det europeiska tankegodset och därmed ser den egna kulturen genom europeiska ögon. Man analyserar och förstår den arabiska dåtiden genom det europeiska nuet vilket oundvikligt leder till att man får en förvrängd bild av sig själv och sin kultur (1999: 11). Det tredje sättet definieras av al-Jabri som *den marxistiska läsningen*. Detta sätt går ut på att vidareutveckla och applicera marxismens metoder och definitioner på den arabiska kulturen i förhoppning om att kunna förstå och förklara den bättre (1999: 14). Värt att notera i sammanhanget är att al-Jabri själv i början av sin filosofiska bana förespråkade en marxistisk tolkning av Ibn Rushds och andra islamiska filosofers idéer, men att han i slutet av 70-talet bytte perspektiv och började bearbeta islamisk filosofi ur en epistemologisk aspekt. I samband med detta började han också definiera islamisk filosofi utifrån en dikotomisk relation mellan östlig-irrationell och västlig-rationell filosofi (Kügelgen 1996: 113). Dikotomin finns beskriven nedan i avsnittet om den moderna arabisk-islamiska rationalitetens grunder och dess definition.

Den epistemologiska utgångspunkten

Al-Jabri kritiserar de tre ovannämnda tillvägagångssätten för att till sin natur vara fundamentalistiska, subjektiva och utan historiskt perspektiv och menar att man måste vända sig till epistemologin, se över teoribildningen och den vetenskapliga metoden för att finna grundproblemet som är gemensamt för de tre. Enligt al-Jabri skiljer sig inte de tre olika läsningarna från varandra på det epistemologiska planet och deras argumentationssätt vilar alla på samma metodologiska grund.

Denna grund består i huvudsak av en tankemekanism som arabernas lärde i det förgångna kom att ge namnet *analogi mellan det okända och kända* (al-Jabri 1999: 17). Metoden går ut på att man utifrån information om ett känt fenomen drar slutsatser även om sådant som man inte känner till. Ursprungligen var metoden vetenskaplig och omgärdades av strikta användningsregler. Metoden visade sig vara effektiv inom filologin och kom så småningom att sprida sig till juridiken och teologin. Den användes också i processen att stöpa det arabiska språket i den form det har än idag, en process som al-Jabri benämner *Nedtecknandets epok*. Vartefter kom metoden att användas alltmer vårdslöst i alla slags sammanhang och har kommit att tappa sin analytiska kraft (1999: 17–8).

De ontologiska och språkfilosofiska utgångspunkterna

En viktig länk i al-Jabris filosofi är hans idé om arabens komplicerade relation till språket. Al-Jabri ser denna som en bidragande orsak till arabens oförmåga att hantera sin historia och tradition. Denna relation medför metodologiska problem då man tolkar såväl historiska som moderna texter. Al-Jabri menar att araberna, när de läser text inte läser innehållet utan språket, d.v.s. formen. Detta beror enligt honom på att araben ser på arabiskan med andakt då den har sett likadan ut i 1400 år, ett förhållningssätt som gäller såväl medeltida texter som moderna sådana (al-Jabri 1999: 26). Det andaktiga förhållningssättet till, och sättet att läsa, text på uppkom under 900-talet då information om islam men också annan kunskap började nedtecknas, sållas och struktureras. Filologerna och makthavarna strävade, då de utformade det arabiska språket, efter att hålla det så fritt från extern påverkan som möjligt i syfte att säkerställa att den expanderande islamiska makten inte skulle uppslukas av de folkgrupper som den erövrade. Samtidigt strävade de efter att i arabiskan ingjuta förislamiska ord och begrepp då man i sina förfäders språk såg det rena och äkta arabiska språket. Al-Jabri menar att man kom att uppnå den eftersträvade effekten, nämligen den att språket kom att anta en rigid form som gjorde det oemottagligt för externa språkinfluenser. Med arabiskan som maktspråk, som islams språk, skulle

251

araberna komma att behålla den politiska makten i regionen under flera århundraden. Den negativa bieffekten av detta blev att arabiskan blev oemottaglig för förändring över tid och kunde därför inte anpassa sig till moderna förhållanden (al-Jabri 1991: 79ff).

För att lösa detta problem måste man, menar al-Jabri, genomgå en flerstegsoperation som bl.a. går ut på att koppla bort läsaren från hans tradition för att sedan lägga fram de historiska texterna inför honom, och låta honom läsa dem objektivt. Först efter dessa moment kan man se på sitt historiska arv och tankegods för att ta fram användbar, rationell kunskap (al-Jabri 1999: 22ff). Al-Jabris sätt att förhålla sig till text, att genom en särskild förhållning till text försöka lösa ontologiska och epistemologiska problemställningar påminner delvis om modern hermeneutik där man t.ex. antar olika perspektiv och konstruerar olika läsningar och tolkningar av text för att uppnå förståelse av olika ontologiska och/eller epistemologiska fenomen.

Ett annat språkrelaterat resonemang som al-Jabri för, är att det genom det arabiska språkets natur går att kartlägga den arabiska världsåskådningen. Detta då språket inte endast är ett verktyg för tänkandet utan även den form i vilken tänkandet stöps. Det är språket som bestämmer människans förmåga att tala och därmed också att tänka, uppfatta verkligheten, det estetiska samt sanningarna. Det är med andra ord språket som skapar gränsen för människans medvetande. Dessa resonemang hämtar al-Jabri hos den tyske upplysningsfilosofen Johann Gottfried Herder (1744–1803) (1991: 77). Resonemangen blir särskilt intressanta om det verkligen förhåller sig så som al-Jabri hävdar gällande arabiskans speciella utformning och den arabiske läsarens "läsning av form och inte av innehåll".

Den moderna arabisk-islamiska rationalitetens grunder och dess definition

Al-Jabri definierar förnuftet på flera olika sätt, ett av dem innebär att det arabiska förnuftet är "det tankeinstrument som har skapats av en kultur och dess egenheter" (1991: 14). I sina resonemang kring definitionen av den arabisk-islamiska rationaliteten och dess särart använder sig al-Jabri bl.a. av en modifierad variant av den franske filosofen André Lalandes (1867–1964) teori om förnuftet. Lalande har delat upp tänkandet/förnuftet i två delar: *La raison constituant* och *La raison constituée*. Den förstnämnda typen av förnuft, det aktiva förnuftet, betecknar intellektuell aktivitet och finns hos alla människor. Den innefattar formandet av principer och begrepp samt analytisk förmåga och förmåga att tänka rationellt. Den andra typen, *La raison constituée* eller det rådande förnuftet är föränderlig från tid till tid och plats till plats. Denna förnuftstyp består av principer och doktriner som människan använder i sitt resonerande, i sitt sätt att dra slutsatser. Det rådande förnuftet är till en viss gräns föränderligt och bör alltid förstås i sitt sammanhang, i sin tidsepok o.s.v (1991: 15). Al-Jabri definierar först det arabiska tänkandet som *La raison constituée* men övergår sedan till att korrigera definitionerna av de två förnuftstyperna och sudda ut gränsen mellan dem:

> Och trots detta, och trots vikten av särskiljandet mellan det aktiva förnuftet och det rådande förnuftet [...], så bör vi aldrig ignorera relationen av påverkan och mottaglighet mellan dessa två. På ett sätt så är det rådande förnuftet inget annat än de principer och doktriner som det aktiva förnuftet producerar och har producerat (al-Jabri 1991: 16).

Al-Jabri hänvisar därefter till Claude Lévi-Strauss tanke om detta, nämligen den att det rådande förnuftet alltid förutsätter det aktiva förnuftet som är det förnuft som skiljer människan från djuret (1991). Av detta drar al-Jabri slutsatsen att:

> [...] intellektets aktivitet – det aktiva förnuftet framspringer ur principer och enligt doktriner, nämligen ur det rådande förnuftet, något som frestar oss att säga att det arabiska tänkandet, även i sin aktiva form, är en produkt av den arabiska kulturen. Detsamma gäller för vilken annan kultur som helst [...] (al-Jabri 1991: 16).

Även det aktiva tänkandet innehåller alltså enlig al-Jabri element av den arabiska kulturen och *la raison constituée*. Av detta bör man kunna dra slutsatsen att det arabisk-islamiska tänkandet enligt al-Jabri alltigenom är präglat av tankemekanismer specifika för dess kultur.

När det gäller att utvinna idéer om rationalitet ur det islamiska tankegodset så menar al-Jabri att detta tankegods kan delas upp i en östlig-irrationell och en västlig-rationell del. Vid strävan efter att finna en grund till en modern rationalitet bör man, enligt al-Jabri, undvika att vända sig till tänkarna inom den förstnämnda tanketraditionen som präglas av motsägelsefullhet, godtycklighet och mysticism. Hemmahörande i denna tanketradition är bl.a. filosoferna Ibn Sina (980–1037) och Ghazali (1058–1111). Al-Jabri menar att filosofin i den östra delen av det islamiska riket kom alltför mycket att präglas av ideologiska och etniska motsättningar vilket påverkade filosofernas arbeten och översättningar av grekiska filosofiska texter. Han menar t.ex. att Ibn Sinas texter präglas av zoroastrism, shiitisk ideologi, nyplatonism, samt av proiranska tendenser. Inom den västlig-rationella tanketraditionen, i Andalusien och Nordafrika, kom filosofin enligt al-Jabri däremot att utvecklas på ett helt annat sätt. Dels utvecklades den som en motreaktion på det esoteriska östlig-irrationella tänkandet och dels kom den av olika politiska, geografiska och ideologiska orsaker att behålla sin vetenskaplighet. Det östlig-irrationella och det västlig-rationella tänkandet befann sig dock i ett komplicerat samspel. För att beskriva och förklara detta använder sig al-Jabri av en variant av Michel Foucaults begrepp *episteme*, d.v.s.:

> [...] den mängd relationer som under en given epok kan förena de diskursiva praktiker som ger upphov till epistemologiska mönster, vetenskaper och eventuellt formaliserade system; [...] *Episteme* är inte en form av kunskap eller en typ av rationalitet [...] den är en mängd av relationer man för en given epok kan upptäcka mellan vetenskaperna när man analyserar dem på de diskursiva regelbundenhetens nivå [...] (Foucault 2002: 227).

Al-Jabri (1992) menar att rationalisterna och gnostikerna använde sig av olika *epistemologiska instrument* och tankemekanismer och befann sig i, från varandra skilda men ändå samverkande, *epistemologiska varan*.

Bland de andalusiska och nordafrikanska medeltida islamiska filosofer som al-Jabri finner som relevanta återfinns Ibn Hazm (d. 1064) och Ibn Khaldun (1332–1406). Det är dock Ibn Rushd (1126–1198) tänkande som han anser ha högst relevans. Al-Jabri menar att Ibn Rushd tänkande var starkt påverkad av andalusiska tänkare som forskade i matematik och logik samt att han förespråkade att man systematiskt skulle vägra att lättsinnigt acceptera icke-förnuftiga påståenden då man stötte på sådana och att man istället skulle försöka förstå dem genom att studera den metod som, enligt den som framfört argumentet, leder till sanningen. Detta i sin tur skulle leda till att filosofen skulle komma att förstå religiösa frågor inifrån den religiösa diskursen och att teologen på samma sätt skulle komma att förstå filosofiska resonemang (1992: 86). Ibn Rushd har, enligt al-Jabri, dessutom haft som princip att inte bara nöja sig med att vara kritisk utan att också vara självkritisk och att alltid i ett resonemang eller en argumentation försöka finna så goda argument till motståndarens fördel som man skulle vilja ha till sin egen. Al-Jabri menar att Ibn Rushd dessutom kom fram till ett nytt sätt att definiera relationen mellan religion och filosofi. Rationaliteten i filosofin är baserad på observation av världen och dess ordning, medan rationaliteten i religionen är baserad på hänsynstagandet till lagstiftarens intention. Dessa båda fungerar som från varandra skilda, internt logiska system, dock utan att motsäga varandra (1999: 104). Detta resonemang hänger samman med det som al-Jabri benämner *den demonstrativa metoden*. Denna metod kan närmast betecknas som en *hypotetisk-deduktiv metod* eller som *axiomatisk metod* (1999). Den axiomatiska metod al-Jabri åsyftar finns i en form att tillgå redan i Euklides geometri och går i korthet ut på att man kan acceptera en grundsats utan bevis, d.v.s. man har en mängd satser och slutledningsregler sådana att en del av dem är axiom och de återstående satserna följer logiskt ur dessa (Lübcke 2003: 52). Ibn Rushd ska dessutom ha använt och vidareutvecklat axiomatiska metoden när han sammanställde och kommenterade Aristoteles arbeten.

Detta bl.a. i strävan att få fram Aristoteles originalidéer ur olika, i kvalitet varierande, tillgängliga till arabiska översatta texter. Detta exemplifierar i al-Jabris filosofi det särskiljande och specifika för arabisk-islamiskt förnuftstänkande där logiskt tänkande smälte samman med språkvetenskap och texttolkning och kunde definiera och kritiskt förhålla sig till företeelser såsom religion och filosofi samt analysera samspelet mellan dessa och det är denna typ av tankemekanism som al-Jabri anser bör ingjutas i modernt arabisk-islamiskt tänkande.

Al-Jabri kommer till slutsatsen att man främst bör ta till sig följande aspekter av Ibn Rushd filosofi och applicera dessa på den samtida verkligheten. Den första aspekten är Ibn Rushd uppgörelse med Ibn Sinas esoteriska och gnostiska lära. Det andra är Ibn Rushd vägran att acceptera det teoretiska tänkande som filosofer och teologer utövade för att antingen smälta samman filosofi och religion eller att försöka göra dessa till varandras motsatser. Det tredje är Ibn Rushd strävan efter dialogskapande och efter att förstå religionen endast utifrån religionens principer samt att förstå filosofin utifrån filosofins principer (1999: 124–6). Al-Jabri menar att man genom att bryta med sina epistemologiska misstag, d.v.s. de misstag som begåtts av Ibn Sina, Ghazali och de andra gnostikerna, och genom att ta till sig Ibn Rushd kritiska tänkande och kombinera det med koncept och idéer tagna ur bl.a. Foucaults filosofi, skulle kunna bygga ett nytt arabisk-islamiskt förnuftsbaserat tänkande (Kügelgen 1996: 117).

Averroismen – modern teoribildning med panarabistiska mål

Al-Jabris filosofiska experiment belyser flera samtida regionala och globala, vetenskapliga och samhälleliga, fenomen. Al-Jabris anammande och omformulering av Foucaults, Lalandes, Herders och Lévi-Strauss idéer och hans införande av dessa i den islamiska filosofiska diskursen ett sätt på vilket kunskapens gränser kan överskridas och på vilket nya idéer och tankar skapas. Resonemanget om den arabisk-islamiska rationalitetens natur och om det arabiska språkets särart tangerar den debatt som de senaste decennierna har förts mellan kulturrelativismens och universalismens förespråkare. Samtidigt som al-Jabri arbetar fram material om det arabiska språkets och förnuftets särställning och formar en specifik arabisk-islamisk historia, så menar han att målet med en modern averroisk rationalitet är att ingå i dialog med den samtida globala filosofiska diskursen och att definiera vad som är universell kunskap och vad som är arabisk-islamisk specifik sådan (1999: 128).

Idén om en specifik arabisk-islamisk rationalitet och ett arabisk-islamiskt tänkande kan också ses ur ett postkolonialt perspektiv där strävan efter definitionen av en egen rationalitet fungerar som en uppgörelse med kolonialmakternas tidigare dominans. Också anammandet och rekonstruktionen av västerländsk filosofi kan ses som ett sätt att hantera den verklighet som formats av kolonialismen och att tillägna sig västerländskt tänkande på egna villkor.

Al-Jabris idé om det rationella tänkandet kan ses som en sublim kritik av den samtida religiösa auktoritetens förhållningssätt till världen och kan bl.a. användas för att förklara tankemekanismerna hos den samtida islamistiska fundamentalismen.

Al-Jabris idéer kan slutligen också ses som att de är konstruerade och formulerade i syfte att stödja en ideologisk, panarabistisk agenda. Genom att definiera tänkandet i Mellanöstern och Nordafrika med termen "arabisk-islamiskt" och genom att avgränsa sig till att åberopa endast vissa filosofers idéer, skapar al-Jabri ett mycket snävt historiskt perspektiv och utesluter många politiska, filosofiska, religiösa och etniska grupper ur den faktiska historien.

II. Abed al-Jabri mellom essensialistisk gullaldertro og kulturell hybridisering

Torgeir Skorgen

Alan Hajo viser i sin utmerkede introduksjon til al-Jabris tenkning hvordan denne marokkanske filosofen søker å revitalisere en i visse henseender stivnet islamsk hermeneutikk gjennom en nyfortolkning av middelalderfilosofer som Ibn Khaldun og Ibn Rushd. Disse gjelder det å redde ut av en konservativt tilbakeskuende forståelsesform ved å applisere dem på vår egen samtid i dialog med oksidentale filosofer som Herder, Foucault og Lalande. Gjennom en slik dialogisering skal det arabiske publikummet dels fremmedgjøres i forhold til sin forforståelse av egen tradisjon, hvor Ibn Rushd inntil nylig strengt tatt var en halvglemt skikkelse. I et resepsjonshistorisk perspektiv har Ibn Rushd øvet langt større innflytelse på såkalte vestlige filosofer som Thomas Aquinas, Leibniz, Bayle og Herder, og på jødiske filosofer som Maimonides, Spinoza og Mendelssohn, enn på senere islamske filosofer fram til vår egen tid. Når Abed al-Jabris forsøker å rekonstruere en antatt arabisk-muslimsk rasjonalitet med hovedvekt på en refortolkning av Ibn Rushd, og man vet at dennes virkningshistorie det meste av tiden har vært overveiende jødisk-kristen, antydes noen av begrensningene i forestillingen om en mer eller mindre eksklusiv arabisk-islamsk rasjonalitet, eller oksidental-kristen sådan for den del. I dagens situasjon hvor Midt-Østenkonflikten globaliseres gjennom media, flyktninger, olje, terror, som gir næring til "Clash of Civilizations"-retorikkens pessimitiske bud (Samuel P. Huntington) på kulturell globalisering, er det viktig å minne om den gjensidige historiske og idémessige påvirkningen mellom antatt adskilte "kulturer" eller verdenssivilisasjoner. For denne leseren utgjør dette også et springende punkt i al-Jabris argument for en antatt muslimsk-arabisk rasjonalitet i spenningsfeltet "mellom østlig-irrasjonell og vestlig-rasjonell filosofi". Her fins det tendenser til betenkelig essensialisering av kultur- og tanketradisjoner som al-Jabri bare delvis lykkes med å overvinne gjennom sine dialogiserende og hybridiserende fortolkningsstrategier, hvor han bl. a. fører sammen Ibn Rushd med Herder og Foucault. Gjennom denne syntesen forsøker han å påvise hvordan den antatte arabisk-islamske rasjonaliteten er forankret i det klassiske arabiske språkets formsans, men samtidig blir fanget av dets konservative tendens. Koblingen mellom Ibn Rushds forsvar for religionens og filosofiens særegne former for sannheter, som skulle kunne møtes til dialog ved det samme måltidet, og Herders tanke om språket som uttrykk for historisk-kulturell individualitet, er fascinerende. Virkningshistorisk går det en linje mellom disse via bl.a. Spinoza, Leibniz og Mendelssohn. Herder var også oppmerksom på at kulturer kunne stivne og eldes, men også at de kunne revitaliseres gjennom poding og kryssbefruktning. For denne leseren er det gåtefullt hvordan Ibn Rushds rasjonalistiske fornuftsoptimisme skulle kunne la seg forene med Foucaults post-strukturalistiske avdekning av fornuftens repressive utslag.

Al-Jabris syntese kan imidlertid sees som et forsøk på en hybridiserende kryssbefruktning og som en post-kolonialistisk mot-diskurs til kolonialismens hegemoniske dikotomi mellom mellom en statisk arabisk og en progressiv europeisk tenkning. Dette motsetningsforholdet søker al-Jabri altså å forrykke ved selv å erobre definisjonsmakten for å bestemme den arabisk rasjonaliteten ut fra det arabiske språkets egenart. Men hans premiss om en egenartet arabisk-islamsk rasjonalitet tenderer samtidig mot essensialisme og pan-arabistisk romantisk gullaldertro. Hajo berører avslutningsvis dette poenget når han påpeker at "al-Jabris idéer slutligen [kan] ses som att de er konstruerade och formulerad i syfte att stødja en ideologisk, Panarabistisk agenda" (p. 257) Han påpeker også det tendensielt reduksjonistiske i al-Jabris forsøk på å begrense denne rasjonaliteten til bestemte utvalgte tenkere og tradisjoner på bekostning av de regionale tradisjonenes iboende kompleksitet. På dette punktet kunne jeg ønske meg en tøffere konfrontasjon med de gjennomgående essensialistiske fordommene som får al-Jabris prosjekt til å virke problematisk, ikke minst på bakgrunn av vår tids kunnskap om kulturenes historiske sammenfletning. Her ser jeg presentasjonens avgjørende problemstilling, som derfor med fordel kunne ha vært fremhevet innledningsvis.

III. Spørgsmål til Mohammed al Jabri: fortolkning, fornuft og demokrati

Jonas Jakobsen

Al-Jabris værk, som jeg kun kender gennem Alan Hajos prolog, forekommer mig at være et sjældent eksempel på reel dialog mellem vestlige og arabiske begreber og tankeretninger. Af særlig interesse finder jeg fremhævelsen af al-Jabris idé om "arabens komplicerade relation til språket" (p. 251), hvor Hajo redegør for, hvordan arabisk som magtsprog, ifølge al-Jabri, vandt frem fra omkring 900-tallet og siden har modvirket en forandring af dette sprog fra eksterne kilder, samt resulteret i en manglende evne til at adskille indholdet fra formen.

I afsnittet om "de ontologiske och språkfilosofiska utgångspunkterna" blev jeg imidlertid nysgerig efter at vide, om den mere hermenutisk-refleksive måde at læse tekster på, som al-Jabri ønsker styrket i den arabiske verden, også gælder Koranen? Hvis det er tilfældet, åbner dette da op for en mere kritisk tilegnelse af koranens budskaber? Og ikke mindst: Kan man svare ja til dette spørgsmål, og samtidig fastholde, som jeg har forstået også de fleste moderate muslimer gør, at der ikke er sat et eneste komma forkert i Koranen – at den er ufejlbarlig? Er al-Jabri inde på sådanne spørgsmål?

Et andet spørgsmål drejer sig naturligvis om betydningen af rationalitet, som al-Jabri forekommer mig at pleje et lettere ambivalent forhold til. På den ene side betoner han opgøret med "rigide" sproglige fastfrysninger og taler for en aktiv og produktiv fornuftspraksis, men på den anden side begrænser han rationalitet til at være noget, der udøves på baggrund af en bestemt kultur. Hajo skriver ganske vist, at al-Jabri vil skelne mellem det universelle og det særlig arabisk-islamiske, men samtidig definerer han fornuft som "det tankeinstrument som har skapats av en kultur och dess egenheter" (p. 252) Her kunne man med Jürgen Habermas spørge al-Jabri, om ikke de arabiske samfund bør anerkende det *universelle* fornuftspotentiale, der principielt er frisat i den vestlige kulturkreds (men ikke realiseret i praksis), herunder retten til at kritisere og ligefrem afvise sin egen kultur og religion? Er der ikke noget irrationelt i at ville udvikle et koncept om arabisk-islamisk (eller for eksempel dansk) rationalitet? Hermed naturligvis ikke sagt, at man ikke kan være rationel og samtidig dybt forankret i en bestemt kultur/religion, men blot, at rationalitet aldrig *a priori* bør begrænses til en bestemt metafysisk-religiøs vision eller substantiel teori om det gode liv. Hvilket bringer mig til det sidste punkt:

Hajo nævner ikke begrebet demokrati. Skyldes dette, at al-Jabri er mere optaget af at fortolke og udvikle arabisk-islamisk kultur med kollektivistiske (Herder), strukturalistiske (Lévi-Strauss) og relativistiske (Foucault) vestlige teoretikere, end i at åbne kulturen op for demokratiets grund-atom: det kritiske argument (Habermas: 'kommunikativ fornuft')? Eller har al-Jabri tænkt den demokratiske fornuft med i sin rationalitetskonception?

261

IV. Al-Jabris filosofi: alternativa möjligheter och tolkningar

Alan Hajo

Mohammed Abed al-Jabris teori kan ur flera perspektiv definieras som en hybrid bestående av idéer tagna ur två kulturer, den arabisk-islamiska och den västerländska. För att sätta al-Jabris tänkande i kontext kan man i ett initialt skede med fördel associera dess olika delar med kända västerländska och/eller islamiska filosofers teorier och återföra dem till etablerade filosofiska strömningar. Frågan är dock om man därefter inte bör läsa al-Jabris idéer ur andra perspektiv. Man kan t.ex. ta i beaktande den politiska, sociala och ideologiska kontext i vilken al-Jabri skriver samt ha i åtanke hans egen bakgrund och till vilka läsare hans texter är riktade. Man kan också läsa hans texter mot bakgrund av processer som globalisering, modernitet, identitetsskapande och uppgörelse med det historiska arvet. Med det sistnämnda åsyftas dels det islamiska arvet men också kolonialismen och frigörelsen från denna. Har man dessa perspektiv och processer i åtanke, blir al-Jabris idéer förvisso kanske inte mindre motsägelsefulla men däremot framstår de mer som beståndsdelar i en autentisk och sammanhängande teori som bearbetar komplexa och motsägelsefulla fenomen. I återstoden av denna text, försöker jag, med det ovannämnda i åtanke, besvara de resonemang och frågeställningar som har ställts av mina dialogpartners.

Filosofins roll och relationen mellan ideologi och filosofi

En komplicerande aspekt vid läsningen av al-Jabris arbeten är dels förhärligandet av den arabiska historien och dels det som närmast går att beskriva som politisk och ideologisk agenda. Detta är dock ingenting al-Jabri gör omedvetet. Hans texter är för det första främst riktade till den arabiska, muslimska publiken. För att han, trots sina kritiska idéer, ska vinna publikens gehör måste han använda sig av en konventionell retorik som publiken känner igen. Man måste fråga sig om hans förhärligande av det arabiska delvis inte är ett retoriskt, strategiskt drag, ett sätt att vinna legitimitet åt sina idéer som trots allt berör känsliga frågor som de facto syftar till att förändra bilden av det religiösa, av Islam och av det egna samhället. Att åberopa panarabism och nationalism kan också fungera som skydd mot censur eller repressalier från staten sida och kan tvärtom bidra till att ens idéer får genomslag.

För det andra anser al-Jabri själv att det inte finns någon vetenskap eller filosofi utan ideologiska grunder samt att den farligaste typen av filosof är den som kopplar bort ideologi från filosofi och som inte producerar ideologi utan istället producerar abstrakta teorier som gör anspråk på att vara produkt av det kognitiva medvetandet (al-Jabri 1993: 149). Detta eftersom en sådan filosof de facto använder sig av tidigare ideologiska produkter för att skapa abstrakta teorier om varat. Dessa teorier är farliga då de förbehållslöst kan styras i de riktningar som dikteras av en eller annan tidsepoks förutsättningar och konflikter. Teorierna påverkar sin samtid, men består i själva verket av föreställningar och termer som hör hemma i en annan tid och som har förlorat sin ursprungliga ideologiska funktion. Detta i sin tur skapar grogrund för bakåtsträvande och oförmåga att ta sig ur de konflikter som rådde i de tidigare samhällena (1993: 150). Dessutom menar al-Jabri att den medeltida problematiken rörande förnuft och traderad kunskap inte är begränsad av en tids- eller rumsram utan förblir öppen så länge den inte löses och passeras. Denna problematik är enligt al-Jabri öppen ännu idag för att det i samtiden fortfarande finns de som tänker inom dessa ramar (1993: 29).

Foucault och Ibn Rushd som del av samma teori

Det al-Jabri delvis försöker att göra är att genom att använda sig av delar av den samtida filosofiska diskursen, t.ex. av Foucaults idéer, finna det arabiska tänkandets särskilda modus och belysa Ibn Rushds filosofi ur ett nytt modernt perspektiv. Al-Jabris sätt att använda sig av Foucaults filosofi är pragmatiskt. För al-Jabri är Foucaults idéer brukbara som metod och som ett medium för att röra sig i den moderna diskursen. Detta behöver inte konsekvent leda till att han kommer fram till samma slutsatser om rationaliteten som Foucault gjorde. Al-Jabri rör sig bara delvis inom strukturalismens ramar. I sitt verk *Kritik av det arabiska förnuftet del I* skriver han i tidigt skede om att han ämnar använda sig av Foucaults teorier men att dessa inte kommer att följas ordagrant, istället kommer en del begrepp och riktlinjer tagna ur Foucaults teorier att användas vid bearbetningen av den arabiska kulturen (al-Jabri 2006: 55). Samma pragmatiska sätt gäller, som nämnt i prologen, för hur al-Jabri använder sig av Herders och Lalandes idéer men också för tänkare som inte har berörts i min text, såsom Corbin och Levi-Strauss. Den förnuftsoptimism som al-Jabri ser i Ibn Rushds arbeten syftar delvis till att skapa en förnuftig förhållning till den islamiska juridiken och tolkningen av texter som Koranen och hadithsamlingarna. Ibn Rushds idéer ska också fungera som beståndsdelar i en arabisk-islamisk epistemologisk grund. Därmed är dock inte sagt att dessa idéer måste behålla sin ursprungliga form, de kan förnyas och anpassas till samtiden. Kombinationen av Ibn Rushds och Foucaults idéer om förnuftet fungerar hos al-Jabri för att de används i olika syften. Foucaults teori är hos al-Jabri mer att betrakta som en form han vill ge sitt tänkande medan Ibn Rushds idéer är de som bearbetas och som är att betrakta som innehåll. Kombinationen fungerar kanske också för att Ibn Rushd och Foucault i grunden båda baserade delar av sitt tänkande på den aristoteliska traditionen.

Ibn Rushds metoder och förnuftstänkande, hans sätt att förhålla sig till harmoniseringen mellan religion och filosofi, att kritiskt analysera och tolka text samt att arbeta med att vidareutveckla existerande idéer, som t.ex. Aristoteles idéer, bör enligt al-Jabri fungera som en inspirationskälla för samtida arabiska tänkare. Då al-Jabri åberopar islamiska filosofer som Ibn Rushd, Ibn Hazm m.fl. får han dessutom slagkraftiga argument i sin kritik mot konservativa normer som råder i delar av arabisk-islamiska världen utan att av dem som innehar dessa normer avfärdas som okunnig eller som blasfemisk.

Hur samtiden bör förhålla sig till religiösa texter

På samma sätt som al-Jabri åberopar de medeltida filosofernas idéer, åberopar han erkända historiska fakta, berättelser om Mohammeds liv, koranverser och korantolkningar då han utvecklar sina argument som berör frågor som av de konservativa krafterna betraktas som känsliga. T.ex. i sin essäsamling *Religionen, staten och sharians efterlevnad* för al-Jabri ett resonemang om huruvida sharian applicerades fullt ut under islams tidigare epoker och om den, sharian, är att betrakta som fullkomlig, d.v.s. färdigformulerad eller inte. Resonemanget har sin bakgrund i att en egyptisk journalist och debattör vid namn Ahmad Bahaa al-Din i slutet av 1980-talet, i den egyptiska tidningen al-Ahram, publicerade en artikel i vilken han hävdade att sharian inte hade efterföljts fullt ut under samtliga av islams perioder. Detta väckte starka känslor i konservativa kretsar och en mycket hätsk debatt utbröt. Bahaa al-Din tvingades till slut, för att inte situationen skulle urarta, uppsöka islams lärde vid al-Azharuniversitetet som offentligt fick gå i god för honom och bestyrka hans yttrande om att sharian de facto inte hade efterföljts fullt ut under samtliga av islams perioder utan endast under islams första period, d.v.s. under Mohammeds levnadstid och den närmaste tiden därefter (al-Jabri 2004: 201). Al-Jabri ställer sig kritiskt till att den nämnde journalistens yttrande väckte sådan uppståndelse och menar att detta är ett exempel på hur man i den samtida debatten fokuserar på pseudoproblem. Han ställer sig också kritisk till al-Azhar-ulamas påstående om att sharian ska ha efterlevts fullt ut under den första islamiska perioden, detta gör han av den enkla anledningen att sharian inte nedkom till muslimerna på en och samma gång utan i omgångar. Sharians grundtexter är som bekant Koranen och profetens sunna. Koranen nedkom till Mohammed från det att han fick den första uppenbarelsen år 610 till det att han dog år 632. Detta i sig innebär att de muslimer som levde under den första islamperioden inte levde efter den sharia som kom att etableras i och med Mohammeds död. Inte heller under de första fyra kalifernas tid kom sharian att efterlevas fullt ut eftersom muslimerna under islams spridning i regionen kom att möta nya situationer och livsvillkor som det inte stod något om i de texter som tillkom på Muhammeds tid (2004: 201). Sharian kan dessutom, enligt al-Jabri, inte ses som begränsad till de ovannämnda beståndsdelarna utan bör också inkludera alla de tolkningar, utläggningar och uttalanden som islams lärde fram till idag har gjort efter de första texternas tillkomst. Häri bör, enligt al-Jabri, också framtida uttalanden och tolkningar gjorda av islams lärde inkluderas (2004: 205). Al-Jabri lägger också till att de som debatterar kring dessa ting bör ställa sig frågan om det är rationellt att tro att alla de som under islams tidiga erövringsperioder konverterade till islam verkligen kom att fullt ut följa sharian. Naturligtvis, menar al-Jabri, förhöll det sig oftast inte så. De beduiner och andra folkslag som konverterade till islam, i många fall under tvång, gjorde detta endast genom att läsa bekännelsen och fortsatte under en lång tid därefter att leva utan att förändra sina levnadsvanor avsevärt. Så trots att de hade blivit muslimer så följde de inte sharian fullt ut, islam kom att prägla deras liv successivt (2004: 206). Al-Jabri avslutar sitt resonemang med att konstatera att det inte finns någon fullkomlig, färdig sharia och att dess applicerande på livet endast kan vara relativ. Sharian bör, med dess utveckling historiskt sett i åtanke, ses som en levande lag som ständigt utvecklas genom de lärdes *ijtihad* och genom ständiga diskussioner och försök till att anpassa sig till verkligheten. Al-Jabri manar slutligen de som debatterar sakfrågor som den som presenterats ovan att försöka att se på islams historia ur ett sakligt historiskt perspektiv (2004: 209). Al-Jabri ger sig gärna in i argumentationer som den ovannämnda, han vill dock bibehålla distansen till religionsreformer och menar att hans område är epistemologi och förnuftskritik. Det al-Jabri eftersträvar är att man lyfter sharian in i den moderna kontexten och förhåller sig förnuftigt till den, något som inte behöver innebära att man gör eftergifter eller förlorar sin kultur och tradition. Det man måste göra är inte att bryta med traditionen utan bryta med en viss typ av förhållning till traditionen. Man måste förvandlas från att vara traditionella varelser till varelser som har en tradition, d.v.s. personer för vilka traditionen är en viktig beståndsdel (al-Jabri 1993: 21).

Demokratikonceptet i al-Jabris tänkande

Demokratikonceptet är centralt i al-Jabris arbeten och hans episte-
mologiska och ontologiska arbeten kan ses som ett förarbete till argu-
mentet om att demokratin är högst nödvändig att ta in i det arabisk-
islamiska medvetandet. Detta bör enligt al-Jabri ske eftersom demokratin,
trots att den är ett icke-arabiskt element, är den enda acceptabla formen
genom vilken en modern stat kan erhålla legitimitet. Al-Jabri menar att
demokratin kan tas in i det arabisk-islamiska medvetandet genom att
associera och jämföra dess principer med principer som redan finns i
den arabisk-islamiska kulturen. T.ex. Shura representerar i det moderna
muslimska medvetandet en etisk princip som bör motstå påverkan utifrån.
Den bör bara anta olika former i olika historiska sammanhang (Cooper
et al. 2000: 158). Shura är knutet till den världsåskådning som fanns i
det medeltida muslimska samhället. Den refererar till idén om en rättvis
härskare som går med på att agera etiskt korrekt och som konsulterar sina
rådgivare eller ulama.[3] Demokratitanken är helt annorlunda i jämförelse,
den har inte ursprung i den islamiska kontexten och den uppstod i
västvärlden ur motsättningar mellan kyrkan, feodalherrarna och folket.
Demokrati är ur islamisk aspekt en dygd i den bemärkelsen att den
påbjuder konsensus och förståelse mellan medlemmarna i det muslimska
samhället. *Shura* kan alltså åberopas för att legitimera demokratin
och kan betraktas som en princip som precis som andra metoder och
tankesätt leder utvecklingen mot frihet och jämlikhet (Cooper et al. 2000:
159). Al-Jabri hävdar alltså att det finns en samstämmighet mellan de
islamiska principerna och de demokratiska värderingarna. Han betonar
också vikten av vad han kallar *den historiska vändningen*, som ledde till
modernitetens födelse. Man måste ta två steg för att lösa paradoxen som
uppstår då de islamiska och demokratiska värderingsgrunderna ställs
sida vid sida. Först måste man inse att moderna begrepp i väst inte är
direkta resultat av traditionella västerländska begrepp och att de inte
överensstämmer med den traditionella västerländska världsåskådningen
(Cooper et al. 2000: 158). De måste istället betraktas som en reaktion
på just västerländsk tradition och allt som var utmärkande för den

ursprungliga västerländska traditionen. För det andra ska man se *shura-principen* inom en islamisk ram. Den ska ses som en grundläggande princip för det politiska och sociala livet och bör inte länkas till något politiskt system. Varken ett system som muslimska eller västerländska samhällen har använt, eller använder sig av (Cooper et al. 2000: 159). Al-Jabris resonemang kan sammanfattas som att det mest förnuftiga som bör göras i den arabisk-islamiska världen är att ta till sig koncept som demokrati men att den ontologiska, epistemologiska och historiska bakgrunden till varför detta är förnuftigt skiljer sig från den västerländska. Konceptet kan överrensstämma med den arabisk-islamiska kulturen men den mekanism som utlöser uppfattningen om att det förhåller sig så är en annan än den västerländska. Det är detta som Jabri menar att befolkningen i den arabisk-islamiska kultursfären måste förstå. Moderna begrepp ska alltså kunna tas in i den egna kulturen men på egna villkor och på grund av existensen av egna rationella grunder, genom eget kulturspecifikt resonerande.

Universellt och kulturbaserat förnuft och identitetsskapande: motsägelsefulla beståndsdelar i al-Jabris arabisk-islamiska filosofi

Al-Jabris metod, hans förhållning till demokratikonceptet och den filosofiska diskursen kan, de panarabistiska och självcentrerande tendenserna till trots, tolkas som att de är formade av den globaliserade världen där kunskap förflyttas och hanteras på nya sätt. En värld där centrum och periferi inte längre är lika lätta att definiera och där gränsen mellan kunskapsformer och mellan lokala och globala kulturer håller på att suddas ut.[4] Det finns i Mellanöstern och Nordafrika, med arabiseringen och islamiseringen av regionen på 700- och 800-talen, kolonialismen på 1800- och 1900-talen samt med moderniteten och globaliseringen som bakgrund, behov att definiera och omdefiniera sitt historiska arv och sin identitet eller sina identiteter. Al-Jabri anser att det finns ett universellt förnuft som bör eftersträvas, att den arabisk-islamiska världen måste förstå samtidens koncept och fenomen samt delta i den globala utvecklingen. Samtidigt präglas hans arbeten av relativism och fokus på att finna

268

det arabisk-islamiskas essens. Motsägelsefullheten i al-Jabris arabisk-islamiska filosofi kanske kan förstås på följande sätt: identitetsskapandet drivs av andra processer än de som styr utvecklingen av en universell rationell diskurs och ett eventuellt universellt förnuft. Processer som var för sig drivs av en egen, intern logik men är samtidigt sammanlänkade på följande sätt: för att förstå och vara del av den universella diskursen måste man först vända blicken inåt och försöka förstå och definiera sig själv och sin egen kontext. Genom att definiera sitt eget sätt att tänka och resonera, genom att förstå sitt eget förnufts mekanismer och det kulturspecifika kan man sedan övergå till att på egna villkor bli del i den universella rationella diskursen och i det globaliserade moderna samhället.

Slutnoter

1. Muhammed Abed al-Jabri erhöll den 10. december 2008 Prize for Freedom of Thought som delas ut av den internationella organisationen Ibn Rushd Fund. Han omskrivs ofta, främst i arabisk media, som en av arabvärldens mest inflytelserika tänkare, se t.ex.:

http://www.ibn-rushd.org/pages/int/Awards/2008/documents/pressRelease2-en.html.

2. Den islamiska kulturen nådde, med vissa variationer och undantag, sin höjdpunkt under perioden 1000–1400-talet. Därefter föll den intellektuella utvecklingen i stagnation och förblev i detta tillstånd fram till mitten av 1800-talet. Se Watt (1985: 133 ff).

3. Beteckningen *ulama* används om islams lärda som studerat traditionell teologi. Dessa innehar inom sunniislam auktoriteten att tolka Koranen och haditherna. Se Esposito (1994: 45).

4. Se t.ex. Walter Mignolos (2000) teori om glokalisering, kunskapsförskjutning och om sökandet efter en annan logik.

Litteratur

Ball, T. og R. Bellamy (2003) (red.). *The Cambridge History of Twentieth-century of Political Thought.* Cambridge: Cambridge University Press.

Cooper, J., R. Nettler och M. Mahmoud (2000) (red.). *Islam and Modernity: Muslim Intellectuals Respond.* New York: Tauris & Co. Ltd.

Foucault, M. (2002). *Vetandets arkeologi.* Lund: Arkiv förlag.

Habermas, J. (1981). *Theorie des kommunikativen Handelns.* Frankfurt: Suhrkamp Verlag.

al-Jabri, M.A. (1991). *Naqd al-Aql al-Arabi I.* Beirut: Centre for Arab Unity Studies.

al-Jabri, M.A. (1992). *Naqd al-Aql al-Arabi del II.* Beirut: Centre for Arab Unity Studies.

al-Jabri, M.A. (1993). *Nahnu wa al-Turath.* Beirut: al-Markaz al-Thaqafi al-Arabi.

al-Jabri, M.A. (1999). *Arab-Islamic Philosophy.* Austin: The University of Texas.

al-Jabri, M.A. (2004). *al-Diin wa al-Dawla wa Tatbiiq al-Sharia.* Beirut: Centre for Arab Unity Studies.

al-Jabri, M.A. (2006). *Naqd al'aql al'arabi.* bd. 1. Beirut: Centre for Arab Unity Studies.

Kügelgen, A. Von (1996). A Call för Rationalism: "Arab Averroists" in the Twentieth Century. *Alif: Journal of Comparative Poetics*, 16: 97–132.

Lübcke, P. (2003) (red.). *Filosofilexikonet.* Uppsale: Forum.

Mignolo, W. (2000). *Local Histories/Global Designs.* Princenton: Princeton University Press.

Watt, W.M. (1985). *Islamic Philosophy and Theology.* Edinburgh: The University Press.

IV. Intercultural Learning

Metalogue 10

Totality and Exteriority: The Case of High-Stakes Testing in Intercultural Education

II. The Concepts of 'Mediation' and 'Proyecto'
By Torben Albertsen

I. The Case of High-stakes Testing in Intercultural Education
Prologue
By Christian Ydesen

Medialogues

IV. Approaching Proximity

Epilogue
By Christian Ydesen

III. The Gatekeeper and the Dobbelgänger
By Jesper Garsdal

With an outset in a discussion of the relation between the concepts of totality and exteriority following the line of Martin Buber, Emmanuel Lévinas and Enrique Dussel, the overall aim of this metalogue is to contribute to the discussion of the phenomenon of high-stakes testing in intercultural education. The ontology of high-stakes testing is revealed as a self-referential system reproducing its own logic through a binary and hierarchical true/false logic. As such, testing can be described as a totality in its own sense. Since educational high-stakes testing is often used as a tool of separation and differentiation of individuals, it is particularly interesting to throw light on its relation to exteriority – the test takers hoping for acceptance and inclusion in the totality of the test. The metalogue attempts to defy and think beyond the contemporary setting and challenge master categories as well as to move beyond the scope of a gold-starred frame of research. It thus seeks to take an outsider position in order to lay the ground for an adequate methodological approach to understanding and treating high-stakes testing in intercultural education.

Language: English

I. Totality and Exteriority: The Case of High-stakes Testing in Intercultural Education

Christian Ydesen

High-stakes testing can be defined as testing whose results are directly linked to important rewards or sanctions for students, teachers, or institutions: in other words it is about attaching consequences to test scores. Today, high-stakes testing is a key issue in educational policy-making which has led to a heated debate in many countries among politicians and educationalists as well as in international academia.

Promoted by a new cultural patchwork in many countries, a special area of the debate pertains to the use of high-stakes testing in intercultural education. As the Israeli professor of language education Elana Shohamy writes:

> The social and educational consequences of [...] powerful uses [of tests] are of special significance in multicultural societies as tests are often used to force different groups to accept the knowledge of the dominant group and to serve as gatekeepers for groups such as immigrants and indigenous groups (Shohamy 2004: 74).

In this context testing is particularly crucial because a test is most often conducted on the basis of a single cultural norm and on the assumption that there is an area of normality, identified through standardisation, which can serve as a standard for measuring deviations. These stipulations have a severe impact when it comes to the testing of groups who are different in one way or another, because of the gate-keeping function of high-stakes testing. More specifically, the problem, or perhaps the challenge, is that there is no room for diversity in testing, and every pupil must thus be evaluated according to the same yardstick. Consequently, ethnic minority children are often perceived as pedagogical and social problems since they lack the required cultural resources.

In an attempt to defy and think beyond the contemporary setting and challenge master categories as well as to move beyond the scope of a gold-starred frame of research this prologue seeks to take an outsider position, introducing and employing the philosophical concepts of totality and exteriority inspired by a number of significant and radical philosophers. Thus, the prologue seeks to lay the ground work for an adequate methodological approach asking a different set of questions and providing new angles on the phenomenon of high-stakes testing in intercultural education.

The Origins and Relevance of the Concepts of Totality and Exteriority

The concepts of totality and exteriority are firmly rooted in the thinking of Martin Buber (1878–1965), Emmanuel Lévinas (1906–1995) and Enrique Dussel (1934–), who have all in one way or another sparked, addressed or developed the concepts. What is particularly interesting about these concepts is their mutually and inherently rooted eye for relations and proximity. This ability to take relations and proximity into account has profound relevance since all socio-historical phenomena, such as high-stakes testing in intercultural education, consist of social relations in an ontological sense. Consequently, "[...] their explanation and meaning cannot be uncovered except with the methodological ability to address a field of relations broader than that of the phenomenon itself" (Quijano 2000). In other words: "To move closer to proximity is anterior to signifier and signified. It is to go in search of the origin of the signified-signifier relationship, the very origin of signification" (Dussel 1985: 2.1.2.3). And for this purpose the concepts of totality and exteriority will prove to hold an immense methodological potential in relation to high-stakes testing in intercultural education, because they offer an opportunity to unmask universals imposed upon the other, deconstruct processes of universalisation and recover the forgotten Other of history.

Totality and Exteriority: High-stakes Testing and the Failing Test Taker

The concepts of totality and exteriority serve an epistemological purpose, and can only be understood in relation to each other. This testifies to their rooting in the thinking of Buber, given his emphasis on proximity as a master category. In Buber's thinking the concepts of totality and exteriority are embryonically present in his basic word-pairs *I-Thou* and *I-It*, each describing a mode of being in the world. Even though Buber does not make explicit use of the concepts of totality and exteriority in his writings, his ontology inspired Lévinas's development of the two relational concepts (Lévinas 1999: 93f; 2007: 68f). Roughly speaking, in Buber's terminology the concept of totality stems from the 'I' and the concept of exteriority stems from the '*Thou*' or the '*It*'. The human subject, or the 'I', in combination with human intentionality, seeks to bestow meaning upon the world. As such, a totality might be described as a construct dialectically bestowing both meaning and even visibility through categorisations in an alternating relation to exteriority (Lévinas 1999: 49).

More specifically, exteriority can be defined as the emergence of something new, something that cannot be contained within the totality: not the other *per se* but the otherness of the other. Dussel writes: "The other is the precise notion by which I shall denominate exteriority as such [...]. The other is the alterity of all possible systems, beyond '"the same', which totality always is" (1985: 2.4.4.1). In other words exteriority is the negation of totality.

According to Dussel, totality can be defined as "[...] the horizon within which all beings (which can be objects or facts) find their meaning" (1985: 2.2.2.2). What is important to understand in this connection is that:

> The everyday world, the obvious one that we live in each day, is a totality in time and space. As a temporal totality, it is retention of the past, a launching site for the fundamental undertakings projected into the future, and the stage on which we live out the present possibilities that depend on that future. As a spatial totality, the world always situates the "I", the person, the subject, as its centre; from this centre beings are organized spatially from the

closest ones with the most meaning to the ones furthest away with the least meaning – peripheral beings (Dussel 1985: 2.2.4.1).

On an ontological level, a necessary precondition for the existence of a totality is the dichotomising ability to categorize and establish a hierarchy, an ability superbly mastered by high-stakes testing. Thus, with regard to high-stakes testing these musings seem to have relevance on at least two levels. Firstly, if we move the perspective to the ontology of testing, it becomes clear that testing is a self-referential system reproducing its own logic and meaning through a binary and hierarchical true/false logic. Following Dussel's definition, testing can be described as a totality in its own sense: it has its own logic, it has a meaning-bestowing force, it is inevitably constructed in the past and thus reflects the values of the past (notwithstanding that it may claim to incorporate the needs and values of the future – *a launching site for the fundamental undertakings projected into the future* – it is inevitably bound to the past) and as such is always a retention of the past, organising beings hierarchically, spanning from the closest ones to peripheral beings (i.e. the failing test takers). At the epistemological level high-stakes testing also bears the mark of a totality as it claims to be a place-neutral notion which is universally applicable and able to generate universal knowledge rooted in rational positivism.

Secondly, testing is always embedded in the world, in a totality, because it is constructed within a totality: it cannot exist in a void even if it claims to be objective by employing the language of science (mathematics and statistics). A test is necessarily rooted in certain ideas about value; otherwise it would be impossible to say that something is better than something else (Moos 2007: 68). Thus, testing is both a totality in its own sense and also part of a totality, given the embeddedness of the test.

This has the implication of employing a focus on both the test itself and on the context (i.e. the embeddedness or the setting) of the test when attempting to understand and treat high-stakes testing in intercultural education. But what should this dual focus comprise? In order to throw light on that question it is necessary to take an in-depth look at the proximity relation between totality and exteriority.

The Dimension of Proximity: An Asymmetric Relation

Lévinas makes a very important amendment to Buber's thinking as he launches the idea of asymmetry in the relation between 'I' and 'Thou' (1999: 100f). The idea of asymmetry means *inter alia* that the reception of the other, of the exteriority, entails the problematisation of the self-assertion which is a key moment in the embedded asymmetry in favour of the totality. In other words: exteriority threatens to undermine totality.

But whereas Lévinas finds his starting point of exteriority in the infinite, Dussel defines exteriority as the oppressed, linking exteriority to the material conditions of the world. However, the Lévinasian dimension of asymmetry is taken into account when Dussel describes the relation between totality and exteriority as one of submission historically institutionalised and naturalised through opposing value categories such as rich-poor, male-female, tall-short, big-small, good-bad, and over-under.

With regard to high-stakes testing, the materialism of Dussel induces a focus on the material preconditions for the testing practice since testing is developed in a particular social context to fulfil a particular purpose. Perhaps this material dimension is best addressed through a number of questions: Was there a problem that testing solved and for whom was it a problem? Was there a supportive or remedial purpose of testing? And perhaps one might also advantageously include the ancient Ciceronian question: *Cui bono?* (e.g. Cicero: section 84).

What is also important to note is that the totality becomes the hegemonic ontology even defining being and non-being.[1] This is so because being always takes on meaning within the horizon of a certain pre-comprehension of the world.

The resemblance to the binary logic (i.e. pass/fail logic) of testing is striking. In the case of high-stakes testing, the dimension of asymmetry becomes particularly vibrant as the test becomes a force of domination judging the future of the test-takers. Moreover, the sentence of failure strips the test taker of his/her otherness in the process which causes alienation: "To totalize exteriority, to systematize alterity, to deny the

278

other as other, is alienation" (Dussel 1985: 2.5.5.1).

Again, the practice of high-stakes testing bears a striking resemblance to the Dusselian thoughts on the alienating powers of totality. By its very nature, high-stakes testing systematises and denies the test takers their uniqueness – i.e. their exteriority – because they are forced to live up to the pre-constructed logic of the test which presupposes and anticipates the existence of some kind of invariant and path-dependent characteristic in the individual – i.e. an essence – which can be identified accurately.

The notion of asymmetry has general validity when attempting to understand high-stakes testing, but it is particularly relevant in the case of intercultural education. All other things being equal, it is reasonable to say that testing people with a different cultural and perhaps language background generates a higher level of exteriority, and therefore the dangers of alienation and domination are correspondingly higher. The ontological identification of the asymmetric and dominating powers of testing stipulates a methodological focus on the values, taxonomies and categorisations embedded in the test when attempting to understand and treat high-stakes testing in intercultural education. Moreover, the philosophical analysis suggests that from an epistemological point of view testing represents only a limited segment of reality. Therefore it is necessary to consider and to be very aware of the scope of the test results as well as their function in a wider context.

These reflexions have further implications for the substance of the dual focus on high-stakes testing identified above. First and foremost, power relations are crucial, both as defined by the test and as defined by the setting (i.e. the surrounding totality). A second area of focus is the value system of the test as well as of the surrounding totality: who and what is categorised as otherness? Thirdly, it is also pivotal to identify the room left for otherness both in the test and in the surrounding totality. With respect to high-stakes testing this has a clear implication for the life chances of the test taker. In other words: what is actually at stake and what are the direct effects connected with the test?

The Dynamic Relation between Totality and Exteriority

But can the dualistic abyss between totality and exteriority actually be bridged? In Dussel's thinking the solution lies in human proximity, but he retains the tension between the two poles when he poses the question of how a totality approaches exteriority, as this might involve either a negative or a positive proximity (Albertsen 2008: 332).

Negative proximity results in the alienation of the exteriority as the totality tries to destroy or pacify the differences by either exclusion or inclusion, as described above. Positive proximity, on the other hand, induces liberation but it can only take place on the basis of an opening towards exteriority, this incomprehensible mystery which can only be penetrated by a belief in the difference of the other without reservations.

What separates Dussel significantly from Lévinas on this point is that exteriority for Dussel inevitably penetrates totality, making the transcendant exteriority an immanent part of totality (Albertsen 2008: 335f). In other words, Dussel constructs exteriority as transcendance in immanence.

Now, what does this mean for the development of a methodology for understanding and treating high-stakes testing in intercultural education? It would seem that totality has a strange contradictory relation to exteriority. On one level, the emergence of otherness heralds the emergence of the problematic (as described above) – the totality casts a gaze of devaluation upon the other, whose mere visibility seems to be a threat to the normalized landscapes of totality. Simultaneously, alterity seems to be a necessary ontological precondition for the very existence of totality: the totality cannot exist in a void; it simply needs alterity.

What we learn from Buber is that a totality can only emerge as a totality through the exteriority (The 'I' becomes an 'I' from the 'Thou'). This has several implications. Firstly, it means that in order to sustain its ontology the totality must unreservedly open its horizon towards the exteriority and must thus compromise its totalitarian nature of bestowing universal meaning. Secondly, it means that the totality must be *recognized* by the exteriority, *consciously or unconsciously, positively or negatively*. And thirdly, it means that proximity and relation take prior position.

This dynamic relation between totality and exteriority indicates that totality as a phenomenon is not static; there is a constant interplay between the differentiating categories of the totality which continuously generates qualitatively new significance. It is therefore necessary to pay attention to the different constructions and logics of the categorisations as well as to their interplay.

In relation to testing, this point is supported by reflections on what a test actually is:

> The first and most basic concept behind a test is that it is a sample of questions or situations – frequently called items – from some content domain or universe of interest. A content domain is a body of knowledge, skills, or abilities defined so that you can decide whether a particular piece of knowledge, or a particular skill or task is part of the domain (Madaus 1988: 30–1).

This means that a test subscribes to the idea of objective knowledge domains – e.g. intelligence and mathematics problem solving ability – as particular and well-defined areas of knowledge. But this is a highly problematic assumption given the fact that knowledge domains are historically and geographically constructed. This testifies to the importance of paying attention to the different constructions and logics of the categorisations.

These points have a very significant epistemological ramification: since exteriority is the construct of totality the focus of the methodology cannot be on exteriority (i.e. the test takers) *per se*. Rather, the focus must be on the logic and constitution of totality (i.e. both in the test and in the surrounding totality). The epistemological objects are the constructions of totality which are revealed through boundary work on phenomena that are in the twilight zone of totality: that which cannot be incorporated into the totality: the otherness.

But how do we avoid using the categories of totality as epistemological tools instead of as epistemological objects? One way of revealing a totality could be to pose the question: who and what have value in a certain meaning construct (i.e. a totality)?

Thus, it can be induced from the introduction of the philosophical framework in combination with some central characteristics of testing, that a methodology for understanding and treating high-stakes testing in intercultural education should profitably include a focus on both the test itself and on the context, including the material preconditions for the testing practice. This dual focus should comprise several dimensions: the setting, covering both space and time; the possible presence of alienation and domination; the power relations, both as defined by the test and as defined by the setting; the value system of the test as well as of the setting visible in the taxonomies and categorisations; who and what is categorised as otherness; the room left for otherness in both the test and in the setting; the constructions, logics, and interplay of the categorisations; who and what has value in a certain meaning construct (i.e. a totality); and finally what is actually at stake and what are the direct effects connected with the test?

Thus, the methodological concepts of totality and exteriority contain a suggestion for an answer to the question of how to understand and treat high-stakes testing in intercultural education.

II. The Concepts of 'Mediation' and 'Proyecto'

Torben Albertsen

In elaborating this dialogical response I will be aided by two Dusselian concepts which might also help to explain why this project appears to be both novel and difficult. The first is that of *mediation* ("Mediations are what we seize upon in order to reach the final objective of our activity" (Dussel 1985: 2.3.1.1) and the second is that final objective, namely the *proyecto* (1985: 2.2.4.2). Very often Dussel is concerned with cases where the *proyecto* of the exteriority is nowhere near the *proyecto* of the totality, resulting in outraged alienation when the totality uses the exteriority as mediation towards its *proyecto*. Here the lines are drawn sharply.

In this project, however, it appears to be difficult to completely distinguish the *proyecto* of the exteriority from the *proyecto* of the totality. In other words, most of the test takers probably use the test as mediation towards their "proyecto [...] hoping for acceptance and inclusion in the totality [...]" (p. 273), just as the test is a mediation used by the totality. Framing this as a question, we could ask: if you agree in your context with Dussel when he says that "others are forced to participate in the system that alienates them", what then do you mean by 'forced' and 'alienates' in the context of high-stakes testing? Does domination here have a relation to the modern assertion that 'if you can't measure it, you can't manage it'? Perhaps we have become accustomed to believing that a certain level of alienation is normal and even healthy as long it helps 'us' to control?

In fact this project is novel and also difficult precisely because it seeks to understand an alienating process which is far more normal than that with which Dussel is generally concerned, but also far more subtle. This subtle balance probably requires an equally subtle and refined distinction between different levels of totality/exteriority, proximity/mediation and alienation/liberation. Do you have any changes or redefinitions in mind that you think might better distinguish the subtle levels needed for this project than the categories presented and used by Dussel?

With respect to this issue, I would like to interrogate the envisioned exteriority, and specifically with this phrase in mind; "[...] have a very significant epistemological ramification; since exteriority is the construct of totality the focus of the methodology cannot be on exteriority [...]" (p. 281). An important difference in Dussel between the dialectical and the analectical methodology (1985: 5.3) is precisely that the dialectical begins from within the totality, whereas the analectical takes the exteriority as the starting point or the centre of the analysis, from which it then looks back at the totality, similarly perhaps to your wish to "take an outsider position"

(p. 275). The idea that the other somehow has to mobilize the process is meant to help bring about the reversal of asymmetry between them. If the focus of the methodology is on the totality, how then can you be sure that what you discover is *real* exteriority related to "an outsider position" and not just *constructed* exteriority; or if you can't, is that a problem?

It appears that a major problem with 'a test' is precisely the lack of proximity (e.g. Buber, cf. p. 276), which allows little or no chance of discovering exteriority. A 'test' is mediation, and mediation is a human-to-being relationship (1985: 2.3.1.2), which in Dussel is seen as opposed[2] to the intentionality of proximity, the human-to-human relation. Is the purpose of this project to circumvent this strict opposition by trying to install more proximity in test mediations or in their surrounding test totality? If the totality *must* be recognized by the exteriority (pp. 276–7), does this mean that the project wants to somehow reverse the asymmetry between those that use/make the tests and those that take the tests? Are there any other ways that the exteriority could threaten to undermine the totality? With respect to this question, do you distinguish between exteriority in the totality surrounding the test and in the test totality itself, and which one might be constructed so as to leave room for otherness? What do you mean by the context (embeddedness) of the test (p. 277)? Is it the paradigmatic or (theoretical) idea-historical context within which a test has a place or is it the surrounding (practical) context (e.g. a university) within which a test is given? "But how do we avoid using the categories of totality as epistemological tools instead of as epistemological objects?" (p. 281). What precisely do you mean by this? Is it related to the above point of *objective knowledge domains* (p. 281), and how might it be a problem to use them as epistemological 'objects' instead of as 'tools'? Just a last and floating question: what do you mean by *intercultural* education? These questions are probably as much a reflection on your overall *proyecto* as they are on this specific metalogue, so feel free to direct your attention as you see fit.

III. The Gatekeeper and the Doppelgänger

Jesper Garsdal

Christian Ydesen has written an interesting and ambitious text challenging, from what he calls an outsider position, the contemporary settings and master categories in the ideas and practices of high-stakes testing, i.e. the ideas and practices of attaching (severe) consequences to test scores. This project is of course relevant for immediate consideration as testing is obviously much in vogue at the moment both in the public schooling system and in the private sector. But also in a more critical perspective the project can be seen as extremely important as perhaps no other factors influence, socialize and/or discipline human beings into mindsets regarding what is perceived as "normal" ways of being in the world as much as the educational systems. The ways these systems evaluate their students, and especially the consequences of these evaluations for those who are evaluated are some of the strongest normative "forces" in the social world. There is therefore good reason to examine more carefully what tests imply and reveal about the normative power structures they are embedded in, and what the tests reveal about these structures.

More specifically, Ydesen discusses what has been "promoted by a new cultural patchwork in many countries" (p. 274), namely the use of high-stakes testing in intercultural education. It is here worthwhile to notice that this formulation of the idea of 'intercultural education' is connected with two other notions, namely 'cultural patchwork' and 'country'. Ydesen explains the role of testing in such contexts as crucial, as "testing is most often conducted on the basis of a single cultural norm, and on the assumption that there is an area of normality, identified through standardization" (p. 274). Ydesen quotes Shohamy for saying that testing can be used as a form of gatekeeper, which indicates that Ydesen is not talking about intercultural education as a comparison and mixture of different cultures, religious and non-religious worldviews and learning styles in power-free *terra nullius*, but instead of 'intercultural education', where this is connected with specific power structures. We might further speculate that Ydesen could be criticizing the notion of 'country' as something which 1) is claimed to have legitimate 'normative culture'/ one (and only one) 'normal way of life', and 2) is connected with a power system, typically the state.

Ydesen is inspired by the social ontology presented in the philosophies of Buber, Lévinas and Dussel. More specifically, he focuses on three themes: 1) the emphasis on the relational nature of existence, which is a common theme for all three thinkers; 2) ethical responsibility and power structures, through the emphasis on the asymmetric relation between totality and exteriority, which is a common theme for Lévinas and Dussel, and 3) the emphasis on the necessary interdependent relation between otherness and totality, a common point for Buber and Dussel (for Buber the necessary relation between the 'Thou' and the 'I').

It is clear that for all three thinkers it is imperative not to submit to a kind of 'mediation' between totality and exteriority. In this regard, I would like to take my departure in the before-mentioned notion of a 'gatekeeper'. A gatekeeper is normally perceived as keeping the other outside the gate, whereas 'we', the in-group, or 'I' ('totality') are inside the gate. But if we follow Ydesen's analysis of the interdependency between totality and otherness (theme 3) it is obvious that the gatekeeper might be a more ambiguous figure than first imagined. Otherness is so to speak already inside despite, and maybe even partly because of, the gatekeeper guarding the gate.

In the context of Ydesen's text, 'the testing paradigm' – or perhaps those who claim the importance of this paradigm – is the gatekeeper. It might therefore be interesting to examine how the gatekeeper functions not only as a legitimization of cultural norms in relation to the test constructor, the test imposers and the test takers, but also in relation to what could be called the secondary enforcement of the normativity of the test in the totality; i.e., the reinforcement of the power narrative in the surrounding totality. That is, the society's acceptance of the necessity of the test. Is the necessity of the test more broadly accepted in a given totality and on what grounds? How is it possible from inside the totality to counter or at least to question the gatekeepers? It could be interesting to expand the inquiry of the social ontology in that direction.

Let me end by briefly mentioning two other figures, the Double/the Shadow, and 'the Translator'. The Double (*Doppelgänger*) is an anxiety-imposing otherness, in form of a ghostly, metaphysical and sometimes evil being, which looks like or mirrors itself (totality), but somehow has a mind of its own. In contrast, the notion of translation and of 'the Translator' introduces the idea of 'crossing' (*trans-*) and 'carrying over' (*latus*). In relation to the testing paradigm, the different metaphors might also indicate different ways of perceiving the paradigms: there is a great difference between on the one hand more or less consciously allowing the testing paradigm to express the shadow side of one's own totality, and on the other hand allowing the testing paradigm to function as a sort of translation.

IV. Approaching Proximity

Christian Ydesen

It is no exaggeration to say that the responses of Torben Albertsen and Jesper Garsdal have sparked renewed reflections concerning the development of a methodology for understanding and treating high-stakes testing in intercultural education. The purpose of my reply will then be to specify, present, expand, elaborate and continue these new reflections with an ambition of reaching a more consistent methodological recipe. I hope to demonstrate that perspectives of otherness offer the benefits of outsider perspectives and the potential to gain a fuller understanding of the totality in question. I cannot guarantee that all the questions raised by Albertsen and Garsdal will be addressed, but it is my hope that my reply will throw at least some light on quite a few of their wonderments and that it will be apparent how their questions and angles have evinced my reply.

The Distinction between Totality and Exteriority

It has become apparent that the use of the concepts of totality and exteriority in a methodology for understanding high-stakes educational testing in intercultural education can be problematic, since difficulties arise in distinguishing between the *proyecto* of totality and the *proyecto* of exteriority, as the test takers probably use the test as mediation towards their *proyecto*.

In addressing this issue, I will introduce a distinction between an ontological level, an epistemological level, and an existential level. My point here is that the pitfall is only present at the existential level whereas the ontological and epistemological levels remain unaffected. However, at the existential level, diagnosing high-stakes educational testing as a totality might not be so simple because most of the test takers probably use high-stakes tests as mediation towards realizing their own *proyectos*, just as the test is a mediation used by the totality.

This subtle balance undoubtedly requires an equally subtle and refined distinction between totality/exteriority at the existential level. One way of working with this distinction might be to focus on the *Geworfenheit* (thrownness) of the actor and the actors' horizons of action at a given point in time and space. The point is that actors – *consciously or unconsciously* – subscribe to certain ideas and notions of importance for his/her horizon of actions. As such the actor may not always be able to see through the context that he/she is a part of (the ontological level). Hence, the blurred lines between the *proyecto* of totality and the *proyecto* of exteriority do not disqualify the epistemological distinction between totality and exteriority at the existential level, but it certainly calls for careful reflection. This notion opens up for a concept of unintended actions and unconscious elements in the acts of the actors. Methodologically, the distinction might be achieved through a combined focus on both intentions and effects in both synchronic and diachronic perspectives which will also prove useful in the distinction between alienation and liberation at different levels and in different conditions.

The Nature and Levels of Totality and Exteriority

Further reflection on the nature of totalities has made it apparent that multiple totalities exist – totalities that from the perspective of other totalities appear as exteriorities. In this context, this notion calls for the consideration of the asymmetric interaction between different levels of totality, spanning from the totality of a concrete high-stakes educational test to different totalities at the international level: a span from a micro to a macro level. In other words, it is useful to distinguish between totalities on a micro level (the tests themselves), a meso level (the immediate material and immaterial contexts of the testing practices), and a macro level (other concurrent totalities).

Since a totality is defined as a uniting structure, it is particularly interesting in this respect that other totalities are logically turned into exteriority from the perspective of a given totality, although not necessarily with a high level of otherness. A central trait of a totality is that elements, experiences and products which are historically discontinuous, distinct, distant, and heterogeneous are integrated, in spite of their incongruencies and conflicts, in a single loom which weaves them into a united structure (Quijano 2000: 5). However, a totality is not monolithic and it cannot move in a unilinear, unidirectional, or unidimensional manner, because it constantly faces exteriority on different levels and thus comprises the operation of multiple, heterogeneous, and even conflictive pressures or logics of movement. In other words, otherness is already inside the totality because exteriority is constructed as transcendence in immanence. This becomes especially clear when we recall that human needs, desires, intentions, options, decisions and actions are constantly in question. This means that totalities should be perceived as spaces

289

rather than places in order to incorporate phenomena like travels, flows, viral effects, familiarities, connections, inspirations and influences. Such an approach evidently deconstructs and transcends a national frame of orientation and poses new questions to the research object. It calls for the identification of asymmetric trading places of proximity, where the totality of exteriority and the exteriority of other totalities become manifest, and where perspectives of otherness originate.

The Undermining of Totality by Exteriority: The Asymmetry of Proximity

But how are we to understand this asymmetry of the proximity between totalities and exteriorities? In this connection it is fruitful to elaborate further on the notion that a totality can only emerge as a totality through exteriority.

In the sphere of high-stakes educational testing, this means that from an immanent perspective of a test it is itself a pure, coherent, self-referring system best suited without the wretchedness, impurity, and exteriority of the test taker. At the same time, however, it does not make sense to have a test without a test-taker; in other words, the test owes its very existence to the test taker and most notably the test taker must cooperate for the test to be successful. This cooperation is normally facilitated, but not guaranteed, by the power exertion of totality. Furthermore, the test taker continuously threatens to undermine the test at both the internal and the external levels. Internally, the boundaries and internal logic of the test might be challenged and even transcended by the unique exteriority of the test taker disclosing inconsistencies, narrowness and limitations within the totality of the test (i.e. unanticipated answers in a test). Externally, test takers quantitatively and/or qualitatively might give rise to a revision of the test, destroying and corrupting the preceding internal harmony of the original test. Such a process might be levered by recognition of the fallibility of the test by the test designer or society. Another external threat to the immanent totality of a test could be new societal demands, new scientific truths or merely a shift in the power structures of the surrounding context of the test: in other words, a shift in the surrounding totality of the test, that might in fact even be sparked by international developments; i.e. other totalities influencing the totality in question. This is tantamount to the exertion of power by exteriority.

Understanding Proximity Methodologically

It is clear that proximity between totalities (or exteriority for that matter) cannot be merely recorded and observed since it is a methodological condition that cases of proximity always have to be viewed retrospectively. Thus, proximity needs an active observer to construct it, which calls for second order reflections. It is however clear that it would be grossly misguided to just assume a 1:1 adoption of one totality (exteriority) into another totality since modes of alienation or liberation, power and local features such as cosmovision, culture, values, and structures of recognition have an irreducible nature. Thus, a crucial question is how the asymmetric proximity between totalities and exteriorities can be adequately comprehended methodologically.

The modes of alienation or liberation, power, and local mediation certainly have an impact on what passes as acceptable knowledge, on the actors' horizons of action, and on how scientific claims are justified and consolidated – in other words, meaning is always locally constructed. This presents a difficult challenge for dealing with the asymmetric proximity between totalities or exteriority, as it obscures the possibility of identifying clear-cut cases of causal relations between totality and exteriority. It might be like looking for a small tile in a mosaic or even a vaguely distinct flavour in a melting-pot. But keeping the nature of proximity in mind, the room for surprise and unfinishedness is inevitably present, and thus an emphasis on "[...] resistances, inertias, modifications – in trajectory, form, and content – and new combinations that can both result from and develop themselves in the process of crossing" (Werner and Zimmermann 2006: 38) might be a viable methodological approach. Here the point is that neither totality nor exteriority will remain qualitatively intact and identical, whether the proximity is a process of alienation or one of liberation.

In the following paragraph, I will try to develop some purely methodological concepts that might be able to take these points into account.

Transfer, Translation, and Trading

First and foremost, it could be possible to conceive of a clear-cut *transfer* of ideas, knowledge and practice in proximity. Such a transfer might take place through the inspiration of influential actors who – *consciously or unconsciously* – subscribe to certain ideas, knowledge, and/or practice. Such transfers might be identified on different levels in discursive turns, via comparative studies or through studies of actors' movements and network as well as of their influence and significance in a given totality.

However, as already implied above, a notion of a clear-cut essentialist transfer might suffer from severe weaknesses, as it leaves only little room for the inevitable mediation and interplay with other relevant areas of analysis and moderating factors in the process of transfer. Instead it is plausible to conceive of proximity as a generator of neologisms and equivalents. This leads to a second methodological concept: *translation*. It implies that key ideas, knowledge and practice change through translation. The paramount challenge in this approach is that the ideas, knowledge and practices might be rendered unrecognisable by the mediation of the translation. Hence, the identification of translated ideas, knowledge and practice again calls for a careful and alternating combination of both diachronic and synchronic perspectives. The reason is that influences from exteriority or other totalities might not disclose themselves immediately or they might even be significantly diluted in the totality in question. In the case of a dilution, this does not imply the irrelevance of focusing on outside influences as they might trigger a change – e.g. discursively and/or practically – because the existing conditions and features need to position themselves analectically in relation to the outside current.

Moreover, as in the transfer approach, focusing on proximity as a translation would seem to imply that a sole view on actors' intentions is inadequate, as the emergence and influence of a new discursive neologism or equivalent might transcend or slip the minds of the actors. Instead it must be supplemented by a perspective of effects leaving room for unintended consequences and unconscious elements in the acts of the actors. Thus a focus on the translation of ideas, knowledge and practice presupposes a deconstruction and transcendence of dichotomous questions, such as whether or not there was an immediate and lasting influence. The point is that other totalities and exteriority can render the totality in question irrevocably different on different levels – with or without the knowledge and/or the consent of the influential actors in the field.

Finally, a concept of *trading* of knowledge and practice should be taken into account. In other words, this approach implies that the spreading of ideas, knowledge and practice takes place as acts of exchange – *quid pro quo*. Trading can take place as both transfer and translation, but the focus differs from the other two concepts as the trading approach has an unerring eye for the situation of proximity between totalities or exteriority – it focuses on trading spaces and the construction of meaning in these spaces. As in the 'transfer' approach, influential actors' movements and network seem to be important. And as in the 'translation' approach, neologisms and equivalents are certainly not excluded. But the concept of trading has a more subtle dimension as it also has an eye for a spill-over effect and indetermination of the proximity between totalities or exteriority. The trading approach also reveals that totalities reproduce their own logic and discourses as well as ultimately their very own existence through the exchange of ideas, knowledge and practice with other similar totalities. This implies that the respective totality forms a joint and transnational field of totalities which is self-referential and self-justificatory.

The Identification of Totality, Exteriority, and the Asymmetric Trading Spaces

But how are totalities, exteriorities and the asymmetric trading spaces in fact identified methodologically, and how do we avoid losing sight of the research object itself in this maelstrom of multi-level effects and interwovenness?

Since the research object is high-stakes educational testing in intercultural education the study must be of the logic and constitution of totality *as seen from exteriority* – challenging the other on the micro, meso and macro levels. That way it is possible to obtain an outsider perspective on the subject matter which might even be groundbreaking.

The identification of totalities, exteriorities and the asymmetric trading places is very closely concatenated because the totality discloses itself in exteriority and can then be characterized through values, power structures and structures of recognition which are anchored materially. Exteriority can be identified through a focus on phenomena that are in the twilight zone of totality: that which cannot be incorporated into the totality: the otherness found in proximity – in other words, disclosures of exteriority through boundary work which simultaneously constitutes the asymmetric trading places. More specifically, this means a focus on the failing test takers and their test results at the micro level, a focus on subjugated knowledge and perspectives in the pedagogical context in order to disclose the space in the practical and political objectives of the pedagogical practices at the meso level, and the perspectives of parallel and international totalities at the macro level.

Endnotes

1. Dussel writes: "As an unconditioned, exterior other, the other as other is non-Being" (1985: 2.4.6.2).

2. 'Opposed' with respect to accomplishing either alienation or liberation.

Bibliography

Albertsen, T. (2008). Efterskrift: om kategorierne. In: Sørensen, A. (ed.). *Frigørelsesfilosofi.* Aarhus: Politisk revy: 329–343.

Cicero. *Pro Roscio Amorino.*

Dussel, E. (1985). *Philosophy of Liberation.* Eugene: Orbis Books.

Lévinas, E. (1999). *Alterity and Transcendence.* New York: Columbia University Press.

Lévinas, E. (2007). *Totality and Infinity: an essay on exteriority.* Pittsburgh: Duquesne University Press.

Madaus, G. F. (1988). The Distortion of Teaching and Testing: High-Stakes Testing and Instruction. *Peabody Journal of Education,* 65(3): 29–46.

Moos, L. (2007). *Nye Sociale teknologier i folkeskolen – kampen om dannelsen.* Frederikshavn: Dafolo.

Quijano, A. (2000). The Coloniality of Power and Social Classification. *Journal of World-Systems Research,* 6(2), Special issue: Festschrift for Immanuel Wallerstein, Part 1: 342–86.

Shohamy, E. (2004). Assessment in Multicultural Societies: Applying Democratic Principles and Practices to Language Testing. In: Norton, B. and K. Toohey (eds). *Critical Pedagogies and Language Learning.* Cambridge: Cambridge University Press: 72–92.

Werner, M. and B. Zimmermann (2006). Beyond Comparison: Histoire Croisée and the Challenge of Reflexivity. *History and Theory,* 45: 30–50.

Metalogue 11

Language and Integration

With a starting point in practical experiences from teaching Danish as a second language to adults this metalogue discusses Danish integration politics that are dominated by the idea of Denmark as a homogenous society, struggling against the dissolution of national borders in a globalised world. From this outset a dialogue arises where questions about economic rationality, human experiences, assimilation, integration, conceptualisation, involvement, and educational spaces of freedom are given pride of place. In this respect the metalogue addresses the intercultural issue of practical and philosophical conditions and prerequisites of dialogue.

Language: Danish and Norwegian

I. Sprog og integration

Maria Refer

Dansk som andetsprog for voksne indvandrere og flygtninge: den vigtigste integrationsindsats

I Danmark bliver undervisningen i dansk som andetsprog fra politisk hold betragtet som den vigtigste integrationsindsats. 'Integration' betyder: "sammensmeltning af dele til en helhed", ligesom 'integrere' betyder: "samle, komme til at høre til en helhed"; ordet er afledt af *interger* 'uskadt' (Politiken 1996: 546). Der er altså tale om en proces, hvor noget forskelligartet uden at miste sin særegenhed skal blive en del af en helhed. I sprogtilegnelsesprocessen må det derfor gælde om at sikre og fremme en sådan proces. Det kan kun sikres i en dobbeltbevægelse, hvor kursisten på det nye andetsprog dansk bliver i stand til at kommunikere dels om egne medbragte erfaringer og viden dels om det nye samfund, han/hun befinder sig i, både når det gælder samfundsmæssige og institutionelle forhold, og når det gælder personlige forhold. Formålet med denne prolog er at vise, at denne integrerende hensigt med sprogtilegnelsen indenfor dansk som andetsprog på paradoksal vis modarbejdes af de politiske rammer, som sættes for undervisningen.

I Danmark har der gennem de sidste 10–15 år været en stigende politisk tendens til styring og kontrol med alle undervisningsområder, hvis mål i højere og højere grad er en ensidig, effektiv, karrierebetonet undervisning/ uddannelse under et ensidigt, nationalt fokus på danskheden. Det gælder også undervisningen i dansk som andetsprog, som gennem lovgivning er udsat for gennemgribende krav til undervisningen bl.a. i form af:

– Fastlagte standardiserede vidensmål, herunder sproglige mål samt krav om ensidigt at basere sprogundervisningen på emnerne: 1. det danske arbejdsmarked, 2. det danske skole- og uddannelsessystem, 3. dansk hverdagsliv og medborgerskab.

– Modultest og afsluttende prøver, som primært har fokus på et praktisk nyttebaseret sprog, og som fungerer som økonomisk kontrol- og styringsredskab, idet skolernes økonomi er afhængige af beståede modultests.

– Løbende optag af kursister umiddelbart efter tilmelding til et danskkursus, hvilket medfører et stadigt gennemløb af kursister på holdene – alt sammen for at opnå effektivitet og evidens og med et postuleret politisk løfte om kvalitetssikring.

Konsekvensen af en sådan politik fører til en undervisning, som måske nok kan udstyre kursisterne med et begrænset praktisk hverdags- og arbejdsmarkedsrettet sprog, men det er min påstand, at en sådan undervisning i sidste ende på paradoksal vis snarere fører til assimilation end til reel integration.

To rationaler

Overfor en sådan evidensbaseret undervisning vil jeg pege på det integrerende potentiale, der ligger i det fortællende og fortolkende sprogfællesskab. En undervisning som inddrager og vægter dette sprog må nødvendigvis baseres på dialogiske og tillidsfulde relationer kursister og lærer imellem og på lyst og erfaring i stabile og frie pædagogiske rum.

To rationaler står således overfor hinanden, og eftersom jeg plæderer for det poetiske sprogs potentielle integrerende betydning i undervisningen, vil jeg med H. C. Andersens historie "Hvad fatter gør, er altid det rigtige" søge at illustrere konflikten mellem på den ene side det evidensbaserede herskende politiske uddannelsessyn, hvor mennesket ses som et 'middel' og på den anden side et pædagogisk syn, hvor mennesket ses som et 'mål i sig selv'.

Andersens historie handler som bekendt om en bondemand, som går på markedet for at gøre et godt bytte med sin hest. Hesten bytter han til en ko, for en ko giver mælk og hans kone har altid ønsket sig en ko, koen bytter han til et får, for så kan hans kone få uld, og sådan går det, indtil han til han sidder på kroen med en sæk rådne æbler. Men hele vejen igennem har han haft ét for øje: at gøre sin kone glad og skabe dem et godt liv sammen.

Overfor bondemanden står de to rige englændere, som kun kan tænke et bytte som vellykket, hvis det indbringer flere penge, en større værdi, som kan måles og vejes. Englænderne er overbeviste om, at bondemanden vil få skænd, når han kommer hjem, mens bondemanden derimod er overbevist om, at han vil få kys. Det er symptomatisk, at englænderne straks vil vædde om, hvem der får ret. Det er også symptomatisk, at englænderne vædder to tønder guld, mens bondemanden ud over de rådne æbler i bogstavelig forstand sætter både sit eget og sin kones liv på spil – andet har han jo ikke, og så stor tillid har han til sin kone. Det ender som bekendt med, at bondemanden får kys og ikke skænd, – processen og den kærlige omtanke for den anden og for det fælles gode liv vinder over det målbare synlige resultat (Andersen 1948: 386ff). Historiens pointe kan sammenstilles med den kritik, som blandt andre Per Øhrgaard anfører overfor nutidens uddannelser, "som er renset for alt det, som man synes er unyttigt, men som måske i virkeligheden har mest bestand"(2008: 15).

Paradokser i den evidensbaserede undervisning

Men hvordan kan man påvise, at en nytteorienteret og testbaseret undervisning er et vildspor? Peter Kemp har med henvisning til amerikanske undersøgelser påpeget, at en sådan undervisning medfører en række paradokser i form af:

– Konkurrence skolerne imellem pga. rankinglister, der som led i de frie markedskræfter er en konsekvens af de målbare testresultater.

– Faldende fagligt niveau, eftersom kursisterne presses hurtigere gennem uddannelsen af skoleøkonomiske hensyn.

– Nedbrydning af pædagogisk faglighed, eftersom undervisningsudfoldelse, undervisningsmateriale og emnevalg begrænses.

– Faldende engagement, eftersom det pædagogiske frirum indsnævres.

Frygt for korruption og snyd ved test og prøver, eftersom muligheder – bl.a. for at søge om opholdstilladelse og statsborgerskab – er afhængig af beståede tests og prøver (Kemp 2006).

Dertil kan man føje paradokser i form af:

– Nationalt fokus med eksklusion af den andens perspektiv til følge.

– Udgrænsning af det poetiske/fortællende og fortolkende sprog, som netop kunne være det neutrale fælles mødested.

– Udgrænsning af det pædagogiske frirum med de tillidsfulde relationer, samtalen og den fælles undren og fordybelse, som al god undervisning erfaringsmæssigt fordrer.

Det politiske rationale

Spørgsmålet er derfor, hvad der er rationalet bag den herskende undervisningspolitik. Johan Fjord Jensen søger at besvare dette spørgsmål historisk ved at pege på den politiske bevægelse, der er sket i Danmark fra socialliberalisme til nyliberalisme. På uddannelsesområdet viser denne bevægelse sig i opgøret med reformpædagogikken, som gjorde sig gældende i tre historiske bølger, nemlig med sidste halvdel af 1800-tallets grundtvigske folkeoplysere, 1930'ernes kulturradikale pædagoger og 1970'ernes kritiske pædagoger. Karakteristisk for denne form for pædagogik var, at den havde lighed og frihed, dialog i frie rum samt processer baseret på lyst og erfaring med henblik på erkendelse i fokus, og at den var 'gerningsfri', dvs. ikke-arbejdsmarkedsrettet. Heroverfor sættes fra 1990'erne den individuelle karrierebetonede og arbejdsmarkedsrettede uddannelse med fastlagte standardiserede vidensmål, som kontrolleres gennem tests og prøver og styres gennem taxametersystemet (Fjord Jensen 1998: 115ff.). Stefan Hermann har en tilsvarende historisk gennemgang af uddannelsespolitikkens perioder i Danmark, som føres helt op til i dag, hvor "Særligt international uddannelsesstatistik og evalueringer leverer legitimation og begrundelser for en reorientering af de pædagogiske virkemidler, medens hhv. kultur- og magtkritiske analyser af reform- og projektpædagogikken spiller en mindre rolle" (2007: 172).

Fjord Jensen stiller herefter spørgsmålet: Hvordan kan en "liberal" politik være 'ufri'? Hans svar er, at nyliberalismen vil af med reformpædagogikken og socialstaten, men den vil ikke fri af "staten", som kan sikre den kontrol. Nyliberalismen har en forestilling om det ukonstruerede og om frie markedskræfter, men den er samtidig konstruerende og kontrollerende (1998: 162–3). For Fjord Jensen er det imidlertid en pointe, at reformpædagogikken nok var gerningsfri men ikke desto mindre viste sig at kunne opfylde behovene i det moderne samfund. Reformpædagogikken affødte nemlig en hel generation af innovative samfundsborgere, fuldt på højde med de krav der stilles til et moderne samfund.

Det pædagogiske frirum og dannelsesbegrebet

Ifølge Fjord Jensen er den pædagogiske udfordring derfor i en fjerde bølge at genetablere konsensuskulturen i et samspil med de tre forudgående historiske bølger (de grundtvigske folkeoplysere, de kulturradikale pædagoger og de kritiske pædagoger), som alle var kendetegnet ved modstand mod autoritære læringsformer samt udvikling af pædagogiske frirum, og som altså, iflg. Jensen rent faktisk viste sig at tilfredsstille aktuelle behov ved at udvikle holdninger og kompetencer.

Bølgerne, som Fjord Jensen taler om, har med 'dannelse' at gøre i ordets oprindelige græske betydning, som knyttede sig til udviklingen af det hele menneske i dets fysiske, intellektuelle og æstetiske dimension, og som var fri af hensynet til arbejdet. Med omformningen af dannelsen til almendannelsen i begyndelsen af 1800-tallet, blev dannelsens primære funktion at bringe overensstemmelse mellem den enkelte og almenvellet, dvs. samfundet. Problemet var imidlertid, for det første at det gamle læresystem bibeholdtes, således at der ikke blev taget udgangspunkt i de studerendes erfaringer. For det andet var det kun en meget lille del af befolkningen, som havde adgang til uddannelserne, som i deres form blev bornerte og klassebestemte og dermed ekskluderende (Fjord

Jensen 1998: 115ff). Det er disse faktorer, som udvirkede de forudgående bølgers dannelsesmodstand, som senest manifesterede sig i 1970'ernes reformpædagogik. Når interessen for dannelsesbegrebet ikke desto mindre nu igen er aktuel, så hænger det i flg. Fjord Jensen sammen med, at vi befinder os i en "restaurativ periode", i det post-industrielle samfund med den post-moderne informationsbølge, som skaber behov for "helhed for individet og for sammenhængen mellem individ og samfund" (1998: 59–60).

Sådan skrev Fjord Jensen i 1998, men interessen for dannelsesbegrebet er ikke blevet mindre i dag. Kemp bemærker, at dannelsesbegrebet blev forkætret i det 20. århundrede, fordi det blev forbundet med noget elitært, men at det nu er blevet aktuelt igen (2005: 172ff). Ifølge Kemp er uddannelse et underordnet begreb, som er udtryk for vores evner, kundskaber, kapaciteter, kompetencer og viden, som kan arkiveres, mens dannelse er overordnet uddannelsen og beskrives som en historisk proces med indsigt i kulturelle, civilisatoriske og etiske sammenhænge, som må udvikles, bæres og overtages af mennesker, der gøres og gør sig dannede (2005: 183–4). Gennem inddragelse af filosofien knytter Kemp dannelsen til begrebet om etik og eksistensafklaring (2005: 188ff). Det er nu mit synspunkt, at begrebet om integration – som det her indledningsvis er defineret – med god ret kan underordnes den form for dannelse og eksistensafklaring, som Kemp omtaler. Vejen til en sådan afklaring går, ifølge Kemp, gennem det fortællende og fortolkende sprog (2005: 203). Spørgsmålet er nu, hvorledes det fortællende og fortolkende sprog kan bidrage til en sådan afklaring.

Ricoeurs teori om fortælling og fortolkning

Den franske filosof Paul Ricoeur har med sin filosofiske hermeneutik beskæftiget sig indgående med betydningen af det fortællende og fortolkende sprog. Ricoeur ser det poetiske sprog som en mulighed for en eksistentiel afklaring; som en vej til at finde mening i en verden, som i udgangspunktet fremstår meningsløs.

303

[H]ovedtanken i hans værk [Ricoeurs] om *Tid og fortælling* er, at for-tællingen, der er et sprogligt forløb med begyndelse, midte og slutning, gennem den fortolkning, hvormed man i en mimetisk proces tilegner sig teksten, kan kaste lys over et menneskes livsforløb og derved være dannende for dette menneske. Således kan man også hos Ricoeur se dannelsen som en hermeneutisk proces, men nu med vægten lagt på mimesis, skabende efterligning (Kemp 2005: 203).

Selv karakteriserer Ricoeur sin filosofiske hermeneutik således: "a philosophy that starts from the symbols and endeavors to promote the meaning, to form it, by a creative interpretation" (Ricoeur 1969: 355).

Den bedste beskrivelse af det menneskelige vilkår er ifølge Ricoeur "Syndefaldsmyten" i *Det gamle Testamente*, som Ricoeur benævner "Adammyten" ("Le Mythe d'Adamique") (Ricoeur 1969). Ricoeur ser mennesket skabt godt men fejlbarligt, dvs. det har hang til det onde og kan i valget vælge galt, – det bøjer af og kan ikke stå ved sig selv. I "Adammyten" er konsekvensen, at mennesket udstødes af Paradisets have til det jordiske livs endelighed. Syntesen af mulighed og nødvendighed, som mennesket er bestemt til, afskæres, idet mennesket forfalder til ren nødvendighed. Det gælder derfor at genskabe syntesen ved at forbinde sig med muligheden. Ricoeurs hermeneutiske filosofi går ud på, at der ikke er nogen lige vej i denne syntesedannelse, men at mennesket må 'omvejen' over det symbolske, poetiske sprog, gennem fortællingen og fortolkningen for at komme til indsigt, til afklaring, – eller vi kunne i vores sammenhæng måske ligefrem sige til integration.

At vi må over det poetiske sprog hænger ifølge Ricoeur sammen med, at dette sprog rummer en mer-betydning, som åbner sig som en gave for os, hvis vi giver os hen til det. Denne gave kalder på at blive modsvaret, det vil sige at blive fortolket, og deri består vores opgave. En sådan opgave kræver engagement, vilje og handlen, hvilket mennesket ifølge Ricoeur er kapabelt til. Der er imidlertid fare for at fejlfortolke; derfor må man ikke isolere sig, men man må udfordres af et andet udfordrende perspektiv, det vil sige den andens fortolkning, så man befinder sig i et fortolkningsfællesskab. Omvejen kalder Ricoeur for den hermeneutiske cirkel eller rettere spiral, fordi der er tale om en stadig proces, som bibringer mening midt i meningsløsheden, bringer orden i kaos i en stadig bevægelse, som lægger mening på mening (Ricoeur 1969: 347ff). Vejen over det poetiske sprog ser Ricoeur som et alment menneskeligt projekt. Det er imidlertid klart, at indvandrere og flygtninge i særlig grad udsættes for den eksistentielle meningsløshed, som Ricoeur tager udgangspunkt i. Vigtigheden af at beskæftige sig med fortælling og fortolkning i undervisningen i dansk som andetsprog vil derfor ud fra Ricoeurs hermeneutiske filosofi være ubetvivlelig.

Det fortællende og fortolkende sprog i andetsprogsundervisningen eksemplificeret

Ricoeur beskæftiger sig primært med det bibelske mytisk-poetiske sprog, men hans hermeneutik kan ses i relation til alle former for poetisk sprog. I undervisningen i dansk som andetsprog, hvor kursister fra mange kulturer og religioner mødes, vil det ofte ikke være hensigtsmæssigt at inddrage tekster som indgår i en levende religiøs praksis. Men der findes mange andre brugbare former for fortællende sprog, som kan inddrages. Det kan f.eks. være myter, folke- og kunsteventyr, historier, noveller, romanuddrag, sange, digte, biografier, dramaer mv.

Som et eksempel vil jeg her fremlægge en autentisk undervisningssekvens, hvor det fortællende sprog i form af en selvbiografi inddrages i undervisningen i dansk som andetsprog for voksne indvandrere og flygtninge. Der er tale om et hold, hvor det undtagelsesvis er lykkedes at opretholde en vis stabilitet, som har bevirket tillidsfulde relationer i et pædagogisk frirum, og derfor med stor social og menneskelig gensidig bevågenhed. Sammen læser vi et kapitel af forfatteren og billedkunstneren Herman Stillings erindringer fra sin barndom i en arbejderfamilie på Nørrebro i København i 1930'erne (Stilling 1978). Kapitlet fortæller om familiens årlige pinsetur til Søndermarken på Frederiksberg (København), som børnene med forventning har set frem til. I løbet af dagen afsløres og beskrives familiemedlemmernes forskellige egenskaber, ikke mindst morens generøsitet og farens forfængelighed. Dagens gode og også mere kvalfulde oplevelser indgår i fortællingen, som slutter med, at Stilling og hans brødre med fornyet indsigt og en erfaring rigere, vender hjem til baggården med mod på at genoptage drengelegene mellem baggårdenes plankeværker.

Gennem fælleslæsningen får kursisterne mulighed for at indleve sig i teksten og de erfaringer hovedpersonen gør sig, samtidig med at der er plads til opklarende spørgsmål. Efterfølgende diskuteres de forskellige personers karakterer og handlemåder, og de konflikter der opstår i forløbet, ligesom forskelle mellem 1930'erne og i dag opridses. Teksten udsættes endvidere for en sproglig analyse med henblik på tekstens særlige opbygning, dens brug af sætningsstrukturer og ordklasser og ikke mindst betydningen heraf.

Kursisterne får herefter til opgave at fortælle om en selvoplevet barndomsudflugt. Her skal en enkelt af kursisternes fortællinger frem-drages, nemlig Celsos. Celso kommer fra en relativ fattig familie i Brasilien. Celso fortæller, at han som barn sammen med sin familie en gang om måneden besøgte sin bedstemor. Vejen var lang og stenet, og da børnene ofte kun havde en siv-espadrille, fordi de altid blev slidt op, måtte de humpe af sted med en sandal på skiftevis den ene og anden fod. Fremme hos bedstemoren fik de mad og havde en dejlig dag sammen. Når de så skulle hjem, så skete der altid det forunderlige, at det lykkedes bedstemoren at skaffe sandaler til alle de små fødder, så børnene kunne gå hjem uden at skulle humpe og få ondt i fødderne.

Mens Celso fortæller, er der musestille i klassen, alle lever med i fortællingen, og der går et befrielsens suk gennem klassen, da de hører om de fremtryllede sandaler. Efterfølgende ræsonnerer Celso: "Det er mærkeligt, at det der var så svært dengang, det kan man nu sidde og le ad og overkomme". Indlevelsen i Stillings fiktive erindringsarbejde har givet kursisterne mulighed for at hente deres egen fortid med ind i en medlevende meningsskabende nutid. En sådan undervisning, som inkluderer såvel en receptiv som produktiv kreativ vej gennem det fortællende og fortolkende sprogfællesskab baseret på fælles fordybelse, undren og med-delen sig til hinanden i et pædagogisk frirum, opfylder ikke alene de sproglige krav samt de krav til samfundsmæssig, historisk og kulturel indsigt, der stilles til undervisningen, men formår også at forløse og integrere kursisterne i et menneskeligt sprogligt fællesskab. I sig selv en lille pinsebegivenhed!

Min pointe er imidlertid, at denne optimale undervisningssituation i dag er destrueret og stort set uladsiggørlig, fordi det pædagogiske frirum er nedbrudt, og fordi der med den overordnede styring af undervisningen ikke levnes tid og rum til det fortællende og fortolkende sprogfællesskab – alt sammen forårsaget af den politik, som sætter rammerne for undervisningen, og som ensidigt satser på en undervisning tvunget ind under parolerne: effektivitet, standardisering, målbarhed og kontrol.

II. Dannelse mellom eksistens og ekspresjon

Jonas M.N. Sørensen

Jeg finner noen av Refers poeng rent politiske, og har lite å innvende mot dem. Jeg kjenner ikke dansk skolevirkelighet så godt, heller ikke historisk. Hvis Refer opplever det danske utdanningsvesenet som en gjennomliberalisert nyttemaksimerende affære, så vil jeg ikke se bort fra at hun kan ha rett, jeg vet rett og slett ikke. Men, skulle jeg likevel tillate meg et kritisk spørsmål grep jeg til en sammenligning. I Norge har effektiviseringen av helsevesenet, sykehusene, vært hyppig diskutert. I den sammenheng har jeg undret meg over om ikke helse (sundhet) har med etiske spørsmål å gjøre, og også handler om hvordan vi føler og opplever, om den subjektive verden, men likevel også har en økonomisk side? Ville det latt seg gjøre å ivareta menneskeverdet slik at pasienten – især de eldre – ikke følte seg som et ytre manipulerbart objekt og effektivisere sykehuset samtidig? På et tilsvarende vis vil jeg spørre Refer om man både kan økonomisere og forbedre utdanningsvesenet på en og samme tid? Vi snakker om meget store systemer som tar en vesentlig del av de offentlige midler. Er det virkelig slik at alle initiativ til besparinger og effektiviseringer her er så negative som de som roper neoliberalisme til alle forandringer later til å mene?

Mer filosofisk interessant finner jeg polariteten mellom assimilasjon og integrasjon, og Refers bruk av Ricoeur i forståelsen av danskopplæringen av voksne mennesker som kan lite dansk. Refer beskriver den hermeneutiske sirkel som eksistensiell med henvisning til Ricoeur, og hevder at integrasjon er del av et poetisk språks evne til eksistensielle avklaringer. Hvis vi skal betrakte integrasjon som et resultat av eksistensielle avklaringer, og se språket som et verktøy for virkeliggjørelsen av dette, hvor havner assimileringen da; er det et eksistensielt problem å bli assimilert? Trolig kan det være det, men er det nødt til å være slik? Refer bygger på Ricoeur ved å skrive at verden grunnleggende sett fremstår som meningsløs for subjektet, og at det er med fortolkninger og fortellinger at verden blir forståelig. I denne sammenheng nevnes noen historier fra en elev og noen bibelske myter Ricoeur benytter seg av i sin fremstilling. Det er den forbindelse Refer gjør mellom fortolkning og integrasjon jeg her er kritisk til. I hermeneutisk henseende vil vel fortolkning bety at det ene begrepets mening forstås i lys av de andre begrepers mening, og at denne mer helhetlige mening blir stadig klarere for et subjekt som i det klassiske eksempelt leser en bok. Hermeneutikken ble utviklet i middelalderske klostre som en måte å tolke skrifter på. Språkbeherskelse er nok et vesentlig element i integrasjonsprosessen av voksne mennesker som kan lite dansk, men kan ikke språkopplæring like gjerne fungere assimilerende som integrerende? Er det virkelig slik at Ricoeur her kan tas til inntekt for det ene og ikke for det andre? Refer mener at Ricoeurs poetiske språk egner seg til eksistensielle avklaringer, og dermed at avklaringene kan fungere integrerende. Her er jeg litt i tvil om det likhetstegn Refer billedlig talt setter mellom eksistensiell avklaring på den ene side og integrasjon på den andre side. La oss forsøke nærme oss problemstillingen ad negativ vei. Kan man tenke seg en fortolkende praksis som fører til assimilering? Hvordan vil den i så fall se ut? Er skolebarn som lærer å forstå symbolene bokstavene, som lærer seg å lese, del av en integrerings- eller assimileringsprosess? Hvis Refer med integrering mener måten ikke-vestlige mennesker går inn i det danske samfunnet på, så ser det ut til at deres evne til å reflektere over og uttrykke egne erfaringer og viten sammen med andre på dansk er avgjørende viktig, men jeg tror fortolkning bare er en del av denne egenskapen. I elevens eksempel tror jeg det er vel så viktig at eleven får uttrykke seg, som at fortolkning finner sted i et fortolkningsfellesskap hvor korreksjoner er mulige. Dessuten finnes det nok en grense der det eksistensielle begynner og korreksjonsmulighetene ender, selv om det altså er en modell for integrasjon Refer her beskriver. Det eksistensielle er mer enn språkfellesskapet.

I forlengelsen av spørsmålet om integrering og Ricoeur ville det vært interessant om Refer kunne utdype hva det poetiske språket er. Har Grundtvik og Ricoeur forskjellige konseptualiseringer her? Hvis det finnes forbindelser mellom et gammelt dannelsesideal og integrasjon av den type Refer ville gå inn for, ønsker jeg å spørre om det ikke oppstår en diskrepans mellom det å fortolke og det å bli dannet. Begrepet eksistensiell avklaring er brukt. Hvis man skal forstå dannelse som en historisk prosess med kulturelle, sivilisatoriske og etiske elementer slik Refer er inne på, så kan en lett få inntrykk av at det som her beskrives er en prosess i den vestlige historien, noe som ville gjøre at assimilering syntes mer nærliggende enn integrering av voksne mennesker fra områder utenfor Vesten som kan lite dansk.

III. Sammenbrud i mikrokosmos

My Sadolin Holst

Det synes mere end væsentligt at bruge tid og energi på Refers prolog vedrørende problematikken om kursister, der udsættes for undervisning i *dansk som andet sprog*, og faktisk bliver assimilerede frem for integrerede. Det står ganske klart, når man læser Refers prolog, at der er behov for, at der skabes tillidsfulde relationer kursister og undervisere imellem. Det er en sej kamp, Maria Refer er gået i gang med, såfremt den politiske styring til stadighed lægger vægt på en ensidig karrierebetonet uddannelse af voksne indvandrede og flygtninge.

Et af de vigtige perspektiver der lyser klart op, i forhold til netop Refers prolog og personlige kamp, (idet hun selv sidder midt i virkeligheden omkring det, at skulle undervise i *dansk som andet sprog*) er det faldende engagement, der kan opstå, når det pædagogiske frirum indsnævres. Hvis underviserne ser, at der vil ske en assimilation frem for en integration, såfremt de fortsat følger de regler der sættes for dem, hvorledes skal de så råbe politikerne op, og det på en virkningsfuld måde? Hvorledes kan de få vendt skuden mod det hav, der hedder 'muligheder og fordybelse' og komme væk fra det hav, som vi kunne kalde for det 'effektive evidensbaserede hav'? Hvis det pædagogiske frirum allerede nu er blevet nedbrudt, hvordan kan det så repareres igen? Hvem har ansvaret for, at kursisterne får opfyldt både behov og rettigheder med hensyn til indlæring af sprog og kulturelt kendskab? Underviserne kan nok gøre opmærksom på de faldgruber og farer der opstår, men de er også selv ansatte og skal følge regler og paragraffer og er på en måde derved assimileret ind i det store uddannelsessystem. Er disse undervisere nogle steder selv blevet til et middel, der skal få en masse kursister sejlet igennem havet af sprogindlæring og tests, hvor der ikke levnes rum til en pædagogisk betragtning af deres eget og kollegers arbejde?

Det tyder ikke på, at der er megen plads til hverken at kunne udtrykke sig eller få mulighed for at ændre det store system af vedtagne love for disse undervisere, der står derude midt i virkeligheden og skal navigere både sig selv og deres kursister frem på bedste vis. Men ændringer skal der til, hvis kursisterne skal ende med, at kunne bruge det de lærer til noget og også komme ud fra sprogskolerne med sig selv i behold, som Refer udtrykker det.

Mit indspark til debatten og til Refers prolog, består af et forslag om at udvide forklaringshorisonten om det at være menneske og kunne have sig selv i behold, ved hjælp af den canadisk-amerikanske sociolog og socialpsykolog Erving Goffmans (1922–1982) beskrivelser og undersøgelser om det elementære livs sociale former, særligt det han har kaldt *alienation from interaction*. Goffman forklarer, at mennesket, når det engagerer sig i et socialt møde, kan komme til at involvere sig så stærkt i mødet eller samtalen, at det forglemmer sig selv. Hermed skabes en fælles verden med dem man samtaler/mødes med og man kan sige, at situationen udvikler sig til et mikrokosmos (Hviid Jacobsen et al. 2002). Dette kosmos består af det fælles oplevede og de fælles tiltag. Goffman der er meget inspireret af religionssociologien, låner herfra udtrykket *UnioMystico* til at beskrive den sociale fælles involvering. Men hans egentlige interesse var at finde de måder eller situationer, hvor denne involvering udebliver eller forhindres og det, der lå ham mest på sinde, var at finde ud af, hvilke sociale konsekvenser dette fravær af spontan involvering havde.

Jeg mener at fravær af involvering, præger debatten om læringsmiljøer i det hele taget. For beslutningstagerne er ofte ikke de samme, som de der står ude på gulvene med kridtet i hånden og skal undervise. Goffman mente, at individet i dette mikrokosmos ved at involvere sig i samtalen havde påtaget sig en byrde eller en forpligtigelse. Denne indebar en rituel værdi og havde en social funktion. Når dette mikrokosmos ikke kunne fungere på grund af fravær af den spontane involvering, for eksempel som nævnt i Refers nævnte problem fra virkeligheden – hvor der ikke er et frit pædagogisk rum at undervise i og hvor der ikke er plads til den enkeltes personlige engagement – er der altså tale om et sammenbrud, der gør at mikrokosmos falder fra hinanden med sociale konsekvenser til følge.

Jeg mener, at man kan gøre problematikken mere gennemskuelig for flere af dem, der ikke selv står og skal navigere rundt i de oprørte undervisningsvande, ved at bruge Goffmans teorier om 'samhandling'. Med Goffmans begreb om *facework* og hans *samhandlingsteorier* tilsat teorier af Ricoeur og med Kemps verdensborgerfilosofi oveni, er der lagt positivt skyts i *idé-kanonen*, der forhåbentlig kan få fleres øjne op for, at vi som verdensborgere udover behov og goder også har fælles forpligtigelser til at få 'mikrokosmos møder' til at fungere.

IV. Til forsvar for det pædagogiske frirum

Maria Refer

Sørensen griber i første omgang fat ved det politiske aspekt, som kommer til udtryk i prologen. Gennem en sammenligning med sygehusvæsenet stiller han det etiske spørgsmål, hvorvidt man på institutionelt plan på samme tid kan tilgodese den enkeltes subjektive behov og økonomisere gennem effektivisering. Umiddelbart ville mit svar være nej. Indenfor f.eks. undervisningen i dansk som andetsprog er det den enkelte kursists subjektive behov for at udtrykke sig selv på dansk om egne følelser og erfaringer, som i effektivitetens navn udgrænses, netop fordi et sådant udtryk kræver tid, opmærksomhed og gensidig tillid, i det jeg kalder det pædagogiske frirum. Man kunne imidlertid spare tid og ressourcer ved f.eks. at afskaffe de centralt stillede kontrollerende evalueringer med hele det bureaukrati, der følger med. I stedet kunne man indføre mindre tidskrævende vejledende interne evalueringer rettet mod det specifikke faglige indhold i undervisningen til gavn for såvel kursist som lærer i sprogtilegnelsesforløbet.

Sørensen rejser herefter spørgsmålet angående integration versus assimilation. I Danmark var der i slutningen af 1970'erne en pågående diskussion om, hvorvidt man skulle operere med den ene eller anden term i den offentlige debat. Ud fra respekten for det enkelte menneskes værdighed, opnåedes konsensus om at benytte termen integration. Som beskrevet i prologen dækker integration betydningsmæssigt over det at være 'uskadt', at man med sig selv i behold bliver del af en større helhed. At være uskadt indebærer for mig at se, at man bærer sin fortid med sig og på den baggrund kan udkaste sin fremtid med henblik på nutiden. Heroverfor indebærer assimilation, at man afskærer sin fortid og dermed sin egen selvforståelse og værdighed for helt og aldeles at lade sig opsluge i helheden. På Sørensens spørgsmål om, hvorvidt det er et eksistentielt problem at blive assimileret, må der svares ja, ud fra den betragtning, at det – også indenfor en politisk tænkning – er ønskværdigt, at medborgere i Danmark som selvstændigt tænkende individer kan forholde sig til de problemstillinger den enkelte konfronteres med på alle niveauer. Det lykkes efter min bedste overbevisning kun på baggrund af den dobbeltbevægelse, hvor fortid og fremtid belyser nutiden, som ovenfor er beskrevet i relation til integrationsbegrebet.

Sørensen kredser herefter om sprogets og fortolkningens betydning og spørger, om ikke sprogtilegnelsen kan fungere assimilerende. Hertil vil jeg svare jo, det kan den godt, hvis det sprog, hvori kursisten kommer til udtryk om sin egen fortid, fremtid og nutid afskæres, mens omvendt sprogtilegnelsen vil fungere integrerende, hvis samme udtryk får sin plads. I en sådan integrationsfremmende proces anbefaler jeg i min prolog inddragelse af det fortællende, poetiske sprog. På Sørensens spørgsmål om, hvad der forstås ved dette sprog, vil jeg svare, at det – i modsætning til det praktiske, rationelle og strategiske hverdagssprog, som altid har et bestemt formål, det lukker sig om, – er det sprog, hvor vi åbent kan fabulere, fantasere og inddrage erindringsglimt, drømme og forventninger; kort sagt det fiktive sprog. Potentialet ved dette sprog er, at det er et sprog, vi kan spejle os i, som modsiger os i vores fordomme, styrker os i vores håb, og som derfor bevæger os, vækker os til om- og eftertanke og kalder på vores aktive handling.

Sørensen problematiserer herefter min sammenstilling af det eksistentielle forhold med begrebet om integration, og han stiller spørgsmålet om, hvorvidt Ricoeur kan tages til indtægt for integration og ikke for assimilation. Jeg vil medgive, at det eksistentielle forhold rummer 'mere' end begrebet integration; men jeg mener, at såvel det eksistentielle forhold som begrebet integration omhandler den enkeltes mulighed for i en stadig proces at forholde sig til, finde og bevare sig selv i forhold til den situation og det andet/den anden, som udgør den enkeltes omverden. I en sådan proces er sproget og sprogfællesskabet af afgørende betydning. Sproget er nu engang det, vi primært udtrykker os igennem, og sprogfællesskabet er her uomgængeligt, idet et udtryk dels har en rettethed mod en anden, dels indebærer en andens modspil, som er med til at holde risikoen for urealistiske og destruktive domme i ave. På den baggrund mener jeg godt, at Ricoeur kan tages til indtægt for integration, idet hans teorier om fortælling og fortolkning netop omhandler den enkeltes mulighed for til stadighed at bringe sig selv uskadt med ind i et omverdensforhold, at blive en del af en helhed gennem en sådan regulativ proces båret af sproget.

I forlængelse af denne forståelse vil jeg på Sørensens spørgsmål, om ikke der er diskrepans mellem at fortolke og at blive dannet, svare, at det at fortolke og at blive dannet i min optik hænger sammen på den måde, at fortællingen og fortolkningen er et medium, hvor igennem den enkelte dannes. Jeg mener ikke, som Sørensen foreslår, at dannelse, i den forståelse jeg fremlægger, gør assimilering mere nærliggende end integration. Med henvisning til Kemp består dannelse rigtignok i en historisk proces med indsigt i kulturelle, civilisatoriske og etiske sammenhænge, som må udvikles, bæres og overtages (Kemp 2005: 183), men så vidt jeg kan se, forhindrer det ikke, at den enkelte samtidig er bevidst om og kan udtrykke sig om sin egen fortid, og på baggrund heraf udkaster fremtidige muligheder med henblik på sin nutid – tværtimod.

Sørensens spørgsmål om Grundtvig og Ricoeurs forskellige koncep-tualiseringer af det poetiske sprog kalder på en større udredning, som jeg af pladshensyn her må lade ligge.

Sadolin Holst peger i sit dialogsvar på den hovedproblemstilling, jeg rejser i prologen, og som omhandler udgrænsningen af det pædagogiske frirum i undervisningen i dansk som andetsprog. En udgrænsning, som skyldes en politisk tendens til kontrol og effektivisering, og som i sidste ende får den paradoksale konsekvens, at undervisningen, som havde til hensigt at føre til integration, snarere fører til assimilation. Hun stiller derfor spørgsmålene, hvem der har ansvaret for en forsvarlig pædagogik, om lærerne selv er blevet et middel i promoveringen af den effektive evidensbaserede undervisning, og hvordan man kan "vende skuden" og råbe politikerne op.

På spørgsmålet om, hvem der har ansvaret for en forsvarlig undervisning, må man svare, at det har i princippet alle, der er i berøring med undervisningen, dvs. kursister og lærere, skoleledelser, politiske forvaltere i ministerierne såvel som de politiske beslutningstagere og lovgivere. Men det er ikke alle, som er lige kompetente til at gennemskue konsekvenserne af en bestemt undervisnings form og indhold. Problemet ligger i den tendens, der i den senere årrække har været til, at pædagogens faglige indsigt sættes ud på et sidespor til fordel for et bureaukrati domineret af faglig ignorance, hvis eneste mantra er effektivitet indenfor en markedsøkonomisk tænkning.

På spørgsmålet om, hvorvidt lærerne selv er blevet et middel i den fremherskende undervisningspolitik, kan der svares delvist bekræftende. Men det gælder ikke kun lærerne; alle involverede hele vejen op gennem systemet tvinges ind under et effektivt kontrollerende evalueringssystem, idet alle forventes at kunne legitimere deres evne til at optimere effekten i konkurrence med andre. Så spørgsmålet er, hvor Sorteper i sidste ende havner.

I prologen får de politiske beslutningstagere det primære ansvar for den tendens, der gør sig gældende i det nuværende undervisningssystem. Sadolin Holst stiller derfor spørgsmålet, hvordan man kan råbe politikerne op, og hun svarer selv ved at anbefale, at problematikken gøres mere gennemskuelig. Til det formål peger hun på Goffman, sådan som han udlægges af Hviid Jacobsen m.fl. Ifølge deres indføring beskæftiger

315

Goffman sig især med hverdagslivets ualmindelige møder og har fokus på den bevidste rolle, vi altid spiller i mødet. Ifølge indføringen beskæftiger Goffman sig imidlertid også med de involverende og selvforglemmende aspekter, der kan opstå i mødet og med den fælles verden, som herigennem opstår som et *UnioMystico*. Dette særlige rum ser Sadolin Holst som en pendant til min tale om det pædagogiske frirum. Ifølge bogens to forfattere ser Goffman dette *UnioMystico* som en form for fælles social involvering, en social trance, som fører til deltagernes moralske forpligtelse til at vedligeholde samværet i en 'samværets ceremoniel orden'. Der er tale om en forpligtelse, som tilsiger det sociale livs deltagere at være i god, åben og direkte kommunikation. Et sådant samvær skulle ifølge Goffman føre til fast og sikker virkelighedsfornemmelse. Goffman søger, at indkredse og definere dette rum, som også er et skrøbeligt rum, ad negativ vej, idet han undersøger, hvad der får det til at bryde sammen, hvilket igen resulterer i, at vores individuelle såvel som fælles virkelighed står i fare. Forhindringerne skulle ifølge Goffman bestå i: 1. ydre fravær, 2. selvbevidsthed, 3. samhandlingsbevidsthed og 4. bevidsthed om andre. Det fælles for disse forhindringer har at gøre med refleksiviteten, hvad enten det drejer sig om den enkeltes optagethed af andet end selve sagen, af egen fremtoning, af interaktionen eller af samtalepartnerens fremtoning. Jeg mener imidlertid ikke, at det problem, jeg fremhæver i prologen befinder sig på dette 'mikrokosmos' niveau. Problemet i undervisningen i dansk som andetsprog er af mere strukturel art, idet forhindringerne for et sådant *Unio Mystico* – som altså kan ses som en pendant til det pædagogiske frirum – snarere har at gøre med de politisk satte rammer for undervisningen, som er domineret af den omtalte kontrol og jagten på effektivitet.

Spørgsmålet er derfor, om der er andre måder at vende skuden, som Sadolin Holst udtrykker det. For at vende tilbage til Sorteper og spørgsmålet om ansvar, så ved vi jo belært af historien, at en tankeløs pareren ordre fra bund til top i et hierarkisk system kan få katastrofale følger. 'Jeg gjorde jo bare hvad jeg fik besked på' har i bagklogskabens lys derfor ikke længere legitimitet. Hver enkelt af os er forpligtet på at gøre indsigelse, når menneskelig værdighed, friheden til at være til og friheden til at kunne udtrykke sig trædes under fode, hvilket bl.a. sker, når reel integration hindres og erstattes af krav om assimilation; når mennesket ses som et middel og ikke som et mål i sig selv. Civil ulydighed har til tider været den mulighed, man måtte ty til, når andre muligheder var udtømt – det er det måske også i denne situation.

Litteratur

Andersen, H.C. (1948). Hvad fatter gør er altid det rigtige. I: Andersen, H. C. *Eventyr og historier.* København: Gyldendal.

Fjord Jensen, J. (1998). *Frirum – Voksenpædagogiske problemer og analyser.* Århus: Klim.

Hermann, Stefan. (2007). *Magt og oplysning – Folkeskolen 1950 til 2006.* København: Unge pædagoger.

Hviid Jacobsen, M., S. Kristiansen og N. Mortensen (2002). *Erving Goffman – Sociologien om det elementære livs sociale former.* København: Hans Reitzel.

Kemp, P. (2005). *Verdensborgeren som pædagogisk ideal.* København: Hans Reitzels Forlag.

Kemp, P. (2006). Den lærerløse skole, kronik. *Politiken,* 6.9.2006.

Politikens Nudansk ordbog (1996). 15. udg. København: Politikens Forlag.

Ricoeur, P. (1969). *The Symbolism of Evil.* New York: Beacon Press.

Stilling, H. (1978). *En dreng ved navn Herman.* København: Lindhardt og Ringhof.

Øhrgaard, P. (2008). Arven fra Goethe. I: Øhrstrøm, D. (red.). *Vild med dannelse.* Århus: Hovedland.

V. Intercultural Blindspots

Metalogue 12

The (In)Finity of the Self

II. *Om orientalsk renæssance og verdensfilosofi*

By Jesper Garsdal

I. *Selvets evighed og endelighed: Kierkegaard og Fichte med udblik*

Prologue

By Peter Wolsing

Medialogues

IV. *Ud over det intersubjektive*

Epilogue

By Peter Wolsing

III. *Psykopatologier*

By Jonas Jakobsen

The concept of the self and similarities between Kierkegaard's, Fichte's and Buddhist ethics is the topic of this metalogue. In the prologue, Peter Wolsing throws light on Kierkegaard's ethics from the perspective of the idealistic moral philosophy of Fichte. Furthermore, he suggests that Kirkegaard's and Fichte's ethics of mind have essential similarities with Buddhist ethics. In the first dialogue, Jesper Garsdal outlines different thematic, possible and real relations between Western philosophy and Buddhism, and between thinking and action. Garsdal asks whether the urgent need for existential communication and interreligious dialogue nowadays calls for a more pluralistic or even intercultural and "open" ethical foundation than Wolsing seems to propose. In the second dialogue, Jonas Jacobsen suggests (in line with the German philosopher Axel Honneth) that the ethical content Wolsing develops on the backdrops of Fichte and Kierkegaard is not the solution, but the problem behind many modern psychopathologies. A reconstruction of the philosophical foundation of this ethical content can help to understand, but not to solve present existential psychopathologies.

In the final epilogue, Wolsing defends Kierkegaard, Fichte and the primacy of subjectivity and the self, against the arguments of Honneth and Jakobsen.

Language: Danish

I. Selvets evighed og endelighed: Kierkegaard og Fichte om det etiske som indre befrielse. Med udblik til Buddhismen

Peter Wolsing

Sigtet med denne prolog er bl.a. at pege på et nært slægtskab mellem Kierkegaards og Fichtes filosofiske ærinder, særligt på deres grundlæggende fællestræk: den etiske individualisme, i hvilken sindelaget er i centrum for etisk værdi. For begge gælder det, at den enkelte i sit liv altid primært har at gøre med friheden: både som forudsætning for sit bevidste liv og som opgaven, formålet, for den moralske stræben: "Subjektiviteten er sandheden", hævdede Kierkegaard. Og ifølge Fichte (1979a) er menneskets forståelse af sig selv; af hvad det er, og hvad det skal gøre, en grundbetingelse for forståelsen og endog af alt virkeligt. De er derfor enige om at afvise enhver ydre instans – konventioner, normer, institutioner – som forankring for den menneskelige tilværelses moralske værdier. Tværtimod er det i selvforholdet, at den enkelte finder det absolutte, den evige magt – kort sagt: den al-historisk-kontingente tilværelses transcenderende instans, som alene kan udgøre forankringen for det individuelle historiske liv. Det er denne prologs sigte at pege på parallelle tankegange hos de to: Hos begge er *det* subjekt, som 'sætter' tilværelsen moralsk primært individet (senere forskydes det til at være gud). Endvidere vil det blive antydet, at de deler frihedsbegreb og i så henseende kan sættes i forbindelse med buddhistisk etik. Afslutningsvis – i epilogen – vil spørgsmålet om intersubjektivitetens rolle i den selvvirkeliggørelse, som Fichte sætter som opgave for det etiske liv, blive tematiseret.

Fokus vil være på stadielærene i Fichtes D*ie Bestimmung des Menschen* (BM) og i Kierkegaards *Enten-Eller* (E-E), da disse skrifter udviser interessante paralleller: Fichte præsenterer mulige former for selvforståelse, der har lighedspunkter med Kierkegaards tre livsstadier. Det fælles tema er 'det etiske', særligt spørgsmålet om den moralske stræbens mulighedsbetingelser og formål.

1. Den transcendentalfilosofiske dagsorden: Fichtes etik

Fra Kants etik overtager Fichte princippet om jegets autonomi, idet han opfatter det som en ubetinget handlen (*ein Tun*). Sindelagsetikkens fokus på den gode vilje som det eneste ubetinget gode (Kant) udelukker ifølge Fichte ikke et telos for den moralske handlen men lader dette være ét med dennes princip. *Viljen* er handlingens begyndelse, og dens lutring af sig selv er dens telos. Særligt Fichte tydeliggør denne cirkelbevægelse i den moralske stræben, hvor subjektet udadtil har at gøre med mellemmenneskelige relationer og indadtil med sig selv. Hans berygtede formel, jeg = jeg, udtrykker, at mennesket i hele sit bevidste liv – forestilling, tænkning, handling – dybest set er stillet i et selvforhold, som har karakter af en opgave, nemlig at blive selvgennemsigtig (på det teoretiske plan) og fri (på det praktiske plan). Med 'jeg' menes ikke den umiddelbare, individuelle selvbevidsthed, der sætter sin selviske vilje igennem i sine handlinger, men derimod det 'højere' (absolutte, frie) ideale jeg, der viser sig for individet som et "bør" i den moralske handlingssituation. At det moralske viser sig i samvittigheden, i et krav til agenten, vil sige, at det absolutte jeg manifesterer sig for det endelige, individuelle jeg. I den moralske handlen er et idealt indhold virksomt (autonomien), som jeget realiserer, hvis det lægger sin vilje ind i det gode. Det er ikke mig (i min umiddelbare selvforståelse), der handler, men omvendt går den gode handling forud for selvbevidstheden og manifesterer, hvad jeg dybest set er; først derefter opstår jeg-bevidstheden i en refleksiv akt over det, jeg gjorde præ-refleksivt. Sammenfattende består den moralske handlen ikke kun af et individuelt jeg og du; men det 'bør' (krav), der giver sig for agenten i situationen, indebærer en tredje, højere instans, som det er handlingens formål at realisere: I den moralske handlen møder jeget derfor ikke kun den anden men også sit eget ideale væsen, som det bliver opgaven at realisere. Ja, Fichtes absolutte jeg er det metafysisk primære, i.e. den idé, som det i handlingsrelationen sig befindende jeg, er en begrænsning af.

2. Naturens system og frihedens system

Den tanke, at det relationelle jeg er en deficient modus af det absolutte jeg, giver anledning til en idé om moralsk dannelse forstået som individets aktive selv-befrielse fra dets indre begræsning til den idealitet, frihed, som det grunder i. I *Bestimmung des Menschen* fra 1800, som formodentlig er det værk af Fichte, som Kierkegaard fra tidlige studieår var mest fortrolig med, udfolder Fichte denne selvbefrielse, som finder sted i tre stadier eller trin.

Første trins *tvivl* udtrykker vanskeligheden af valget mellem de to ifølge Fichte mulige filosofier, et naturens system og frihedens system. Naturens system, mere specifikt panteismen, bygger på et objektivistisk udgangspunkt og fremstiller et verdenshele af ting, der betinger hinanden gensidigt efter evige naturlove; alt hænger sammen med alt som årsag og virkning, og mennesket er blot en ting blandt andre, der ikke skiller sig ud ved andet, end at det kan danne et afbillede af den hele sammenhæng. Frihedens system bygger derimod på et subjektivistisk grundlag, da det fremstiller verden ud fra den umiddelbare selvbevidsthed: Al realitet, lige fra den simple sansning til verden som et system af mere eller mindre fyldige begreber og ideer, er frembragt bevidst, dvs. det tænkende jegs produkter. Vanskeligheden ved valget mellem de to systemer beror på, at begge er konsistente ud fra deres præmisser: Alting lader sig tænke som kausal sammenhæng ud fra nødvendighed; svagheden er imidlertid, at natursystemets determinisme vel tilfredsstiller forstanden men ikke hjertet, som aner en frihed, der ikke kan integreres i systemet. Derfor må valget ifølge Fichte falde på frihedens system, for

> Frihedens system stiller os tilfreds, det modsatte dræber og tilintetgør mit hjerte. At stå frem kold og død og blot være tilskuer til begivenhedernes skiften, et ubevægeligt spejl af passerende skikkelser – denne tilværelse er ubærlig for mig, jeg forsmår og forbander den (Fichte 1979a: 32, egen oversættelse).

Med andre ord er det Fichtes argument, at et filosofisk system – en totalforståelse af verden – skal kunne gøre livet muligt, altså at teori må være underordnet en praktisk interesse i indre frigørelse. Af samme grund pointerer Fichte, at den frihedsfilosofi, der skal kunne rumme både system og eksistens ikke standser ved den teoretiske filosofi men derimod betragter denne som en slags hæmmet handling. Der er den indbyggede spænding i al teori, at den på én gang betegner et betragtende, passivt, forhold til verden, og samtidig er et produkt af tænkningens virksomhed, dvs. af en spontan akt, dvs. har absolut karakter. Tanken er, at denne virksomhed forløses fra sin hæmmede, tilbagetrængte tilstand, som den er fastholdt i som teoriens blotte *afbillede* af verden; det sker i praksis, hvor virksomheden viser, hvad den i grunden er (nemlig frihed), idet den tager skikkelse af et *forbillede* i en aktiv indgriben i og forandring af verden. Det altoverskyggende ærinde i Fichtes tænkning er, at teori og praksis er 'intelligente' (bevidste) måder, hvorpå jeget sætter sig selv absolut. Erkendende er det 'kun' til på rent teoretisk vis; først i det moralsk-praktiske engagement arbejder det viljeskraftigt på sin sanselighed i selvforædlings øjemed, dvs. i det anliggende at virkeliggøre sin iboende idealitet/moralitet, sin frihed. Det filosofiske system må – for at leve op til kravet om individets livsmulighed – 'toppe' i en moralsk verdensanskuelse, et formålenes rige. Systemet må ikke kun indeholde summen af alt faktisk/givet men også det som bør være, eller: der må kunne øjnes en ideal tendens i det faktiske. – Dette krav indfris i historiefilosofien, hvis linje er frihedens virkeliggørelse, altså objektiveringen af det absolutte, som individets væsen.

3. Troen som frihedens indre handling: Jeget, der bliver lig sig selv

Men individets selvvirkeliggørelse er ikke betinget af historiens udvikling; det er ikke sådan, at jeg kun kan blive mig selv i ideel, absolut forstand under forudsætning af, at verdenshistorien faktisk bevæger sig mod fuldkommenhed. Åndens historie og verdenshistorien adlyder forskellige love. Som borger, aktør i institutioner (familie, arbejde, samfund) er mit engagement underlagt en lang række faktorer, 'nødvendigheder', modstridende interesser, som mine handlinger forsvinder i, ja ofte fordrejes disse til slette resultater. Dette skaber en konflikt mellem den moralske vilje hos individet og verdens gang, dog kun tilsyneladende, fordi viljens egentlige genstand er den selv. Kort fortalt bærer den moralske stræben frugten i sig, hvis den opfattes som en *indvortes* gerning: Jeget er både subjekt og objekt for den moralske stræben.

Hermed åbner der sig bag den ydre, sanselige verden en indre, oversanselig verden med en 'evig orden' bag den ydre historiske orden. Uafhængigt af den ydre verdens uigennemskuelige, eksterne betingelser, udgør hin indre verden åndens rige, hvor individet arbejder på sig selv som tænkende, følende og villende. Her viser Fichte, hvad det har på sig med friheden: individet har friheden som opgave som en indre lutring af hjertet. Dog er drivkraften bag dette arbejde troen, dvs. en umiddelbar vished om at den moralske stræben vil bære frugt. Arbejdet for det gode er indskrevet i en orden ifølge åndelige love, som er overordnet individet, og min frihed består i at handle ud fra kendskabet til disse love. Men lovene er betingelser for, at den vished, jeg handler ud fra, også faktisk bliver resultat, dvs. at den frihed, der først postulerer muligheden af jegets indre, åndelige befrielse til sig selv, også går i opfyldelse. Dette kan jeg kun *tro*.

Opdagelsen af handlingslivets indre kausalitet ifølge åndelige love, vil – for det individ, der forstår sig selv ret – medføre en omvending i form af en afdøen fra den identitet, der er knyttet til den historiske verden, og en genfødsel i troen. At kunne se den skjulte, cirkulære struktur bag den udadrettede, lineære struktur i det moralske engagement i verden, er begyndelsen til den egentlige frihed. Her i dette eksklusive

selvforhold midt i det offentlige liv i mellemmenneskelige relationer, jeg
også fører, besidder jeg selvstændighed og uafhængighed, for jeg kan –
med Fichtes ord – ligge under for ydre tvang, men det kan min vilje
ikke. Viljen kan kun påvirke sig selv. En ufri vilje er en selvmodsigelse.
Frihedsbevidstheden, som både er viljens betingelse, og som udstikker
dens formål, er tillige bevidstheden om godt og ondt i forhold til jegets
oversanselige liv, dets opgave og muligheder. I individets interesse i sin
indre befrielse, i at lutres til at kunne blive sig selv, er Fichte derfor
ret optimistisk, som de afsluttende ord fra BM udtrykker om den –
begrundede – vished, som det troende menneske har: "Min ånd er for
evigt lukket af for forlegenheden og forvirringen, for usikkerheden, for
tvivlen og ængsteligheden; mit hjerte for sorgen, for angeren, for begæret"
(1979a: 147, egen oversættelse).

4. Problemet om selv-valgets absoluthed: Spændingen mellem evighed og endelighed. Kierkegaard

Grundtemaet i BM, at et overbevisende filosofisk system må bygge på
friheden og åbne for individets livsmulighed, har uden tvivl influeret
Kierkegaards tænkning fra de tidligste studieår, hvor han fortrinsvis
gennem Martensens forelæsninger blev gjort bekendt med dette værk
af Fichte.

Særligt tydelig er parallellen til E-E, hvor man sporer inspiration fra
Fichtes dramatik (i valget mellem naturens system og frihedens system)
i hhv. den æstetiske og den etiske livsholdning. Således karakteriserer
assessor Wilhelm den kontemplative modus af det æstetiske som
en teoretisk distanceret fremstilling af naturen og historien som
objektive, lovbundne processer (Kierkegaard 1997a: 166). Med kritisk
blik til Hegels historiefilosofi påpeger Kierkegaard problemet i den
videnskabelige forståelse af individers handlinger: Tænkningen indføjer
dem i en omfattende samfundmæssig "tingenes orden", hvor de forsvinder
i historiens lange udvikling (Hegel). Men den tænkende betragtning ser
ikke, at visse handlingers egentlige betydning ligger i det "indvortes", dvs.
udtrykker et individs overtagelse af sig selv, hvorved der sættes en absolut

forskel mellem en passiv gåen op i helhedens liv og den aktive selv-overtagelse af sit liv. At det etiske – selv-overtagelsen – ikke indfanges i systemet, hænger sammen med, at friheden, som individet opdager sig selv igennem, ikke er tilgængelig for tænkningen men kun manifesterer sig igennem valget. Som hos Fichte er valget grundløst qua ubetinget, dvs. uden ydre årsag; dets genstand er heller intet ydre givet men derimod selvet. Selv-valget er derfor en fri, dvs. selvberoende og cirkulær handling, hvori subjektet hæver sig over sin endeligheds bestemthed og centraliserer sig i sig selv. Det unddrager sig det historiefilosofiske blik.

Som absolut bliver det vælgende subjekt i selvovertagelsens øjeblik sig selv bevidst i sin evige gyldighed, men bevægelsen er dobbeltrettet: nedadtil i tiden gør dette evige sig gældende i skikkelse af en "indre uendelighed", dvs. i fordringen om at gribe om sin livshistories helhed. Skal jeg altså blive mig selv, slutte mig sammen med mig selv, må jeg kunne samle min fortid og bringe den ind i nærværets evighed. Jeg må så at sige arbejde mit hidtidige livs forvikling med livsrelationerne (ting og mennesker, gjorte gerninger) af, sone min skyld. Jeg er ikke *virkeligt* evig i selv-valgets øjeblik men må først hente mig selv tilbage, få ordnet mit udestående for at blive hel. Kierkegaard pointerer her viljens betydning, da det evige selv er den personlige integritet. Ved at bestemme viljen som kærligheden, der viser sig som angerens forsøg på at frigøre sig fra skylden, hævder Kierkegaard, at det evige i mennesket ikke er den hegelske identitet af væren med tænkning. Kun ansigt til ansigt med min skyld, mit historiske liv, kan jeg ved kærlighedens hjælp forsøge at angre mig fri af min fangethed i endeligheden. 'Det etiske' dækker således over den cirkulære bevægelse at angre sig ud af tilværelsen, dvs. ved kærligheden først at vedkende sig det onde i én selv for at komme fri af det; at forløse sig fra endeligheden til evighedens helhed, integritet, til rent nærvær, frelse og salighed. Sammenfattende hedder det om denne uendeliggørelsens cirkelbevægelse:

Ved individets omgang med sig selv besvangres individet med sig selv og føder sig selv. Det selv, individet kender, er på én gang det virkelige selv og det ideale selv, som individet har uden for sig som det billede, i hvis lighed

328

det skal danne sig, og som det dog på den anden side har i sig, da det er det selv (Kierkegaard 1997a: 246–7).

5. Den etiske livsproblematik – moral- eller eksistensfilosofi

Det gennemgående tema i begge forfatterskaber er interessen i den etiske livsproblematik hos det enkelte menneske. Men Kierkegaards bemærkning i *Begrebet Angest* (BA) om, at etikken strander på menneskets syndighed (1997b: 324ff); og en tidlig kommentar i *Papirerne* om, at Fichte i sin systematiske udførelse af, hvordan "Jeget bliver lig jeget ved at kaste den empiriske baglast overbord kuldsejler" (1909: 1, 130), vidner om, at Kierkegaard bevidst sætter den etiske livsproblematik på et andet plan: Assessor Wilhelms moralfilosofiske optimisme (eller selvtilfredshed) kan ikke holde stand i en stadig større vægtning af de negative psykiske fænomener: angsten, synden. Og ikke mindst den vægt, der tillægges det dæmoniske i BA viser, at Kierkegaard tillægger det psyko-fysiske (sanselighed, seksualitet) en tyngde, der får den moralske stræben til at segne. – Sagt lidt frit: Fichtes jeg = jeg er sat *for* ideelt i tænkningen, han har stirret sig blind på frihedsbevidstheden på bekostning af det psyko-somatiske, hvis magt over vilje og følelse ikke så let går op for refleksionen. Når Kierkegaard derfor fra først til sidst i sit forfatterskab stædigt insisterer på at forstå mennesket ud fra livet og ikke ud fra filosofien, systemet, videnskaben, er det ikke, fordi han vil noget helt andet end eksempelvis Fichte. Den etiske livsproblematik forstået som den opgave det er for ethvert menneske at blive sig selv og dermed fri er den samme, men han mener, at selvforholdet må behandles litterært i skikkelse af mulige livsholdninger, som individers bestemte eksistensmåder, fordi det ikke er som abstrakt refleksion men i det levende, eksisterende selvforhold, dvs. igennem rodfæstetheden i det sanselige-fysiske, at betingelsen opstår for, at jeget kan få greb om sig selv og derfra befri sig selv.

Hvor Fichte griber det etiske an 'oppefra' – ud fra frihedens vished (i.e. postulat) –, nærmer Kierkegaard sig den 'nedefra', eksistensdialektisk. Kierkegaard fokuserer på en empirisk mangfoldighed af psykologisk og moralsk patologiske former for ufrihed – variationer over fangeskabet i endeligheden som følge af synden – og tiltror ikke den moralske stræben nogen virkeligt forløsende kraft. Omvendt kunne Fichte hævde, at Kierkegaard spænder ben for sig selv ved at standse ved angeren som forløsningens eneste (præ-religiøse) form. Fortidens grad af tyngde vælger man selv, og etisk set gør man klogest i at rette sig – energisk stræbende – mod det fremtidige, mulige. Hertil bemærker Kierkegaard syrligt, at Fichte ikke har tid til angeren (1997b: 419).

6. Kierkegaards og Fichtes 'etiske' i udblik til Buddhismen

Umiddelbart kan en perspektivering af det Kierkegaardsk-Fichteske begreb om 'det etiske' til Buddhismen forekomme søgt. Tilhørsforholdet til to forskellige, idéhistorisk sikkert helt uafhængige, kulturkredse, der tilmed traditionelt opfattes som væsensforskellige, synes at udelukke berøringsflader: Den verdens- og livsfornægtende, indiske tænkning og den verdens- og livsbekræftende, vestlige tænkning, har ifølge f.eks. Albert Schweitzer (1956) helt modsatrettede orienteringer som hhv. positiv og negativ værdsættelse af tilværelsen. Globaliseringens tidsalder udfordrer imidlertid til interkulturel dialog, og en sådan må nødvendigvis udfolde sig som en spænding mellem blik for fælleshed og forskellighed. Tesen her er – skitseagtigt tegnet – at der er væsentlige fællestræk mellem Fichtes og Kierkegaards sindelagsetiske og den buddhistiske etikkonception. I modsætning til teleologiske moralfilosofier af aristotelisk eller utilitaristisk art, der måles på udviklingsgraden af samfundsmæssige tilstande, sigter sindelagsetikken på handlingens indre kausalitet (jf. 'indvortes handling'). På det absolutte grundlag, som er 'jegets sætten-sig-selv-som-sig-selv' (Fichte) eller 'selv-valget' (Kierkegaard) udfoldes en metafysik om selvet, som er anlagt på frihed, absoluthed i en radikal, åndelig forstand. Uden den forudsætning, at selvet – hos begge – i grunden er evigt, lader Fichtes og Kierkegaards etik – som en realisering af det evige selv - sig slet ikke forstå. Det gode er slet og ret den tilstand af frihed, dvs. frelse, salighed, reintegration, som er den moralske stræbens formål.

Parallellen til buddhismen er her tydelig. Som hos Kierkegaard

330

fravælges også den spekulative tænkning til fordel for en optagethed af egen eksistens: lidelsen med dens udspring i den uvidenhed, som er den primære årsag til tilknytningen til den foranderlige verden. Den buddhistiske filosofi er underordnet den praktiske interesse i at befri fra lidelsen ved at præsentere individet for en idé om nirvana (realiseret frihed). Da læren 'ser' individet ud fra frihedens (nirvanas) standpunkt, og da det ufri individ må befri sig selv, må læren præsentere sig negativt for eleven, dvs. gøre individet begribeligt, at dets endelige – dvs. tilknyttede – selv er en illusion. Den filosofiske antropologi lærer, at selvet er en sammensætning af elementer (skandhaer), der er betinget af tilknytningen til den foranderlige verden: Kropslig form, følelse, forestilling, viljes-dispositioner og bevidsthed, eksisterer kun i tilknytningens tilstand, dvs. under foranderlighedens (dødens) vilkår. I virkeligheden – dvs. set ud fra nirvanas synsvinkel – er selvet ikke-eksisterende, kun en sum af dele. Hvad der frembringer og opretholder illusionen om selvet er *karma*, dvs. selviske handlinger udført i og med henblik på opretholdelsen af tilknytningen. Selvets – illusoriske – identitet i form af et kompleks af skandhaer er således forbundet med tilknytningen til den sanselige, foranderlige verden. Det etiske i buddhismen består kort – og nødtørftigt – sagt i praktiseringen (meditativt, terapeutisk) af indsigten i selvets illusion, hvilken medfører en løsnen sig fra tilknytningen og dermed en opløsning af selvets kompleks, som sluttelig fører til realiseringen af nirvana, den indre befrielse.

Fællestrækkene i buddhismen og hos Kierkegaard og Fichte består i op-fattelsen af 'det etiske' som en indre befrielse, dvs. lidt forenklet udtrykt: en opstigning fra endelighed til evighed. Men en afgørende forskel synes at være i bedømmelsen af viljens betydning. Her insisterer buddhismen på en passivitet, en given slip, opløsning af tilknytningen til det sanselige, en opløsning af (illusionen om) selvet. Derimod tillægger Fichte og Kierkegaard begge viljen og personligheden en afgørende positiv betydning. Denne forskel er for så vidt reel nok, men det afgørende er, at fokus på jeget og handlingen hos de to *ikke* bekræfter tilknytningen til verden. Tværtimod. For set ud fra endelighedens synsvinkel har viljen (jegets sætten sig selv; valget) den funktion at bevirke en samlen sig *fra* den sanselige adspredelse, altså en koncentration, hvori personligheden så vil træde frem for sig selv og møde sit evighedsaspekt! To modsatrettede bevægelser: en aktivitet og en passivitet; en opløsning af selvet, en sætten-selvet. Begge bevirker det samme, nemlig frihed.

II. Handling og tænkning, tid og tomhed – om orientalsk renæssance og verdensfilosofi

Jesper Garsdal

Peter Wolsing behandler i sin prolog *Selvets evighed og endelighed: Kierkegaard og Fichte om det etiske som indre befrielse* forskellige temaer, som både er centrale for forståelsen af forholdet imellem Kierkegaard og Fichte, og for filosofisk samtale imellem vestlig filosofi og indisk filosofi, specielt dele af den indiske buddhisme. Endelig har disse temaer også en mere generel eksistentiel og erkendelsesteoretisk interesse.

Jeg vil sammenfatte nogle af de mange perspektiver, der er i artiklen, under følgende overskrifter:

1. Mennesket er jfr. Kierkegaard ånd forstået som en syntese eller forhold mellem det sjælelige og det legemlige – eller mere præcist det i forholdet, der forholder sig til sig selv som forhold. Et centralt anliggende i Wolsings tekst kan karakteriseres som en filosofisk antropologisk analyse af forholdet mellem den "sjælelig-legemlige" og "den åndelige" side af mennesket.

2. Denne problemstilling præsenteres igennem en glimrende påvisning af Fichtes betydning for Kierkegaard, og dermed angives også det andet tema, som belyser forståelsen af forholdet mellem ånd og sjæl-

legeme ud fra Fichtes analyser af handlingslivet således, som de er dannet ud fra en videreudvikling og transformerende overskridelse af Kants praktiske filosofi. Fichte danner med sin beskrivelse af det handlende jeg, som noget der er "før" jeg-bevidstheden, et i den vestlige filosofi nyt begreb om handling, der kan ses som en central inspiration for Kierkegaards eksistenstænkning.

3. Wolsing påpeger endvidere, at der er et tredje tema, som er fælles for Fichte og Kierkegaard, nemlig den enkeltes frihed. Wolsing kommer her også med nogle præcise bemærkninger om dette i forhold til, hvad der var Kierkegaards anliggende i forhold til Hegel.

4. Endelig påpeger Wolsing, at selv om der er iøjnefaldende ligheder mellem (indisk) buddhisme og Kierkegaard og Fichtes anliggender, så er der også centrale forskelle i forhold til opfattelsen af viljens betydning.

Artiklen åbner op for en mængde af frugtbare perspektiver og indfaldsvinkler; jeg bliver her nødt til at begrænse mig til nogle få spørgsmål.

Wolsing skriver forsigtigt, at sammenligningen til buddhismen måske kan virke "søgt", men jeg mener, at han har fat i nogle helt centrale pointer ved at sammenholde begrebet om karma med Fichtes begreb om en handling, hvorigennem jeget kommer til bevidsthed om sig selv og ikke blot eksisterer forud for handlingen og ved at sammenholde den buddhistiske ide om de 5 skandhaer med det, jeg har kaldt det sjælelige-legemlige kompleks. Samlet set giver dette nye interessante perspektiver på ikke blot Kierkegaards eksistenstænkning, men også tysk filosofi i det 19. århundrede.

Selv om kulturkredsene (den tysk-danske i slutningen af det 18. og i det 19. århundrede og den indisk-buddhistiske) er meget forskellige, så var der netop i denne tid generelt i Tyskland en stor interesse for indisk filosofisk tænkning. Denne interesse havde et sådant omfang, at der som Raymond Schwab har gjort opmærksom på (1984), blev talt om en *Oriental Renaissance* i Tyskland, hvilket også er baggrunden for indologiens stærke position i Tyskland. Den orientalske renæssance var i begyndelsen specielt orienteret imod hinduismen, medens buddhismen i begyndelsen blev betragtet som rendyrket nihilisme, et forhold der dog ændrede sig i takt med, at der efterhånden også kom oversættelser af buddhistiske tekster. Denne interesse for indisk tænkning er forsvundet lidt ud af idehistorien af forskellige grunde, hvoraf den vigtigste nok er følgende: den begejstring, der opstod som følge af påvisningen af indo-euopæiske *sproglige* fællestræk, førte til flere forskellige former for *kulturelle* teorier om "de ariske folks" oprindelse, teorier, der som bekendt indgik stærkt i nazistisk ideologi, og den er endvidere mere generelt, men meget omdiskuteret, også blevet beskyldt for at ligge bag racisme i det 19. århundredes universitetsverden og videnssociologi (Bernal/Lefkowitsch diskussionen (se Binsbergen (1997)). Grunden til, at jeg nævner dette, er, at selv om disse kritikker har været og stadig er væsentlige ud fra både menneskerettighedsperspektiver, postkoloniale kritikker og mere generelle idehistoriske perspektiver, så har de samtidigt skygget for andre tilgange til denne idehistoriske relation imellem Tyskland og Indien. Jeg vil derfor ikke mere dvæle ved disse kritikker, men vende tilbage til Wolsings anliggende og samtidig se det i lyset af den orientalske renæssance i Tyskland.

Wolsings systematiske analyse af karma i forhold til Fichte og Kierkegard kan ud fra en idehistorisk betragtning måske også udvides til at inddrage ikke-buddhistisk indisk tænkning. Et godt sted at starte kunne måske være Saverio Marchingnolis analyse af den rolle *Bhagavadgita* spillede ikke blot for opfattelsen Karma Yoga, men også for udviklingen af nyere ideer om forholdet imellem æstetik, filosofi og religion i den tidlige fase af den orientalske renæssance (Marchingnoli 2001).

Wolsings påpegning af både ligheder og forskelle mellem Fichte/Kierkegaard og den buddhistiske handlingsanalyse kan endvidere måske også bringes i et frugtbart samspil med diskussioner indenfor nyere verdensfilosofi og dele af den komparative teologi, hvor begreberne om temporalitet og intethed/tømning står centralt. Der har eksempelvis været forskellige interaktioner mellem den såkaldte Kyotoskole og vestlig kontinental tænkning, specielt Heidegger, i løbet af det 20. århundrede.

Et centralt tema er her, hvorledes man skal fortolke Meister Eckharts værker, specielt hans beskrivelser af forholdet mellem positive og negative former for kristen mystik, hvor Kyotoskolens tænkere på forskellig vis sammenligner Eckharts negative former for kristen teologi med Mahayana-buddhistiske begreber om 'intethed/tømning' (*sunyata*). I forhold til en systematisk komparativ analyse af østasiatisk buddhisme og tysk tænkning i det 19. århundrede kunne man se på, hvorledes Eckhart – og senere den tyske mystik – opfattes af Luther og senere i den sene tyske idealisme, hvilket yderligere kunne tematisere det spørgsmål om forholdet imellem historie og indre tid, som Wolsing også er inde på.

Afslutningsvis vil jeg i forlængelse af dette spørge om, hvorledes Wolsing kunne tænke sig at forbinde denne handlingsfilosofi med et begreb om tænkning. Givet, at der er noget om Kierkegaards kritik af den systematisk-begrebslige udfoldelse af 'ideens system' hos Hegel, så kan man sige, at Kierkegaard får peget på noget meget centralt, nemlig den eksistentielle frihed og betydningen af 'hin enkelte'. Men man kunne måske mene, at Kierkegaard får et noget tyndbenet begreb om tænkningen, selv om man omvendt også, som undertegnede inspireret af Kyotoskolen på et tidspunkt har gjort det, kan hævde, at Kierkegaard via sin paradoksale tænkning peger mod en 'opløsning' af tænkningens (begrebs-)form på samme måde som man gør i buddhistisk meditation over de 4 typer af form. Dette ændrer dog ikke på, at man stadig kan stille spørgsmål som: gives der en positiv fænomenologi for processuel tænkning og hvorledes kan vi i givet fald forestille os, at en sådan tænkning er stillet i forhold til den handlingsanalyse som Wolsing har udfoldet, og endelig hvorledes vi kan forstille os en sådan fænomenologi kommunikeret?

Dette fører mig frem til det sidste punkt. Tænkningen kan jo – i hvert fald ifølge dele af den tyske idealisme – bredt forstået ses som Logos med stort L (det teologiske 'Ords' frelsende betydning); men hvis nu vi forestiller os, at det er *igennem* Logos – *dia-logos* – at vi kommunikerer med hinanden, hvordan kan vi da forestille os, at en sådan eksistentiel kommunikation kan foregå? Kierkegaard har selv en del overvejelser om den indirekte eksistentielle meddelelse, overvejelser som til dels er analoge med eksistentielle meddelelsesteorier i for eksempel buddhisme og dele af sufismen inden for Islam. Men i forhold til ikke blot en interkulturel, men også en interreligiøs og religiøs/ikke religiøs eksistentiel kommunikation, kunne man stille spørgsmålet, om vi skal prøve at finde en fælles kommunikationsteori, eller i stedet arbejde med en pluralitet af betydninger af hvad dialog er, som så kan "lappe ind over hinanden". Sagt med andre ord: skal vi gå fra en ekskluderende til en inkluderende eller en pluralistisk (ikke relativistisk) opfattelse af tilværelsen og måden/måderne, hvormed vi kan kommunikere med hinanden om dette spørgsmål, eller findes der en middelvej imellem disse positioner?

III. Psykopatalogier

Jonas Jakobsen

Prologen argumenterer overbevisende for, at der består et (ofte overset) slægtskab mellem subjektivitetstænkerne Kierkegaard og Fichte. Mennesket er ifølge begge et væsen der – som eksisterende enkeltsubjekt – altid har med frihedsproblemet at gøre. Både i vores erkendelses- og handlingspraksis er vi interesseret i at lykkes med vores egen eksistens, en interesse, der stiller os overfor en fundamental opgave af etisk natur: at overtage vores 'endelige selv' – dvs. det selv historisk-kontingente omstændigheder har gjort os til – ved at forankre vores selv-forhold i det absolutte og evige i mennesket: den frihed, vi som åndsvæsener dybest set *er*. Eksistensens opgave lader sig således ikke realisere, hvis vi kun forholder os til ydre instanser, f.eks. konventioner, normer og samfundsinstitutioner. Mennesket må også lykkes med den indvortes gerning, dvs. det arbejde, hvor vi aktivt bringer selvets reale indhold i overensstemmelse med dets idealitet, dvs. med det 'absolutte jeg' (Fichte) eller 'ideale selv' (Kierkegaard), som fremstår for os som en etisk fordring. Særlig interessant er efter min mening Wolsings sammenligning af Fichtes perspektiv "ovenfra" på denne opgave, og Kierkegaards perspektiv "nedefra", hvor sidstnævnte åbner for mere empiriske analyser af mislykkede forsøg på at løse den. Afslutningsvist påpeges der – trods al forskellighed – et slægtskab mellem på den ene side Fichtes og Kierkegaards underordning af Theoria under Praksis og på den anden side den buddhistiske underordning af sin egen filosofi under den praktiske interesse i befrielse fra egoets lidelsesprægede tilknytning til den sanselige verdens begær og aversioner.

Min første kommentar angår Fichte. Wolsing betoner gennemgående vores *uafhængighed* af det ydre og interpersonelle, og lægger med Fichte op til, at jeg kan hæve mig selv op til absoluthed gennem min viljes påvirkning af mig selv. Denne fiksering på det intra-subjektive vil for mange moderne og kontekstualistisk orienterede læsere lyde som en art misforstået egoisme eller selvoptagethed: Relationer og bånd er en potentiel begrænsning jeg må vende mig bort fra, for at dyrke min egen frihed og indre salighed. Ifølge frankfurterfilosoffen Axel Honneth, er det netop den paradigmatiske tro på, at individet er "den ubundne kilde til sin egen frihed" (2003: 134), der skaber psykopatologier i vores nutidige og grænseløse selvudviklingskultur, f.eks. i form af ensomhed, stress eller depression. Vi stirrer os blinde på viljens evne til at bestemme sig selv, men med en ny tomhed eller 'lidelse af ubestemthed' som følge, der skyldes, at friheden ikke bestemmes gennem selvoverskridende og meningsfulde projekter *med andre* (Honneth 2001). Selv om Wolsing nævner, at det indvortes har en udvortes komponent i handlingslivet, får man ikke indtryk af, at andre subjekter kan have en positiv indflydelse på subjektets frihedsformåen – tværtimod. Men sætter Fichte ikke netop det intersubjektive forhold som en transcendental betingelse for subjektets frihed og praktiske selvbevidsthed i sin *Naturrechtslehre* (1971)? Han nævnes i hvert fald af Honneth som en vigtig intersubjektivitetstænker, da Fichte her udvikler den forestilling, at jeg først bliver bevidst om min egen frihed efter at et andet subjekt har *opfordret* mig til en frihedshandling, og derigennem *anerkendt* mig som et rationelt og frit væsen. Intersubjektiv anerkendelse er dermed selve den grundlæggende, ontologiske forudsætning for vores konstituering som moralske væsener i et fællesskab.

Mine to sidste spørgsmål går på prologens sidste del. Wolsing beskriver her Buddhismen som en passivitetens vej, og Fichte/Kierkegaard som aktivitetens vej til det samme mål: afviklingen af den lidelsesprægede forvikling i det sanselige/æstetiske. Buddhismen vil passivt opløse viljen, de to andre vil aktivt tage den i brug i befrielsens tjeneste. Men er det ikke relativt til, hvad man lægger i begreber som aktivitet og passivitet? Jeg vil i hvert fald mene, at man kan finde både et passivt og aktivt moment i begge traditioner: Meditationspraksissen beskrives f.eks. ofte som særdeles 'villet' og 'aktiv', dvs. som et arbejde, der netop kræver selv-determinering, motivation og valg. Det andet trin på 'den ottefoldede vej' – *ret intention* – betoner (modsat det første punkt: ret opfattelse) ikke det kognitive, men det intentionelle eller *viljesmæssige* aspekt af befrielsen fra lidelse/dukkha: den mentale energi, som aktivt kontrollerer vore handlinger. Samtidig er det klart, at når Kierkegaard (1994) i sine opbyggelige taler kræver, at vi *tilintetgør os selv for Gud*, dvs. *gør os selv til intet*, så er der tale om en radikal overgivelse og opgivelse af selvet som et personligt selv, snarere end aktivitet på vegne af dette selv.

IV. Ud over det intersubjektive

Peter Wolsing

I mit dialogsvar vil jeg tage stilling til Jonas Jakobsens indvendinger, da de peger på et ifølge moderne vestlig tankegang kontroversielt træk ved den subjektivitetsorienterede tænkning, som Kierkegaard og Fichte repræsenterer. Når jeg undlader at tage stilling til Jesper Garsdals dialogsvar, skyldes det ene og alene, at Garsdal har fravalgt at gøre sine eventuelle indvendinger gældende, idet han sætter alt ind på at udfolde en vifte af frugtbare perspektiver til videre forskning i dialogen mellem vestlig og orientalsk, særligt buddhistisk tankegang. Disse konstruktive forslag har jeg stiltiende taget til efterretning i forhold til mit videre arbejde med dette tema.

Jakobsen åbner sit perspektiv for en konstruktiv kritisk dialog med min tekst ved at tematisere den sene Frankfurterskoles (Honneths) socialfilosofiske tænkning som en kritisk indfaldsvinkel til (eksistens- og) subjektfilosofien. Han gør Honneths tese gældende, at ganske vist er den moderne tidsalder individualistisk, men deraf følger ikke, at individet er et subjekt, der udvikler sig af indre kraft og evne; tværtimod virkeliggør det alle sine facetter i den sociale livspraksis inden for samfundets institutionelle sammenhænge. For at forstå forholdet mellem selvvirkeliggørelse og det almene liv, trækker Honneth på Hegels Rets- filosofi. Fra Hegel overtager Honneth idéen om frihedens virkeliggørelse som individets selv*bestemmelse,* dvs. som dets bestemmen sig for et substantielt liv med og for andre. Selvvirkeliggørelse er altså alt andet end uafhængighedens ubestemte, vilkårlige livsførelse. Denne negative frihed er nemlig falsk, fordi dens subjekt har 'de andre', objektiviteten som grænse i stedet for som mulighed. Eksempelvis opnår den utilpassede boheme og romantikeren aldrig et sammenhængende, konkret liv men fanger sig selv i en ubestemthed, der fører til ensomhed, tomhed og depression. "Lidelse af ubestemthed" er Honneths udtryk for disse patologiske former for misforstået frihed, som også er udbredt i nutidens grænseløse selvudviklingskultur, hvor der forgæves stræbes efter en indre salighed, uafhængigt af det samfundsmæssige liv.

I sit dialogsvar argumenterer Jakobsen for det synspunkt, at mit fokus på Fichtes og Kierkegaards opfattelser af 'det etiske' som et liv, hvor in- dividet eksklusivt har sin egen frihed som 'projekt', ignorerer samfundets, intersubjektivitetens betydning for den substantielle selvvirkeliggørelse. Med Honneth argumenterer han for, at individets liv tværtimod havner i tomhed, ensomhed og depression, i det omfang det unddrager sig den sociale bestemthed. Honneth påpeger angiveligt, at også Fichte sætter intersubjektive forhold som betingelser for subjektets frihed og praktiske selvbevidsthed (jf. Jakobsens dialogsvar). Jakobsens kritik af min stærke betoning af subjektiviteten munder ud i det positive forslag, at frihed ikke er den enkeltes ensomme anliggende men realiseres intersubjektivt i "selvoverskridende og meningsfulde projekter med andre".

Mit svar til Jakobsen er tre-delt: *Først* vil jeg præcisere Fichtes opfattelse af frihedens placering i forholdet individ-fællesskab/intersubjektivitet. *Dernæst* argumenterer jeg for et forbehold over for Honneths optimistiske tro på, at friheden kan blive virkelig, i.e. at individet bliver sig selv i en gåen op i samfundets liv. *Endelig* vil jeg afslutningsvis antyde, at livsverdenens intersubjektivitet tilbyder et rum for interkulturelle møder, der tematiserer tilværelsens yderste filosofiske og religiøse spørgsmål, og at dette aktualiserer Kierkegaards og Fichtes begreb om den absolutte subjektivitet.

I sit *Naturretsskrift* (NRS) peger Fichte ganske rigtigt på det sociale liv som en betingelse for individets selvvirkeliggørelse: "mennesket bliver kun blandt mennesker et menneske", og "alle individer må opdrages til mennesker", hedder det (1979b: 39, egen oversættelse). Skriftet er en systematisk fremstilling af de institutionelle sammenhænge (rets-liv; familie; borgerlighed etc.) ud fra deres bidrag til individets virke-liggørelse af sin almenmenneskelighed. At påvirkning fra 'de andre' er en uomgængelig betingelse for individets dannelse til et helt, frit menneske, synes umiddelbart at modsige Fichtes hævdelse, at den enkelte er et absolut subjekt i betydningen en ubetinget sætten-sig-selv. Modstriden er dog kun tilsyneladende; Fichte taler om opdragelse i betydningen af en *opfordring* og ikke som en ydre, bevirkende årsag, der præger individet, som man f.eks. præger en mønt. Tværtimod indeholder begrebet "opfordring" den dobbelthed, at man faktisk kan påvirke den anden til frihed: "Opfordringen til fri selvvirksomhed er det, som man kalder opdragelse" (1979b: 39, egen oversættelse).

Det er således Fichtes opfattelse, at livet med andre mennesker er en nødvendig betingelse for individets dannelse, men også at individets væren aldrig kan være bevirket eller præget (i ovennævnte betydning) af noget andet. Enhver ydre påvirkning modtages altid af individet, der forholder sig til det, dvs. opfatter og handler i forhold til denne påvirkning. Ganske vist bliver mennesket måske aldrig helt subjekt (en ubetinget sætten-sig-selv), og det har brug for et modspil fra omgivelserne for at blive frit. I alle livsforhold og -aldre har vi mulighed for at "sætte os selv" stadig mere. Omgivelsen er en faktisk betingelse, men det er frihedsbevidstheden, der er den *transcendentale* betingelse i betydningen af det, der overhovedet gør frihed til anliggende og ideal for individet. Og den er kriterium for at afgøre, om den i en bestemt individuel tilværelse opnåede frihed nu også er den absolutte frihed. Fichte mener således, at der er metafysiske betingelser i subjektet for det at blive et frit menneske.

Når interaktionen har karakter af opfordring, skulle den gå fri af den objektivering, der altid også er på spil i sociale relationer i form af f.eks. magt, tvang, manipulation o.lign. Dens sigte er at fratage individet dets eventulle falske selvforståelse som ting, f.eks. rolle, funktion o.lign. og bevidstgøre det om dets menneskepligt, nemlig at virkeliggøre sig som helstøbt, selvberoende frit væsen i livet med andre. Fichtes anliggende i sin naturretsfilosofi (som egentlig er en "fornuftsret") er at argumentere for det synspunkt, at livet i samfundets institutioner er befordrende for individets autonomi, hvis de intersubjektive relationer ikke har karakter af objektiveringer men af gensidige "opfordringer" til frihed. Sammenhængen mellem frihed og opfordring kan siges at være konkret i den type fællesskab, der bevæger sig fri af de to modsatte ekstremer *enten* at være en kunstig association af uafhængige subjekter (abstrakt frihed) *eller* en totalitær stat, der 'sætter' individerne som underordnede dele eller funktioner. Hverken atomismen eller totalitarismen kan føre til et *levende* fælleskab, der ifølge Fichte netop består i en vekselvirkning, hvor individerne udvikler deres menneskelighed, frihed, på deres væsens metafysiske betingelser. Honneth har derfor ganske ret i, at subjektivitetstænkeren Fichte også anser de intersubjektive relationer som uundværlige betingelser for individets etiske selvvirkeliggørelse, men det ændrer ikke på, at friheden i sig selv ikke kan være del af den sociale praksis, men at den udspringer af jegets konstitution (dets karakter af absoluthed og ubetingethed), som gør den til det kriterium, ud fra hvilket vi afgør, om de sociale relationer lever op til kravet om at fremme selvvirkeliggørelse og frihed.

Styrken i Fichtes betoning af mennesket som (potentielt) autonom individualitet er for mig at se, at den redder individet, når et samfund svigter sit eget løfte om at levere og organisere mulighederne for dets borgeres lykke (frihed og menneskelighed). Den giver da hver især det idémæssige grundlag for at danne alternative fællesskaber, som kan befordre og styrke det etablerede samfunds fællesskabstræk. Honneth har ikke øje for dette alternativ men identificerer åbenbart fællesskabet med det etablerede samfund. Det sker, når han påberåber sig Hegels retsfilosofi i begrundelsen for det synspunkt, at sædeligheden som organisk sammenhæng af institutioner sikrer individet dets selvvirkeliggørelse, dvs. ligefrem udøver en terapeutisk funktion ved at befri det løsrevne individ fra dets lidelsesfulde ubestemthed og give dets liv substantielt indhold. Men imod Honneths brug af Hegel kunne man – f.eks. med den tidlige kritiske teoris mere kritiske samtidsdiagnose i ryggen (Horkheimer og Adorno 1995) – spørge, om det ikke snarere er patologiske tendenser i det sen-moderne samfund og kultur, der får mennesker til at melde sig ud og søge "sig selv" i alternative livspraksisser, hvad enten det er i form af terapi, meditation eller i et nært fællesskab ud fra værdier (f.eks. økologiske), der har det svært i det etablerede samfund. Det er nemlig langt fra sikkert, at det er en ubestemthed ved et individuelt liv ført uafhængigt af samfundet, som afføder tomhed, ensomhed og depression. Det kunne tværtimod være ensidige satsninger og tendenser i den *herskende* orden – såsom markedstænkningens snævre nytte-kalkuler, arbejdspres og en hedonistisk massekultur – der reflekterer sig i en åndelig ubestemthed og lidelse hos det enkelte individ, og som ansporer dette til at begive sig ind i alternative (Hegel 1955: § 149) livs- og praksisformer i håbet om dér individuelt eller i mindre kredse at opnå en indre samling, mening og livsfylde. Altså: man kunne overveje, om den "grænseløse selvudviklingskultur" (jf. Jakobsen) måske slet ikke er årsagen til lidelsen men derimod en forsøgt – omend ikke altid lige vellykket – kur mod den åndelige armod i det etablerede samfunds kultur. Her kunne *multikulturaliteten* være en udfordring. For hvor de moderne vestlige samfunds høje grad af ydre frihed (rettigheder) på den ene side hælder mod værditomhedens afgrund, stiller de også et frirum (civilsamfundet) til disposition for interkulturelle møder. I tilknytning til Habermas' tale om livsverdenens opdæmmende funktion i forhold til systemernes tendens til styring og tingsliggørelse af individerne (1981), kunne man tænke sig levende kommunikative og interaktive relationer mellem individer fra forskellige kulturer, hvor humanistiske og religiøse horisonter brydes med hinanden i forsøg på at opnå gensidig forståelse og enighed om, hvor samfundet skal bevæge sig hen. *Den* tematisering af de yderste spørgsmål om liv og død, godt og ondt, mening og meningsløshed, som særligt det interkulturelle møde fremkalder på livsverdensplan, kunne man forestille sig udgøre et historisk vendepunkt: ved indgangen til et nyt århundrede synes de centrale diskurser – fordi interkulturelle – at måtte være stærkere orienteret mod de etiske og religiøse grundlag for moderne samfund. Ikke så meget produktion, teknologi og information er afgørende – disse opgaver er mere eller mindre løst i forrige århundrede –, men samfundsopgaverne i det nye århundrede vil knytte sig til løsning af konflikter, der baserer sig på kulturelle identiteter, i sidste ende på åndslivets spørgsmål. Det vil sige, at de liberale demokratier ikke blot indeholder risici i forhold til systemers tvang og kapitalismens tendens til at nære en degenererende hedonisme i form af massekultur; i livsverdenens rum for "selvoverskridende og meningsfulde projekter med andre", som må være forsøg på at 'tackle' tidens udfordringer, er der muligheder for at imødegå den åndelige ubestemthed og dermed dæmme op for den materialistiske stræbens dominans.

Men Frankfurterskolens sociologiske forståelse af individet er næppe klædt helt på til den globaliserede tidsalders interkulturelle møde om åndelige spørgsmål. Vi må derfor i stedet besinde os på vores egen europæiske tradition for at tage stilling til disse spørgsmål. Kierkegaards og den tyske idealismes bevidsthedsfilosofi og sindelagsetik med deres teologiske elementer er uomgængelig i dette anliggende. Nutidens vision om et menneskehedens fællesskab som historiens endemål lader sig ikke tænke konkret alene inden for konteksten af menneskers materielle og samfundspraktiske væren; den må dybest set også tage højde for "tænkemåder" og deres rod i filosofiske og religiøse traditioner.

Litteratur

van Binsbergen, W.M.J. (1997). Black Athena Ten Years After: Towards a Constructive Re-assessment. I: van Binsbergen, W.M.J. (red.). *Black Athena: Ten Years After.* Hoofddorp: Dutch Archaeological and Historical Society: 11–64.

Fichte, J.G. (1971). *Grundlage des Naturrechts nach prinzipien der Wissenschaftslehre.* I: Fichte, I.H. (red.). Fichtes Werke. bd. III. Berlin: Walter de Guryter.

Fichte, J.G. (1979a). *Die Bestimmung des Menschen.* (BM). Hamburg: Felix Meiner Verlag.

Fichte, J.G. (1979b). *Grundlage des Naturrechts.* (GN). Hamburg: Felix Meiner Verlag.

Habermas, J. (1981). *Theorie des kommunikativen Handelns.* Frankfurt am Main: Suhrkamp Verlag.

Hegel, G.W.F. (1955). *Grundlinien der Philosophie des Rechts.* (GPR). Hamburg: Felix Meiner Verlag.

Honneth, A. (2001). *Leiden an Unbestimmtheit.* Stuttgart: Reclam.

Honneth, A. (2003). *Behovet for anerkendelse.* København: Hans Reitzel.

Horkheimer, M. og T.W. Adorno (1995). *Oplysningens dialektik.* København: Gyldendal.

Kierkegaard, S. (1909). *Søren Kierkegaards Papirer.* (Papirer). København: Gyldendal.

Kierkegaard, S. (1994). *Liljen paa Marken og Fuglen under Himlen.* København: Gyldendal.

Kierkegaard, S. (1997a): *Enten – Eller.* (E-E). I: *Søren Kierkegaards Skrifter.* bd. 3. København: Gads Forlag.

Kierkegaard, S. (1997b): *Begrebet Angest.* (BA). I: *Søren Kierkegaards Skrifter.* bd. 4. København: Gads Forlag.

Marchingnoli, S. (2001). The Bhagavadgita as a Forgotten Source for European Aesthetics: The Notions of 'Symbol' and of 'Philosophical Poem' in Herder and Humboldt. I: Marchiano, G. og R. Milani (red.). *Frontiers of Transculturality in Contemporary Aesthetics.* Torino, Italien: Trauben.

Schwab, R. (1984). *The Oriental Renaissance: Europe's Rediscovery of India and the East. 1680–1880.* New York: Columbia University Press.

Schweitzer, A. (1956). *Indisk tænkning og mystik.* København: Branner og Korch.

Metalogue 13

The Mystical in the Aesthetics of Walter Benjamin

II. Det mystiske (erfarings)rum

I. En svak messiansk kraft

By Maria Refer

IV. Å redde tradisjonen

Prologue

By Jonas M. N. Sørensen

Medialogues

Epilogue

By Jonas M. N. Sørensen

III. Den mystiske tid

By Oleg Koefoed

This metalogue explores a possible Jewish mystical element in the early writings of the German Jewish philosopher Walter Benjamin. By looking into the rather biographical book of Gershom Scholem from 1975 about their friendship on the one hand, and the well known essay on Benjamin that Jürgen Habermas wrote in 1973 on the other, the prologue aims to describe how the mystical element connects to all of Benjamin's aesthetics and thereby also to his later thinking. In this respect Benjamin's later writings on Kafka, and Kafka's novel The Castle, are used to exemplify how myths become important in some of Benjamin's aesthetic writings. The intercultural potentials of the metalogue are vividly expressed in the questions of bridge building between immanence and transcendence, the role of the event, and the importance of the relation between past and present.

Language: Norwegian and Danish

I. En svak messiansk kraft

Jonas M. N. Sørensen

Jeg vil i den følgende teksten forsøke beskrive hvordan og i hvilken utstrekning vi finner et jødisk-mystisk element i Walter Benjamins estetikk, og illustrere min påstand i en lesning av Benjamins essay om Kafkas *Slottet*.

Ikke så lenge før sin død i 1940 skrev den tyske filosofen Benjamin (f.1892) i den 2. av de atten historisk-filosofiske tesene at enhver generasjon er gitt en svak messiansk kraft (Benjamin 2003, bd. 4: 390). Dette utsagnet kan betraktes som mystisk i den bestemte forstand at Benjamin mente kunstverket hadde en innholdsside, at den uttrykte noe som ikke lot seg uttrykke på noen annen måte og som sto i forbindelse med verkene som kom før og som kom etter. Noe av dette innholdet tilla han en mystisk funksjon. Benjamins begep om kunstverkets aura fanger noe av denne dimensjonen. Det finnes også et annet mystisk element allerede ved begynnelsen (1919–1926) av Benjamins tenkning. Det finnes både i hans interesse for datidens språkfilosofi og generelt i hans tanker om språket. Denne interessen har en jødisk-religiøs dimensjon med Talmud som utgangspunkt. Mye senere enn dette, sent i sitt forfatterskap, skriver Benjamin at han ønsker å redde tradisjonen. Da er det nok mer enn det jødiske Benjamin sikter til, men likevel er det en forbindelse mellom det jødiske og tradisjonen han vil redde, og denne forbindelsen er tenkningen hans om språket. I en av de tidlige tekstene skriver Benjamin om syndefallsmyten. Her hevder han at menneskene har sluttet å kontemplere over språket og over tingene og over forholdet mellom dem. Derfor har et felles utgangspunkt for åndelighet gått tapt med den konsekvens at språket er blitt pratete og tingene har blitt fordummede (se Benjamin 2003, bd. 1: 72). Dette fraværet av åndelighet er slik Benjamin ser det en svakhet i møtet med litteraturen. På denne bakgrunn skal det i det følgende fokuseres på Benjamins tanker om språket og derigjennom mystikken slik hans venn Gershom Scholem har beskrevet den. Disse tankene virket inn på Benjamins estetikk, noe som mot slutten av denne teksten eksemplifiseres med arbeidene hans om en annen jøde fra samme generasjon, Franz Kafka.

Til Benjamins filosofiske interesse for språket finnes det noen kjensgjerninger som kort kan nevnes. Benjamin fulgte Gottlob Freges forelesninger i 1916, og var nok dermed interessert i språket også fra en rent språklogisk innfallsvinkel. Som kjent jobbet Frege blant annet med språklige utsagns sannhetsbetingelser. Men det var ikke det matematiske eller det analytiske slik vi kjenner det fra den amerikanske pragmatismen etter krigen som opptok Benjamin. I noen brev til Scholem rundt første verdenskrigs utbrudd beskriver Benjamin en mystisk språklogikk. Dette mystiske må kunne betraktes som noe esoterisk, altså noe for de innvidde. Benjamin tenkte på myter, og mytene knyttet han til mimesis som oftest forstås som menneskets tilpassning til naturen. Ikke utelukkende slik for Benjamin, som knyttet mimesis også til animisme og magiske praksiser. I sin tur danner disse tankene utgangspunktet for hans syn på verbalspråket. Språkets utspring ble tillagt gestene, som vi deler med dyrene. Vi kan derfor slik Benjamin ser det tenke oss at språket har et esoterisk utgangspunkt. Det finnes noen forbindelser mellom tingene og ordene.

Å redde en tradisjon

Tese II fra *De historisk-filosofiske tesene* fortsetter med at fortiden har fremsatt en påstand i den svake messianske kraften. Det finnes altså en vedvarende messiansk kraft i fortiden og i nåtiden som lar seg erfare i møtet med kunstverkene av idag og fortidens kunstverk. Jürgen Habermas mener at denne påstanden var avgjørende for Benjamins virke som kritiker (Habermas 1983: 138). Benjamins forståelse av denne kraften, denne bestemte tanken om verkenes innholdsside blir viktig for Benjamin, mener Habermas. Habermas betegner da også Benjamins kunstkritikk som en metode. En metode som innebærer å hente kunnskap ut av kunstverkene. Kant mente at det skjønne bærer i seg noe sant. Benjamin henter sannhet ut av kunstverket gjennom den litteraturkritiske metoden mortifikasjon. Mortifikasjon av kunstverket kan etter mitt syn betraktes som det å søke gjennomskue et kunstverks egenlogikk. Men på samme tid har Benjamin en ambisjon om å redde fortiden når han skriver om kunstverkene. En reddet fortid vil kunne føre oss ut av en evig nåtid. Disse målsetningene peker i retning av at Benjamin vil ta vare på en tradisjon. Habermas har selv et lignende mål. Tanken om å rasjonalisere sosiale praksiser fra den kommunikative handlingsteorien hans vitner om det, selv om Habermas ikke deler Benjamins jødiske utgangspunkt. Tese V fra *de historisk-filosofiske tesene* forteller om fortidens bilder (forestillinger) at de vil forsvinne for alltid med sin samtid hvis de ikke når allmenn anerkjennelse (Benjamin 2003, bd. 4: 390–1).[1] Habermas ser en lignende fare når han argumenterer positivt for en sosial rasjonalitet.

Det er avgjørende at Benjamin ikke forholder seg til tiden som noe *tomt* eller homogent. Fortiden fyller nåtiden og den fyller øyeblikket. Slik skapes *Jetztzeit* (samtid) som det mystiske *nunc stans* i Tese XIV fra *De historisk-filosofiske tesene* (Benjamin 2003, bd. 4: 395; note 23). Det besnærende i denne tanken er at den ikke bare gjelder tiden. Det gjelder også kunstverket. I førhistorisk tid var kunstverket et kultisk instrument for magi. I det moderne mistet kunstverket sin aura ved å bli avmystifisert. Habermas mener at Adorno og Benjamin er helt enige på dette punktet. Uenigheten dem imellom oppstod rundt betydningen av fortiden og erfaringen av fortiden i kunstverket.

Habermas mener at Adorno tenkte seg kunsten som en esoterisk redning av noen sannhetens øyeblikk. Adornos modell ligner i noen utstrekning Benjamins. Kunstverket tillegges en innholdsside som kan erfares. Disse estetiske erfaringene har altså et noe priviligert og litt utilgjengelig innhold som Adorno tillegger forsonende egenskaper. Her finner Adorno utløp for kunstverkets utopiske impuls, en impuls helt fri for ambisjonen om å overkomme religionen. Overkomminger som disse er dømt til falskhet og til falsk sublering, mener Habermas. Påstanden passer inn i Adornos oppfatning om at kunstverket er en sannhetens siste skanse i vår moderne verden. Habermas mener at Benjamin på den annen side så det slik at redningen av de sannhetens øyeblikk som tradisjonen bærer i seg enten inntar en eksotisk form i en messiansk fremtid, eller så finner det overhodet ikke sted noen redning av tradisjonen (1983: 143). I opplevelsen av kunstverket mente Benjamin at et i utgangspunktet esoterisk innhold ble til en eksotisk opplevelse. I Adornos brev til Benjamin av 18. mars 1936 står det at myten ikke tilhører kunsten, slik Benjamin har hevdet. Benjamin besvarer brevet med å fremheve at deritualisering skal redde myten. Denne deritualiseringen kan utspille seg på følgende måte: Til forskjell fra den religiøse som vender sitt blikk mot Gud, vender mystikeren blikket innover i seg selv hvor han eller hun finner en opplysthet. Det er som om noe gløder der inne, og denne gløden er ikke religionen.

Benjamin tenker seg at mimesis peker tilbake på det at mennesket underkastet seg naturkreftene i tidligere tider da de magiske praksisene, animismen og mytene oppstod. Han finner disse mytene igjen inne i kunstverkene hvor det å erfare kunstverket er som å oppleve mytene. Her ser vi den tradisjonsreddende illumineringen som løsriver tradisjonen fra mytene (Habermas 1983: 147–50). Her er grunnen til at Benjamin vil skrive en reddende kritikk. Habermas påpeker at Benjamin senere brøt med denne esoterismen (1919–1926). Scholem mener det motsatte, han finner en jødisk-mystisk tråd opp gjennom hele Benjamins forfatterskap.

Kretsen rundt Benjamin og Scholem (1919–1926)[2]

Personalleriet rundt Benjamin og Scholem i ungdomstiden er stort. I det følgende forfølger jeg deres felles interesse for jødedommen, språket og mystikken. Det kunne vært sagt mer om de historiske og politiske forhold som virker inn på og er del av tematikken nedenfor, og det er mye mer å gjøre rede for når det gjelder måten Benjamins forfatterskap utviklet seg på. Når Scholem publiserte boken om vennskapet med Benjamin i 1975 hadde det allerede nådd symbolske høyder. I kjernen av debatten sto Scholems oppfatning om at Benjamin hadde en personlighet som essensielt var religiøs, og at den religiøse sfæren var avgjørende viktig for

Benjamin i årene 1915–1927. Blant spørsmålene det ikke er tvil om er at de til felles med andre kjente jøder som litteraturkritikeren Max Brod og forfatteren Franz Kafka tok avstand fra assimileringen deres jødiske forelderegenerasjon hadde gjennomgått. Som et eksempel på dette kan nevnes at Scholem flyttet til Palestina i 1923, og at han som 27-åring satte all sin energi inn på den jødiske mystikken, og oppmuntret Benjamin til å flytte etter.

Benjamin ledet en i hovedsak jødisk ungdomsorganisasjon i 1913. Han snakket første gang med Scholem i 1915. De hadde da en kritisk holdning til Martin Bubers nylig publiserte *Drei Reden über das Judentum* til felles. Buber var en kjent størrelse i de tyske jødiske miljøene på denne tiden. Scholem og Benjamin tilhørte den delen av unge intellektuelle tyskere som var kritiske til krigsdeltakelsen i den første verdenskrigen.[3] De hadde litt forskjellig bakgrunn, Benjamin kom fra den øvre middelklassen, mens Scholem kom fra en småborgerfamilie. Da de møttes var Scholem sytten og et halvt år gammel, og Benjamin var tjuetre. Allerede nå hadde Scholem bestemt seg for å fordype seg i Talmudstudier. Et helt uvanlig valg for en gutt utenfor de ortodokse familier. Scholem lærte av Rabbineren Isaak Bleichrode, oldebarnet til en av de siste store Talmudistene i Tyskland. Han ledet en liten privat synagoge med tilknytning til Scholems nabolag.

Benjamin fikk i 1916 kontakt med Dora Pollak. Doras far var en nær venn av den jødiske ideologen Theodor Herzl. Herzl var gjennom bøker foredrag og møter en viktig pådriver for opprettelsen av staten Israel. Scholem syntes Benjamin var hemmelighetsfull på denne tiden, og han ble ikke kjent med mange av vennene hans. Da Martin Buber utga tidsskiftet *Der Jude* i 1916 var Benjamin og Scholem igjen svært kritiske. Scholem mildnet med årene, men det gjorde ikke Benjamin. Det er derfor verdt å merke seg at Buber selv likevel støttet Benjamin i senere kontroverser. Scholem fant med bakgrunn i Benjamins kritiske holdning inspirasjon i kabbalisten og mystikeren Ahad Ha'ams essays om jødedommens natur som også Benjamin leste.

Videre forteller Scholem om en diskusjon med Benjamin om myter. Benjamin skal ha argumentert for at myten var den første me-

ningsbærende størrelsen overhodet. Skal vi tro Scholems beskrivelse
av denne diskusjonen, som det ikke finnes skriftlige redegjørelser fra,
hevdet Benjamin i samtale med Scholem at filosofiens mål ikke stod
klart for han og at behovet for avdekking av verdens mening ikke var
presserende, all den tid den allerede var tilstede som myte. Alt annet,
også matematikken som Scholem hadde fordypet seg i, lot seg innfange
i myten. Scholem repliserte at matematikken måtte forstås som et tillegg
til myten. Filosofien kunne ikke stå på egne ben. Bare religionen brøt
gjennom mytenes verden. I dette øyeblikket bestemte Benjamin seg for
å gå dypere inn i myten fra et filosofisk utgangspunkt, skriver Scholem.[4]
Seinere samme år begynner han på seminaret til Walter Lehmann i
München. Lehmann jobbet med mayaene og aztekerne. Der lærte han
om den spanske presten Bernardo Sahagún. Mytene var fremdeles Ben-
jamins rettesnor.

Scholem ser det slik at Benjamin og han delte en positiv holdning
til metafysikken. For å vende litt tilbake til det språklige skal det sies at
Benjamin fulgte filologen Ernst Lewys forelesninger over Humboldts
språkfilosofi på denne tiden. Selv her ligger det et moment av myte.
Utgangspunktet for Benjamins interesse for språkfilosofien var ønsket
om å finne måter å formulere mytene på. Max Pulver introduserte
Benjamin for tekstene til Franz von Baader og Frans Joseph Molitor.
Molitor var en av Schellings og Baaders studenter og Scholem skriver at
Molitor var den eneste tyske filosofen som virkelig hadde satt seg inn i
Kabbalah. Scholem vurderer Molitor som en teoretiker med et kristelig-
logisk utgangspunkt.

Høsten 1917 skiller Scholem og Benjamin lag rent teoretisk. Scholem
går inn i en matematisk symbolisme i sine studier av det jødiske
tankegodset, og Benjamin er allerede kommet frem til et mystisk syn
på språket. Årene 1918–1919 tilbringer Benjamin i Sveits, slik slipper
han unna tysk militærtjeneste. Scholem forteller at Benjamin i denne
perioden var fokusert på noe han ga navnet Læren. Med dette mente
han noe som inneholdt filosofien, men som også transenderte den, etter
hva Scholem forteller. Denne Læren stod i forhold til hans begrep om

tradisjon, og i disse årene utviklet Benjamin begrepet i mystisk retning. Scholem skriver at Benjamin nå betraktet filosofien som en absolutt erfaring som kunne deduseres i en systematisk-symbolsk sammenheng som språk. Nå jobbet han med Bachofens tanker og ville beskrive menneskets før-historiske verden. Dette før-historiske finnes også i de tidlige språkteoretiske tekstene hans. Scholem forteller at de sjelden diskuterte estetikk, men at Benjamin snakket om Alois Riegl og Jean Paul. Scholem på sin side fortalte Benjamin om S.Y. Agnon, som han fant interessant. Tidlig i 1919 ble Benjamin kjent med Hugo Ball og gjennom han Ernst Bloch. Benjamin var svært begeistret for *System der theoretischen Messianismus*, som Bloch arbeidet med på denne tiden. I 1920 bestemte Scholem seg for å skifte fokus fra en matematisk til en lingvistisk innfallsvinkel i sine studier av det jødiske tankegodset. Scholem mener at hans valg av jødiske teoretikere påvirket Benjamin. I 1922 studerte Scholem med Rabbien i den lille ortodokse synagogen i München, Dr. Ehrentru. En førsteklasses talmudist sier Scholem, og intet mindre enn en gammel jødisk vismann. Samme år bestemmer han seg for å emigrere til Israel. I 1923 presenterte Scholem Benjamin for de jødiske teoretikerne Ahad Ha'am og Bialik.

Dette er bakgrunnen for Benjamins arbeid med mytene og hans interesse for mystikken, slik Scholem ser det. Jeg vil nå kort konkludere med at det finnes et messiansk element i Benjamins tenkning som har opphav i ungdomstiden. Jeg tror det er slik at dette elementet virker inn på hans begrep om tradisjon og derigjennom på hans reddende kritikk.

Kafkas slottet

Benjamins oppfatninger om en annen intellektuell jøde omtrent fra samme generasjon kan tjene som eksempel på og tydeliggjøre hvordan Benjamin tenkte seg noe mystisk. Benjamin skrev et essay om Franz Kafka ved tiårsmarkeringen av Kafkas død i 1934. Benjamin hadde da hatt to sjanser til å møte Kafka, i Munchen i 1916 og seinere i Praha, men de møttes aldri. I essayet fra 1934 gjenforteller Benjamin en parabel fra Kafkas roman *Slottet* som Max Brod har gjort til gjenstand for kommentarer. Brod skriver at Kafka i *Slottet* illuderer til en lignelse, men Benjamin mener at Kafkas utgangspunkt i denne parabelen er et annet. Han forteller at Brod i et etterord skriver at Kafka hadde et helt bestemt sted som modell for landsbyen i Slottet: Zürau i Erz Gebirge (en fjellkjede mellom Tsjekkia og Tyskland). Til dette skriver Benjamin at vi kanskje kjenner igjen et annet sted også (Benjamin 2003, bd. 2: 805). Han foreslår at landsbyen er fra en Talmud-legende som en gammel rabbiner en gang fortalte som svar på hvorfor jøder spiser et festmåltid på fredagsettermiddagene. Legenden handler om en prinsesse som vansmekter i eksil i en landsby hvor de snakker et språk hun ikke forstår, langt unna sitt hjemland. Prinsessen mottar et brev. I brevet står det at hennes forlovede er på vei. Han har ikke glemt henne. Rabbineren utlegger legenden slik. Hennes forlovede er Messias, prinsessen selv er sjelen og landsbyen hun har søkt tilflukt i er kroppen. Prinsessen forbereder et måltid til sin forlovede. Det er den eneste måten hun får uttrykt sin glede på i landsbyen med det fremmede språket. Benjamin mener at legendens landsby ligner en landsby i Kafkas litterære verden. Slik 'K' lever i landsbyen ved Slottet, slik lever også det moderne menneske i sin kropp, en kropp som glir unna og er fiendtlig innstilt mot han. Slik Gregor Samsa en dag våkner opp og er en bille.

Et mytisk nivå trer her frem for den som kjenner sin Talmud. I *Slottet*, tydeligere enn i *Prosessen*, er det 'K' kjemper mot noe med guddommelige egenskaper. Måten han søker etter Herr Klamm på. Herr Klamm som skal kunne trenge han, landmåleren. Det er noe religiøst over Herr Klamms utilgjengelighet og distanserthet. I teksten *Frans Kafka: Beim Bau der Chinesischen Mauer* fra 1931 skriver Benjamin at Kafka ønsker å avbilde de høyere makter, og at dette må forstås teologisk (Benjamin 2003, bd. 2: 495). Hva da med mystikken og mytene til forskjell fra det rent religiøse, vil jeg spørre helt til slutt? Jeg tror Hannah Arendt her gjør en vesentlig observasjon når hun i sitt essay om Benjamin, og i tilknytning til hans arbeid med Kafka, beskriver et trekk ved Kafkas litterære univers. Det Kafka gjør er å dikte opp nye parabler i tradisjonell stil ved å gjøre vesentlige endringer i de gamle parablene, ikke som haggadiske lignelser med utgangspunkt i Talmuds doktriner med de mange forbud og påbud, men heller som vrengebilder av dem (Arendt 1968: 41).

Vi ser altså at det jødiske utgangspunktet blir avgjørende i Benjamins forståelse av *Slottet* som kunstverk. Den jødiske mystikken blir del av Benjamins forståelse av *Slottet*; legenden om prinsessen får hos Benjamin status av en myte. Det er ikke så underlig, for både Benjamin og Kafka var jøder, og den litt nervøse stemningen som preger Kafkas romaner – tenk bare på Josef K der han ligger i sin seng når de to øvrighetspersonene banker på – kan godt ha noe mystisk over seg, slik jeg ser det. Benjamin kaller da også Kafka for profetisk (2003, bd. 2: 496). Jeg mener altså at den jødiske mystikken blir til myter i Benjamins estetikk, at han i sin fortolkning av Kafka betrakter mystikken som myter.

Det jødiske kan være et egnet utgangspunkt for å fortolke Kafka, i det minste *Slottet*. Det er mye mer å si om hvordan et mytisk og derigjennom om enn ikke bare derfor, esoterisk utgangspunkt gjør seg gjeldende i Benjamins estetikk generelt. Mitt siktemål her var å vise hvordan henholdsvis Habermas og Scholems oppfatninger om Benjamin vil kunne la seg etterprøve ved ganske enkelt å lese Benjamins kritikker, og i dette tilfellet hans kritikk av Kafka. Jeg kan vanskelig se at ikke Scholem må gis rett i at det jødisk-mystiske spilte en vesentlig rolle for Benjamin, i det minste på dette punktet.

II. Det mystiske (erfarings)rum

Maria Refer

Sørensen undersøger i sin prolog 'det jødisk-mystiske' hos Benjamin. Det mystiske knyttes i første omgang til Benjamins udsagn i de historiefilosofiske teser, at enhver generation er givet "en svag messiansk kraft", som igen er forbundet med sproget, traditionen, myten og det mystiske. I sin undersøgelse bygger Sørensen primært på to forståelser af Benjamin; dels Habermas', som fremstilles i afsnittet 'Å redde en tradisjon', dels Scholems, som fremstilles i afsnittet 'Kretsen rundt Benjamin og Scholem (1919–1926)'.

I Sørensens fremstilling af Habermas' forståelse af Benjamin bliver sproget, kunsten og kunstkritikken centrale begreber. Hvad der, ifølge Habermas, er på spil for Benjamin, er hvorledes traditionen kan reddes gennem kunstværket, som i før-historisk tid var kultisk og omgærdet af magi/aura, men som i dag er afmystificeret og dermed har mistet sin aura. Igennem en æstetisk erfaring kan en erfaring af aura i dag kun opnås gennem en 'profan illumination', dvs. ikke gennem en religiøs opadvendthed, men snarere gennem et indadvendt blik i oplysthed, formidlet gennem sproget. Ifølge Habermas er en sådan æstetisk erfaring sammenlignelig med hans eget begreb om 'kommunikativ lykke', som imidlertid er sårbar overfor 'formålsrationaliteten'. Habermas' tale om æstetisk erfaring og auraerfaring knytter an til Benjamins tale om den svage messianske kraft og til det jødisk-mystiske, men Habermas påpeger, at Benjamin brød med 'esoterismen' fra ungdommen af. Ifølge Habermas var Benjamin hverken ensidigt politisk eller religiøst motiveret.

Scholems og Benjamins ungdomsvenskab var ifølge Sørensen præget af deres opposition mod deres fælles udgangspunkt i den tysk-jødiske assimilerede middelklasse. Benjamins sprogfilosofiske interesse udsprang ifølge Scholem af et ønske om at formulere myter, f.eks. aztekernes og mayaernes forestillingsverden, og hans sprogfilosofiske udgangspunkt var ifølge Scholem den jødisk-religiøse dimension forbundet med mystikken og dens ophav i Talmud. Scholem knytter den jødisk-religiøse mystiske dimension til det esoteriske, som Benjamin dermed, i modsætning til Habermas' opfattelse, bliver talsmand for.

En væsentlig forskel mellem Habermas' og Scholems Benjamin-forståelser angår i Sørensens fremstilling dermed esoterismen. Skal man forstå denne forskel på den måde, at Benjamin, i Habermas' forståelse, som led i sekulariseringen ikke udraderer men derimod transformerer det esoteriske til profan illumination og profan auraerfaring? Og at Scholem i modsætning hertil opfatter det esoteriske hos Benjamin i en fastlåst ikke-profaneret udgave?

For at efterprøve Habermas' og Scholems forståelser af Benjamin, inddrager Sørensen i artiklens slutning Benjamins egen kunstkritik, her hans fortolkning af Kafkas 'Slottet'. Sørensen påpeger, at Landsbyen, som optræder i 'Slottet', ifølge Benjamin skulle være en allegori over landsbyen i en Talmud-legende. I denne legende vansmægter en prinsesse i et eksil, hvor hun ikke forstår det sprog, der tales der; imidlertid forlyder det, at hun vil blive udfriet af sin forlovede. Rabbineren udlægger legenden således, at den forlovede er frelseren/Messias, prinsessen den higende sjæl og landsbyen kroppen, hun bebor. Pointen er, at Benjamin vender tilbage og indhenter den myte, som ligger skjult i Kafkas nyfortolkning. En finurlighed er det for mig at se, at frelsen i legenden består i at blive udfriet fra sprogløshed til sprog – kan der her knyttes an til Habermas' begreb om 'kommunikativ lykke'?

Sørensen afslutter prologen med den konklusion, at Scholem må gives ret i, at det jødisk-mystiske spillede en væsentlig rolle for Benjamin. Men ville Habermas gøre indvendinger heroverfor? Er spørgsmålet ikke, hvilken 'rolle' det jødisk-mystiske spiller? Handlede det for Benjamin ikke om at redde traditionen in spe? Som Sørensen refererer, lyder det fra Benjamins historiefilosofiske teser, at ethvert billede af fortiden, som ikke anerkendes af nutiden som billede blandt nutidens egne billeder, risikerer at forsvinde for altid. Af samme tekst fremgår det, at hvert sekund er den lille port, gennem hvilken Messias kan træde igennem. I forsøg på at redde traditionen, spillede det jødisk-mystiske givetvis en væsentlig henvisningsrolle for Benjamin, idet han udgik fra denne tradition, - men er det ikke lige så selvfølgeligt, som at f.eks. kristendommen spiller en henvisningsrolle for én, der udgår fra den kristne tradition?

Efter endt læsning sidder man som læser tilbage med en tvivl om, hvad Sørensens hensigt er med at bringe Scholem i spil. Skal Scholem forstås som et – omend anakronistisk – korrektiv til Habermas? Står Scholem som en garant for det jødisk-mystiske i en oprindelig ikke-profaneret 'opadvendt' udgave?

Hvis der eftersøges en mediering mellem det jødisk-mystiske og en moderne sekulariseringsteori, kunne den danske idehistoriker Dorte Jørgensen, som indgående har behandlet Benjamin, muligvis med held inddrages. Ifølge Jørgensen forsøger Benjamin at bygge bro mellem den immanente verden, som vi kropsligt er i, og den transcendente verden, som vi kun kan forholde os til gennem vores bevidsthed. Forsøget gøres ved at "appellere til en virkeliggørelse af den endnu ikke virkeliggjorte afteologisering af metafysikken" (Jørgensen 1999: 87). Hvad Benjamin ifølge Jørgensen vil, er at søge en profan guddommelighedserfaring, som bygger på en profan metafysik, som skal bane vejen for sand erkendelse. Udover metafysisk erfaring gør mennesket sig empiriske erfaringer, og således bygger Benjamin ifølge Jørgensen bro mellem profan metafysik og den oprindelige filosofiske undren over tingenes natur (1999: 90). Benjamin ender således med en erfaringsmetafysik, en videnskab om menneskets erfaring af guddommelighed.

III. Den mystiske tid

Oleg Koefoed

History is the subject of a structure whose site is not homogenous, empty time, but time filled by the presence of the now.

(Benjamin, *Jetztzeit*, Thesis XIV)

Det evige nu, *nunc stans*, som Benjamin peger på i sin 14. tese, er et af de billeder, der udfordrer den menneskelige tanke. Evigheden kan have mange ansigter: som en 'kronisk' evighed, der gentager sig hvert nu, igen og igen, i sig selv helt uden udstrækning, men genfødt hvert nu, i det nu der bliver til. Som en 'aionisk' evighed, det flydende nu, som i sin uendelige udstrakthed strækkes og spændes ud over historien som en tråd uden fylde – *nunc fluens*. Eller som det nunc stans, som i sig selv kun er lige, hvor det er og slet ikke har nogen udstrækning. Men som er det for altid, altid lige der, hvor nuet er. Ikke som en gentagelse, men som en evig varen i sig selv. Helt og aldeles i sig selv. Et af de underlige spørgsmål, der melder sig, er hvordan det nu kan være tilgængeligt. Som et nu, der altid er i al tid efter, vil det være iboende i alle mennesker der følger efter det nu, der var oprindeligt. Og der ligger paradoksalt i det forhold, at det stadig ikke siger noget om, hvordan det gøres bevidst erkendeligt eller sanseligt for de subjekter, der bebor historien.

Det kan synes vidtløftigt og abstrakt at dykke ned i det evige nu og de forskellige sider af evighedens mulighed. Men sagen er, at når vi taler om Benjamins ideer om myten som immanent i kunstværket, må forklaringen på en eller anden måde søges i et evigt eller i hvert fald ur-historisk nu der består og står i en spændthed i det værk, der træder frem for senere tiders subjekt. Det nu kan stå mejslet ind i myten, som siden agerer kronisk nu og gentager sig i senere værker, en gentagelse af det nu, der står i sin spænding og venter uden besvær på det svage, flimrende menneskevæsen der kommer til det, søgende og usikkert, efter sit "tigerspring ind i fortiden" (tese XIV). Her vil jeg kaste en første bemærkning ind, der trækker videre i den sekularisering af det mytiske, som Sørensen fører os igennem via diskussionen af Benjamin. Alain Badious begivenhedsfilosofi har sine ligheder med det, som vi ser beskrevet her. Badious begivenhed fødes ud af et felt, der i sig selv rummer det eventale uden at det nogensinde folder sig ud. Det rummer en form for strukturel spænding, et ikke-intet, der dog selv er forbundet med intet (for hvilken Badiou ligefrem udvikler en hel matematik, hvad vi skal lade ligge her). Først gennem subjektets (individuelle eller kollektive) benævnelse bliver begivenheden til, eller sagt med Badiou: kun hvis der er et subjekt der bliver til, kan en begivenhed finde sted i en begivenheds sted (se Wikipedia 2006). Med subjektets identificering af begivenheden bliver den til, hvilket kunne lyde som en form for lingvistisk konstruktionisme. Den ligger dog lige så fjernt for Badiou, som den gør det for Benjamin. I begivenheden fødes samtidig sandhed, forstået som en verdenssandhed, der ændrer alt for subjektet. Benævnelsen er altså samtidig en erkendelse af noget, som ikke tidligere havde noget ansigt, noget navn, men som idet det træder ud af mangfoldigheden giver verden et nyt navn, et nyt ansigt.

Det interessante ved Badious begivenhedsfilosofi som man kan læse meget mere om i de to hovedværker *L'être et l'événement* (1988) og *Logiques du Monde* (2006) er her, at den ligesom Benjamins historiefilosofi rummer et forhold mellem en tilbliven ud af et uforanderligt altid, der befinder sig et sted mellem en evig fortid og et nu. I det nu kaster et subjekt sig (Benjamin) med et tigerspring tilbage, eller erkender (Badiou) gennem en sandhed der presser sig frem af mangefoldet – og i begge tilfælde konstitueres subjektet samtidig deri. I begge tilfælde er der en intensitet til stede, der ikke blot er et forhold mellem før, nu og fremtid. Men snarere er et forhold mellem forhold, endda et forhold der udtrykker spændinger mellem bevægelser. Hos Badiou er der tale om en bevægelse, der udspringer af spændingen mellem feltets eller stedets mangfoldige væren og begivenhedens dynamiske tomhed, der bliver til nu og sandhed. Hos Benjamin er der tale om en spænding mellem *nunc stans* og *nunc fluens*, eller mellem det evige nu og det flydende nu, en spænding vi også kunne betegne som begivenhed, eller som *evental*. Benjamin gør ikke overraskende denne relation dialektisk, hvad man måske godt kan betvivle er en tilstrækkelig forklaring (men det kan vi ikke komme ind på her). Badiou har i øvrigt i lighed med Benjamin gennemført længere undersøgelser af såvel det jødiske som det kristne spor – og ligesom Benjamin har han en kommunistisk historie omkring sig. I Badious tilfælde som aktivt medlem i den franske maoisme. Badiou får lov at leve for at gentænke sine sympatier i historiens bagklogskab, Benjamin måtte forblive udspændt mellem illuminationen og apokalypsen.

Ud over disse tilfældige bemærkninger, vil jeg blot tilføje en kommentar, der igen knytter Badiou og Benjamin sammen, gennem det fantastiske billede af englen i den niende tese. Historiens engel er jo vendt mod fortiden, mens den blæses mod fremtiden, ude af stand til at samle sine vinger eller standse hverken ruinernes ophobning eller "fremskridtet".

Det står i kontrast til Benjamins tillid til det mytiske væsen i kunstværket – ligesom også Badious billede af begivenheden adskiller sig fra englens tragik. Dog, begge må inkludere i deres kritik en forestilling om en form for messiansk eller skabende kraft – og måske netop i den forskel ligger pointen med sammenligningen. Messiansk eller dialektisk? Profetisk eller befriende? Dog, forbindelsen er jo synlig nok mellem et udsagn som dette "every faithful subject can thus reincorporate into its evental present a truth fragment which in the old present was pushed beneath the bar of occultation. This reincorporation is what we call resurrection" (Badiou 2006: 75, oversat af Žižek).

Historien, der begraver sine døde, kan overvindes af en efterfølgende redning – som vi også kan læse det beskrevet i Sørensens tekst og i Benjamins teser. Dog, vi har ikke besvaret, om det er begivenheden, der holder på den messianske kraft, af hvilken der først kan tappes efterfølgende (som Badiou mere end antyder). Eller om der kan findes en (svag) messiansk kraft, der gives den levende generation og (måske) gør den i stand til at skabe det kunstværk, der gør en ny 'resurrektion' – altså en genopstandelse – mulig. Er det i virkeligheden evnen til at gøre gentagelsen mulig, som gør en forskel ved at lade det, der hviler i det evige nu, blive indbygget i værket og udsagt for det subjekt, der kastes/suges gennem ubegribeligheden og ud på den samme side igen, nu med en sandhed som krop? Et meget senere kapitel kunne, med denne forfatters præferencer in mente, diskutere hvordan såvel myte som ubegribelighed omkring bæredygtigheden som vidensregime (eller sandhedsregime) bliver til. Dog ikke her, hvor kun spændingen mellem disse to forskellige og dog på mange måder sammenflettede filosofiske planer vil få lov at hænge.

IV. Å redde tradisjonen

Jonas M.N. Sørensen

Til Koefoeds dialogbidrag er det første som slår meg at den gjentakelse han spør etter mot slutten av bidraget nok ganske sikkert ikke er en enkel repetisjon. Skal vi holde oss til de historisk-filosofiske tesene til Benjamin, kan vi lese helt i begynnelsen at den historiske materialismen ligner en egenartet maskin, noe i retning av en marionettdukke som hvis vi spiller sjakk mot den alltid kjenner det bedre trekk. Hvordan skal vi så forstå dette bildet av historien hvor fortiden og nåtiden åpenbart er vesentlige temaer? Jeg tror ett av de problemer Benjamin vil frem til i disse tesene sine er at fortiden, det være seg en tenkt førhistorisk fortid eller vår nære historie, nettopp ikke er en statisk, men en dynamisk størrelse og at fortidens forestillinger alltid vil stå i fare for å gå tapt – for alltid. Midt oppe i denne dysterheten er det da svært gledelig at Koefoed drar veksler på tanken om at kunstverket og kunstneren kan romme nettopp forestillinger som de vi har fra og om fortiden gjennom sine mesterlige verk og sitt mesterlige virke. La meg bare til slutt få bemerke at Benjamin selv forsøkte lokke frem sine egne forestillinger fra sin egen barndom i den lille, ganske underholdende boken *Barndom i Berlin,* og at hans begrunnelse for dette, som det står å lese i forordet, var at han var redd han aldri ville få se byen igjen, der han satt i Paris mens nazistene marsjerte rundt i hans hjembys gater. Dette forteller oss at vi ikke behøver ha ur-historien eller det klassiske Rom eller Athen i tankene, men at det holder å strekke seg etter vår egen nære fortid for å se hva Benjamin her vil til. Denne omsorgen for fortiden har han for øvrig til felles med flere, for eksempel Habermas og Arendt.

Det spørsmål jeg festet meg mest ved hos Refer var om Scholem skal sees som en garantist for det jødisk-mystiske og for det religiøse. Her tror jeg svaret entydig er ja. Scholem utviklet seg til å bli en betydelig moderne kabbalist, derfor finner jeg det rimelig å svare så entydig. Slik jeg ser det, finner vi mystisisme i de tidlige språkfilosofiske tekstene til Benjamin. Spørsmålet som fanget min interesse i lesningen av disse tekstene var: Hvor kommer den fra? Og hvordan kan den avgrenses? Jeg tror Benjamins jødiske bakgrunn og hans forhold til Scholem her er blant de viktige faktorene. Dette spørsmålet har altså et biografisk element. Jeg tror Scholem ganske enkelt hadde et religiøst utgangspunkt som han ville se Benjamins tenkning gjennom. Refer kommer mot slutten av sitt innlegg inn på forskjeller mellom Scholems og Habermas. Jeg tror en vesentlig forskjell er deres tanker om verbalspråket. For Benjamins tenknings del er det mest avgjørende at Habermas' lingvistiske vending og tanker om rasjonalitet nok ligger et stykke unna Benjamins egen orientering. Så kan man si at den behovsinterpretasjon vi finner i noen former for nymarxisme nok passet den unge Habermas' tanker om hva språket kan brukes til, men spørsmålet i denne sammenheng blir vel om han kan gis rett i å tillegge Benjamin denne tanken. Her har jeg mine tvil, i det minste hvis det er ungdomstiden som skal være utgangspunktet, slik det var utgangspunktet for teksten min.

Jeg tror det profane stod det moderne nært i Benjamins tenkning, slik var det nok ikke for Scholem. Jeg har forstått det slik at Scholem etter hvert fant samforståelse med Martin Bubers tenkning og især Bubers relasjoner Jeg-Du og Jeg-Det. Disse begrepene ligger nok et stykke unna den kommunikative rasjonaliteten som vel Habermas er mest kjent for.

Refer forteller om den danske Benjaminkjenneren Jørgensen. Til innspillene her vil jeg si at jeg har stor tro på at teologiske perspektiver på opplevelser som de beskrevne kan ha mye for seg, men må dessverre vedgå at jeg ikke kjenner Jørgensens arbeider videre godt. Jeg tror det for øvrig også finnes et annet spor å forfølge her, og det er det moderne kunstverket, så som fotografiet og filmen, som Benjamin i det alt vesentlige betrakter som post-auratisk. Jeg er usikker på om jeg deler Jørgensens utgangspunkt for en moderne metafysikk. For å holde meg til Benjamin, vil jeg i denne sammenhengen fremheve at han nok stod Heidegger ganske fjernt.

Refer spør hvorfor jeg setter Scholem i spill og hvorvidt det finnes en opposisjon i synet på Benjamin mellom Habermas og ham. Jeg tror den enkleste, om enn litt upresise og kan hende noe unnvikende, måten å besvare dette spørsmålet på er å si at Habermas var Adornos elev og at Adorno i stor grad lot seg inspirere av den noe eldre Benjamin. Utviklingen av den negative teologien, som er avgjørende i Adornos estetikk, må Benjamin få i det minste en del av æren for. Videre var det slik at Habermas distanserte seg en del fra sin læremester Adorno og beveget det kritiske teoretiske tankegodset betraktelig. Dette er som sagt ikke direkte svar på Refers spørsmål, men det har etter mitt syn en del med saken å gjøre. Skulle jeg forsøke gå inn i hennes spørsmål mer presist, tror jeg det mest vesentlige er at Benjamin brøt med det jødiske ungdomsmiljøet og orienterte seg mot andre horisonter, mens Scholem på sin side utviklet seg til å bli en betydelig moderne kabbalist. Det er vanlig å påstå at Habermas vil presse Benjamins tenkning inn i sitt eget kommunikative paradigme. Jeg tror det ligger en del i denne påstanden. Refer hevder og i tråd med Habermas at auraerfaringen formidles gjennom språket. Hadde det vært slik ville ikke Benjamin betraktet for eksempel arbeidene til pionerene innenfor portrettfotografi som auratiske. Hvis vi ser på Benjamins og Scholems forfatterskap utviklet seg på, er det liten tvil om at de gikk hver sin vei etter ungdomstiden, men holdt kontakt gjennom en lang og omfattende brevveksling. Kanskje en enkel måte å beskrive forskjeller på her, om den nå enn ikke er et godt svar på Refers etter mitt syn skarpsindige spørsmål, kan være det essayet Benjamin skrev om surrealistene som åpenbart var forskjellig fra Scholems tankeverden når vi kommer til de religiøse spørsmål. Det burde kanskje finnes en mer analytisk angrepsvinkel til forskjeller mellom Scholems orientering og den Habermas stod for, la oss si mellom sine verk *Borgerlig Offentlighet* og *Teorien om den Kommunikative Handling*, enn den jeg her har anført. Ett kompliserende forhold er at Habermas selv utvikler sine tankemodeller mye. Jeg tror ganske enkelt Scholems studieobjekter er annerledes enn de Habermas på denne tiden beskjeftiget seg med. Men jeg vedgår at jeg ikke kjenner Scholems øvrige forfatterskap godt nok til her å gi et fyllestgjørende svar. Skal vi så begrense oss til de to tekstene jeg refererer i min tekst, mener Habermas at Benjamin beveget seg inn i nymarxistiske tankemodeller og der forvillet seg, mens Scholem nok mener at Benjamin og han hadde et noenlunde likt utgangspunkt. Disse to synspunktene lar seg vanskelig forene, selv om jeg vil gi Refer noe rett i at det kan finnes likeheter innenfor de to tankemåtene når vi kommer til de språkteoretiske posisjonene. Men for å gå tilbake til estetikken, for der å finne et forhåpentligvis opplysende eksempel, vil jeg altså velge meg surrealistene. Det er ikke tilfeldig at jeg velger meg et annet essay i Benjamins estetiske skrifter her. Mitt ønske var å finne ut hvorvidt det kunne være slik at det i Benjamins estetikk finnes et jødisk mystisk element. Dette spørsmålet er spekulativt, men ved å forsøke gå litt konkret til verks i det Benjamin skriver om Kafka, var mitt mål på en enkel måte å påvise en myte. Jeg ville så å si forsøke finne ut hvordan Benjamins estetikk fungerer.

Så til surrealistene. Benjamin er svært positiv til den surrealistiske kunstens ambisjon om å sprenge grensene den borgerlige kunsten satt. Habermas derimot bedømmer surrealistenes ambisjoner som en falsk overkomming innenfor et hegeliansk tankesystem, og sier at surrealistenes problem er at alt blir kunst og alle blir kunstnere, at man ikke lenger har noe kriterium å gå ut fra. Benjamin på sin side finner ikke surrealistenes fantasifulle og overveldende kreativitet problematisk i det hele tatt.

Refer spør om det ikke er åpenbart at Benjamin ønsker å redde tradisjonen og at både Habermas og Scholem vil være enig i han i dette. Her finnes det noen underliggende momenter som bør frem. Jeg tror ikke Benjamin med tradisjon i sin kunstkritikk mente jødisk tradisjon. Han skriver for eksempel på en veldig omsorgsfull måte om Karl Krauss og det Wien som Krauss portretterer. Jeg tror ikke den wienske kabaretscenen og Offenbachs musikk stod Scholem så nær. Vi kan tenke oss at Scholem nok ikke ville si seg enig i at dette var en tradisjon vesentlig å bevare gjennom kritikk, men det mente altså Benjamin. Her har de med andre ord forskjellige prioriteringer. Det kunne nevnes mange slike eksempler. Scholem var kort og godt opptatt av de jødiske spørsmål, Benjamin hadde en veldig mye videre horisont for sitt engasjement som kritiker. Refer spør hvorfor jeg setter Scholem i spill i min tekst. For meg er det åpenbart at Scholem og Habermas har noe forskjellige posisjoner å snakke om Benjamin ut fra. Likevel gir jeg Refer rett i at spørsmålet ikke er om det finnes et mystisk element i Benjamins estetikk, men hvilken rolle elementet spilte. Det enkleste å påpeke her er at Habermas i større grad enn Scholem vil tillegge det jødisk-mystiske en rolle i Benjamins ungdomstid og kanskje bare der. For øvrig mener jeg at nøkkelen til forståelse av hvor det mystiske elementet ble av er Benjamins forståelse av myter. Myter forblir viktige opp gjennom Benjamins forfatterskap.

Tilslutt vil jeg gi Refer rett i at nok både Scholem og Habermas ville istemme den språkliggjøring som ligger om enn noe skjult i den lille parabelen om prinsessen og landsbyen i *Slottet*. Men, igjen er Habermas i sine tanker om språket veldig rasjonell. For eksempel mener Habermas at vi med ordene skal kunne rasjonalisere mellommenneskelige forhold (kommunikasjon) som i utgangspunktet ikke er språk. Jeg for min del tror det ligger betydningsdimensjoner i mimikk, gester, væremåter og adferd som ikke på noen enkel måte kan transformeres til ord og bokstaver uten at et vesentlig element i vår opplevelsesdimensjon og i samværet oss mennesker imellom går tapt, men her får vi kanskje moderere oss til å skille mellom det essayet en ung Habermas skrev om Benjamin og hans forfatterskap for øvrig. Målet jeg hadde med mitt essay var å finne ut hvor grensene for det mystiske i Benjamins tenkning går. Det hadde latt seg gjøre å gå mer analytisk til verks her, så også i besvarelsen av Refers spørsmål, men jeg vil begrunne min angrepsvinkel med å si at Benjamin dekket et veldig stort omfang av temaer gjennom en omfangsrik produksjon av mange korte tekster. Jeg tror det ofte vil være lettere å gå til kildene, å gå til Benjamins produksjon, enn å tolke seg fram til overordnede synspunkt det vil finnes rimelighet i at han kunne ha innehatt. Over tid finner vi mange diskrepanser i produksjonen hans. Likevel tror jeg dette å redde tradisjonen, og da ikke bare en jødisk tradisjon, var noe Benjamin stod last og brast ved gjennom hele sitt korte liv.

Slutnoter

1. Legg merke til at Benjamin bruker ordet "Bild", orginalteksten lyder: "Denn es ist ein unweiderbringliches *Bild* der Vergangenheit, da smit jeder Gegenwart zu verschwinden droht, die sich nicht als in ihm gemeint erkannte" (Benjamin 1974, bd. 1: 695, min utheving).

2. Den følgende fremstillingen av forholdet mellom Scholem og Benjamin bygger på Gershom Scholems bog *The Story of a Friendship* (1981).

3. Uenigheten med Buber bestod i at både Scholem og Benjamin som unge ikke følte at Buber og hans generasjon forstod de unge jødenes synspunkter og ikke målbar deres oppfatninger. Helt konkret hadde Benjamin noen språkteoretiske synspunkt om verbalspråkets forhold til stillhet og til sorg (Trauer) som skilte seg fra Bubers oppfatninger om språket. Det er av betydning her å være kjent med at ordene spiller en vesentlig rolle i den jødiske tradisjonen – Torah'en skal utsies – en rolle som hører hjemme annensteds enn de språkfilosofiske posisjonene som vokste frem i etterkrigstiden med den amerikanske pragmatismen.

4. Scholem gjør videre rede for at Benjamin kjente til Karl T. Preuss' studier av animismen, og til Johann J. Bachofens skrifter. Scholem forteller at Benjamin nærmer seg mytene fra mange forskjellige angrepsvinkler: historie, romatikken, litteraturen, religionen, jødedommen og lovene.

Litteratur

Arendt, H. (1968). Introduction, Walter Benjamin 1892–1940. I: Arendt, H. *Illuminations*. New York: Schocken Books.

Badiou, A. (1988). *L'être et l'événement*. Paris : Éditions du Seuil.

Badiou, A. (2006). *Logiques du monde. L'être et l'événement, tôme 2*. Paris: Éditions du Seuil.

Benjamin, W. (1974). *Gesammelte Schriften*. Frankfurt am Main: Suhrkamp Verlag.

Benjamin, W. (2003). *Selected Writings*. Cambridge: The Pelknap Press of the Harvard University Press.

Habermas, J. (1983). Walter Benjamin Consciousness Raising or Rescuing Critique. I: Habermas, J. *Philosophical-Political Profiles*. Cambridge, MA: MIT Press.

Jørgensen, D. (1999). Profan metafysik. *Forum for praktisk teologi 78*. Frederiksberg: Anis.

Scholem, G. (1981). *The Story of a Friendship*. New York: NYRB Classics.

Wikipedia (2006). A drawing by Alain Badiou, handed out during his Nov. 18th, 2006 lecture entitled "Truth procedure in politics, with some original drawings" held at the Miguel Abreu Gallery in New York City. URL (konsulteret december 2010): http://en.wikipedia.org/wiki/File:Badiou-an_original_drawing.jpg.

Žižek, S. (2007). On *Alain Badiou and Logiques des mondes*. URL (konsulteret november 2009): http://www.lacan.com/zizbadman.htm#_ftnref15.

Metalogue 14

Goethe and the Current Discussion on Immanent Intelligence of Nature

II. Den tredje (position)

I. Vore dages diskussion om naturens immanente intelligens

By Christian Ydesen

IV. Relationen mellem det subjektive og det objektive

Prologue
By Mette Smølz Skau

Medialogues

Epilogue
By Mette Smølz Skau

III. Filosofi og mystik

By Sara Green

Seeing that the debate concerning intelligent design has been extremely polarized in recent years, as it seems to be discussed primarily by fundamentalist religious people on one side and reductionists on the other, it appears to be an unproductive debate. The aim of this metalogue is to loosen up the knot of antagonistic positions by giving Goethe and his philosophy of life a central position. To talk about intelligence in Nature, in the sense it is done here, does not presume religion, because the sort of intelligence that is the focus of this text, is different than the traditional sense. There is no transcendent creator at play, and nothing totally independent of the human subject. The intelligence mentioned here is, in contrast, something that arises in our meeting with Nature. The text seeks to bring the intelligent design debate to a more fruitful place. It is the hope that Goethe can contribute to softening up the debate. His thoughts offer a middle position by his being an empiricist with an eye for the multiplicity and variety of Nature, thereby sketching the possibility of a different inter-cultural platform.

Language: Danish

371

I. Vore dages diskussion om naturens immanente intelligens belyst via den goethiske tankegang

Mette Smølz Skau

1. Diskussion af intelligent design i dag

Den populærvidenskabelige diskussion om design, som den i disse år præger medierne, synes at være temmelig unuanceret og ufrugtbar, hvilket til dels også præger den akademiske diskussion. Teoriens forfægtere forfalder let til en naturvidenskabelig argumentation, der falder uden for deres område. Dette kommer sig af, at tilhængerne af design gerne vil have indført undervisning i design-teori i de amerikanske skoler, men dette er ikke tilladt, med mindre det kan godtgøres, at det er en videnskabelig teori. Derfor går forfægterne af teorien med Michael Behe og William Dembski i spidsen ind i diskussioner (Behe 2003; Dembski 1999), der på naturvidenskabelig vis skal bevise, at verden besidder en immanent intelligens. Det er dog efter min mening ikke sket overbevisende, men betyder det, at der ikke er noget at hente i den design-teoretiske tanke? Nu skal man jo altid passe på ikke at skylle barnet ud med badevandet, og dette gør sig også gældende her. Blot fordi de førende nulevende fortalere for en bestemt teori ikke fremfører en overbevisende argumentation, betyder det ikke nødvendigvis, at man kan afvise design-tanken. Den er tidligere blevet forsvaret på et helt andet grundlag end det, der nu er oppe i tiden. Det virker interessant at se, om det er muligt at nuancere diskussionen.

I stedet for denne håbløse og skingre diskussion, hvor parterne uundgåeligt vil tale forbi hinanden, virker det for mig at se interessant, om det er muligt at nuancere diskussionen og dermed skabe grobund for en mere frugtbar dialog i mødet mellem tilhængerne af de forskellige opfattelser.

2. ID-diskussionen tilbage i filosofien

Fagfilosofferne kæmper i dag en hård kamp for at undgå irrationelle elementer i deres fag, men måske har denne kamp taget overhånd. Det kan til tider virke, som om de ikke længere blot er ude på at beskytte deres fag for mysticisme og pseudofilosofi, men nærmere som om de er blevet ramt af en alvorlig fobi for alt, der ikke kan stilles op i formler og syllogismer eller bevises af naturvidenskabelig vej.

Hvor filosofien tidligere eksempelvis i den tyske idealisme syntes mere åben overfor de åndelige elementer, er dette i dag overladt til teologerne. Dette falder naturligvis inden for teologiens område, men det er for mig at se en stor fejl at lade teologerne få eneret på området. Tidligere filosoffer har med stor succes beskæftiget sig med ID-tanken (om end i andre former, end tankegangen antager i dag) og den absolutte ånd, men nu tør man end ikke længere røre ved disse ideer, hvilket betyder, at den filosofiske belysning af disse emner negligeres. Dette er en trist indsnævring af filosofiens område, der bevidner den fremherskende reduktionistiske tankegang, der giver et forenklet verdensbillede, uden blik for naturens kvalitative mangfoldighed.

Og hvordan befinder ID-tankegangen sig hos teologerne? Jo, den bliver nok taget alvorligt, men da teologerne anlægger et eksegetisk perspektiv, lægges der ikke umiddelbart op til en diskussion af hvorvidt ordet "taler sandt", og inden for hvilket "sprog" det skal forstås; det være sig bogstaveligt eller "symbolsk". Man finder derfor ikke mange teologer udbrede sig i medierne om argumentation for intelligent design. Argumentationen for og imod en intelligens i naturen ligger indenfor filosofiens område, hvor den længe har været forsømt. Men der var engang, hvor dette ikke var tilfældet. Er de gamle argumenter stadig frugtbare, eller er slaget tabt for en filosofisk belysning af og begrundelse for intelligent design?

Teorien om intelligent design er ikke i modstrid med darwinismen og evolutionsteorien, den er blot i modstrid med blind evolution. Det, man søger, er ikke at finde ind til intelligensen, men langt mere ydmygt at finde spor, som kan bevidne intelligensens tilstedeværelse i naturen.

373

Det betyder også, at intelligent design ikke er begrænset til en kristen tankegang, men kan gå hånd i hånd med mange forskellige religioner og spirituelle overbevisninger. Det, man hævder, er nemlig ikke, at Gud har skabt verden på seks dage, som der står i Biblen, men derimod blot at der er andet i verden end tilfældigheder. Der er en mening eller et formål.

Egentlig er teorien om intelligent design ret beskeden. Vi er ikke på jagt efter Gud, eller hvad Gud er og indeholder. Vi leder bare efter tegn i den givne natur på intelligent design, at der er et mønster i udviklingen, som ikke bare er opstået ved tilfældigheder. Meget rationelt vil vi bevise, at der er intelligente træk i naturen, som ikke er tilfældige. Vi kommer ikke til at bevise Gud, men vi kommer til at erfare en intelligens i naturen som viser, at det hele ikke er blevet tilfældigt til, men med et formål (Dembski 1999; Vincents 2004).

Det er altså her, ID-tilhængerne adskiller sig fra de langt mere radikale kreationister, der ofte er mere fundamentalistiske tilhængere af kristendommen og derfor i højere grad tilbøjelige til at afvise evolutionsteorien og mange andre ellers videnskabeligt accepterede teorier. Tilhængeren af intelligent design behøver derimod ikke at forkaste naturvidenskabens resultater, men kan nøjes med at afvise påstanden om, at verden er præget af kaos og tilfældighed, som nogle hævder.[1]

Hvis man skal undersøge, hvorvidt verden er skabt, eller om der er intelligens i naturen, er det ikke nok at tage udgangspunkt i de kristne opfattelser af problematikken. Det kan derimod være givtigt at anlægge et mere interkulturelt perspektiv på undersøgelsen, for selv hvis verden synes skabt eller intelligent, er det ikke givet, at den er skabt af en transcendent, kristen gud. Hvis vi kigger ud over grænserne af den (kultur-)kristne verdensanskuelse, finder vi et bredt spektrum af myter og skabelsesberetninger. ID-diskussionen, som den i vore dage føres i medierne, kan derfor nok være interessant, men den kan ikke siges at være fyldestgørende. Det kan derfor være fordelagtigt kort at opridse nogle forskellige mytologier, her med udgangspunkt i deres skabelsesmyter.

3. Skabelsesmyter

Da mangfoldigheden af myter har været medvirkende til en mangfoldighed af vidt forskellige kulturer – og ikke mindst vice versa – kan det her være relevant at se på, hvorledes de differentierer sig fra hinanden.

Hos *Cheyennefolket i Nordamerika* blev det øde verdenshav forløst af den uanselige blishønes anstrengelser for at få en mundfuld mudder med op fra bunden. Dette mudder blev af Al-ånden forvandlet til landjord.

Indiens hinduistiske – og filosofisk set mest veludviklede skemaer – er om den store gud Vishnu, som hviler på den sammenrullede kosmiske slange A-nanta i kaos´ vande. Af navlen udstødes en lotusblomst, som åbner sig og afslører skaberguden Brahma. Og af Brahmas meditationer opstår verden og eksisterer i uendelig tid, før den opløser sig i kaos igen, hvoraf et nyt univers med tiden opstår, og processen gentager sig selv atter og atter.

I den *Kinesiske tradition* finder man den kosmiske kæmpe Pan Gu, der opgiver sit liv for at give verden liv. Ud af hans udmattede krops lemmer opstår himlens og jordens mange forskellige træk. Temaet i denne myte er altså at give liv gennem døden (Willis 1993).

Alt efter hvilken overbevisning man har, kan Gud være transcendent, immanent, der kan være tale om én gud eller flere, og det kan være en deistisk eller en teistisk opfattelse. Som antydet ovenfor findes der et utal af skabelsesmyter (utallet er vel kun antydet?), der opererer ud fra helt andre grundtanker end den, at en gud skabte verden samt en mand, og at denne gud også besluttede, at denne mand skulle have sig en kvinde at bo i denne verden med. De kristne skabelsesberetninger er ikke privilegeret i forhold til nogen af disse, som giver hvert deres bud på, hvordan skabelsesprocessen foregik. Som sådan gør denne diskussion om, hvordan verden blev skabt (hvis den blev skabt) ingen forskel, men de ovenfor anførte eksempler skal tjene til at vise de forskellige kulturers vidt forskellige perspektiver.[2]

Uanset hvilken – hvis nogen – religiøs overbevisning man måtte hælde til, kan man, i stedet for at tage udgangspunkt i myter, tage udgangspunkt i den verden, vi lever i. Kan vi i den empiriske verden finde spor af intelligens, eller kan man med Ockhams ragekniv skære alt åndeligt bort og nøjes med principppet om den naturlige selektion?

Når grønspætten tager myrebad i myretuen og derved får renset fjerdragten for kløende parasitter og lus, kan man betvivle om, at den ikke gør det i bevidsthed om myrernes gavnlige effekt, men vi må samtidig være opmærksomme på, at dette ikke gendriver ideen om, at en intelligens kan stå bag. Dog kan det heller ikke tælle som et bevis på dette, da den rent darwinistiske evolutionsteori kan sætte dette sammenhæng – og mange andre lignende fænomener – i en større uden at måtte ty til metafysiske spidsfindigheder.

4. Goethes verdensanskuelse

Hvis vi anvender Ockhams tankeøkonomiske princip (som for øvrigt ikke garanterer sandhed), kan det være fristende at smide ID-tanken over bord. At forklare naturens forunderlige fænomener ved at henvise til Gud synes kun at forskyde problemet; man forklarer noget uforklarligt ved at henvise til noget endnu mere uforklarligt og bruger Gud som et *asylum ignorantia*. Kan vi så ikke afskrive ideen om en iboende intelligens i naturen? Måske kan der være noget at hente i andre tankeformer. Diskussionen er langt fra ny, så det er muligt, at vi kan tilføre debatten noget værdifuldt ved åbenhjertigt at undersøge Goethes verdensanskuelse, og at denne kan kaste et anderledes lys over sagen. Grunden til, at jeg her vil bruge Goethe, er, at hans tanker tager udgangspunkt i den empiriske verden, og at de ikke er hængt op på specifikke religiøse overbevisninger. Goethe er dog meget tvetydig og ofte selvmodsigende, og hans filosofiske pointer fremkommer kun pletvist i hans værker, eftersom hans ærinde ikke var at skrive deciderede filosofiske værker og slet ikke anså sig selv for at være filosof. Jeg læner mig derfor i denne prolog op ad Wolfs og Steiners tolkninger.

Som tidligere nævnt behøver tilhængerne af intelligent design ikke at forkaste naturvidenskabens resultater, men blot afvise påstanden om, at verden er præget af kaos og tilfældighed. En sådan afvisning af kaos finder vi tydeligt i den goethiske tankegang, hvor alle virkninger anses for en modifikation af ånden. Den goethiske tankegang adskiller sig fra den kristne, men der kan drages paralleller til religiøse tankegange fra såvel Goethes egen tid som i dag, hvis vi bevæger os bort fra de traditionelle, fremherskende vestlige religioner. Et menneske kan ifølge Goethe opleve åndens metamorfose, når det følger verdens virkninger og går fra at se dem rent yderligt – således at de fremtræder som tilfældigheder – til at se det geniale i dem, når de kommer til syne i deres ur-egne form (Steiner 1918: 73).

Hvert enkelt fænomenområde åbenbarer den almene lovmæssighed på sin egen særegne måde, og hvis man ønsker at komme til en adækvat erkendelse af dem, er det derfor nødvendigt at leve sig ind i forskellige tankeformer, der hver især kan vise et aspekt af dem. I overensstemmelse med ovenstående var Goethe polyteist i sit virke som digter, hvor denne anskuelsesform rettes mod enkeltfænomenerne, og panteist som naturforsker, når anskuelsesformen anvendtes på naturen som helhed. På den måde lader Goethe forskellige tænkemåder og religiøse opfattelser sameksistere og viser deres relation til den dialektiske sandhed, som fremstår som en bevægelse. Disse relationer mellem forskellige tænkemåder går på tværs af discipliner, religiøse opfattelser og ikke mindst af forskellige udtryksformer, eftersom Goethe lige så ofte anvender poesien til at udtrykke sin verdensanskuelse, som han anvender fagsprog.

Goethe adskiller sig fra f.eks. Schiller, der anser ideernes rige som noget principielt adskilt fra og anderledes end erfaringens domæne. Han skelner derfor mellem to slags erfaring, nemlig den ydre (iagttagelsen) og den indre (tænkningen). For Goethe er denne opdeling absurd; der er blot en erfaringsverden, og idéverdenen er inkluderet i denne eller rettere; ideen afspejler sig lige så nøje for hans åndelige øje, som de sansbare ting gør det for hans fysiske – idéen kommer jo netop også til syne for det fysiske øje.[3] I det subjektive lever det objektive. Platonikernes spørgsmål om, hvorledes forholdet mellem idé og sanseverden udenfor mennesket er beskaffent, er, set fra den goethiske verdensanskuelse, meningsløs. Der findes ingen sanseverden uden idé udenfor mennesket.[4] Det er blot filosofferne, der gennem et falsk begrebsapparat har konstrueret dette skel.

For Goethe er Gud i naturen, og naturen i Gud, der er altså hos ham tale om et samlet hele. Hvis Gud derimod er transcendent, kan det guddommelige ikke anskues, men må være betinget af tro. For Goethe er der derimod ingen tvivl om, at han oplevede noget evigt lovmæssigt, når han gjorde naturen gennemsigtig for ideen og denne evige lovmæssighed altså iagttagelige regulariteter, såsom planeternes bevægelser, var for ham identisk med det guddommelige. Igen er vi tilbage ved påstanden om, at en intelligibel verden ikke afhænger af et kristent verdensbillede eller af en transcendent gud. Og hvis man – som vi her har gjort – tager et interkulturelt blik på forskellige verdensdeles religioner og verdensanskuelser, bliver denne påstand kun yderligere godtgjort.

5. Formålsbegrebet

Som også Kant bemærker, tvinger iagttagelsen af den indre natur os til at anvende andre begreber end de rent mekaniske (Kant 1974). Og da organismen frembringer sig selv og derved fungerer som sin egen årsag og virkning, kan man sige, at den manifesterer sig som en organiseret helhed. Delene og helheden vekselvirker på denne måde, men helheden synes dog at have forrang. Organismen består af delenes vekselvirkning samt deres gensidige betingethed. Dette kan man forstå som en proces, igennem hvilken organismen opretholder sig selv og udfolder sit væsen.

I undersøgelsen af det organiske liv kan vi tilsyneladende ikke komme udenom formålsbegrebet; den levende naturs orden synes ikke at kunne forklares foruden. Det lader dog ikke til at være muligt at opnå empirisk bevis for det princip, som formålsbegrebet udtrykker; formålsrettetheden er ifølge Kant en egenskab ved den *menneskelige* handling, som den menneskelige bevidsthed lægger ud i naturen, når vi fælder domme over naturen. Ser vi bort fra begrebet om formålsrettethed og udelukkende søger at forklare verden gennem det fysisk-mekaniske begrebsapparat, styrkes denne forklaringsmodel af muligheden for at manipulere med organismernes egenskaber, således som det sker i laboratorier verden over.

Begrebsapparatet kommer dog til kort og synes inadækvat, når der søges en forklaring af fænomenet selvopretholdelse gennem tilpasning.[5]

Man synes heller ikke at kunne komme udenom besværlighederne ved at forsvare en vitalistisk position[6] – i hvert fald opstår der andre. Vitalismen løber unægteligt ind i alvorlige problemer, når den hypostaserer "livskraften". Man kan sammenligne denne livskraft med et begreb fra naturvidenskaben f.eks. tyngdekraften. Tyngdekraften besidder ikke selvstændig eksistens og befinder sig ikke et andet sted end det faldende legeme. Den eksisterer derimod som en relation mellem abstrakte størrelser, og den er altså selv de-materialiseret, og der er derved et element af begrebslighed i erkendelsen af kraften. Således er livskraftens væren noget, der er til i kraft af delenes interaktion, men ikke kan begrænses til dem. Ovenstående gør sig muligvis også gældende for den såkaldte livskraft. I hvert fald virker det illegitimt at hypostasere liv, sjæl, ånd osv., men det betyder ikke nødvendigvis, at begreberne ikke indtager deres retmæssige plads i vores begrebsapparat, når vi undersøger naturen.

6. Det udfordrende filosofiske projekt

Hvis den naturvidenskabelige forståelse af verden udelukker teistiske forklaringer, således som den synes at gøre, kan vi ikke blot læne os op ad disse uden at blive fanget i dogmatisme, og det må netop være filosofiens primære opgave at bekæmpe enhver form for dogmatisme, det være sig i alle afskygninger og altså ikke kun den fysikalistiske reduktionisme, men i lige så høj grad den teistiske, der læner sig op ad det uholdbare teleologiske bevis for Guds eksistens. Vi må derfor spørge os selv, hvorfor påstanden om en intelligens i naturen altid har præget naturfilosofien. Måske er svaret, at netop denne forestilling gennem sin anerkendelse af den væsensforskellighed, der findes i organiske processer, dyrs adfærd og menneskers handlinger udviser forskellige typer af orden, har kunnet medvirke til en erkendelse af naturens kvalitative mangfoldighed. Dette er både Kant og Goethe glimrende eksempler på, da de – i modsætning til den fysikalistiske reduktionisme – synes at tage højde for den. De irreducible fænomener skal altså ikke opfattes som et argument for at vende tilbage til en form for dogmatisk religiøs naturopfattelse, men de kan derimod være med til at pege på, at der findes indsigter i naturen, som er uforenelige med den materialistiske opfattelse af verden, som følger af visse former for naturvidenskabelig reduktionisme.

Måske indbefatter den mest adækvate tilgang til at erkende naturens mangfoldighed brugen af begreber om ikke-stoflige former såsom intelligible årsager i forbindelse med visse områder af naturerkendelsen. Heri ligger en udfordring for filosofien, hvis opgave det må være at afdække og beskrive den. Der er noget ved virkeligheden selv, der unddrager sig naturvidenskabens nuværende begrebsapparatur, og den burde ikke være så dogmatisk afvisende over for alt, hvad den ikke selv er, da virkeligheden så at sige er mere, end hvad videnskaben kan have et fast (be)greb om.

II. Den tredje (position)

Christian Ydesen

Et fængende udgangspunkt for ethvert forsøg på at skabe grobund for frugtbar dialog er manifestationen af tilsyneladende antagonistiske positioner. Mette Smølz Skau søger i prologen at realisere en sådan ambition ved at tage afsæt i den ophedede debat om ID mellem i hovedsagen tre væsentlige og markante interessenter: dogmatiske naturvidenskabsfolk, fortalere for ID og fundamentalistiske kristne. Her lægger Mette snittet til at løse op for debatten ved at identificere tre interessenter – vi har altså allerede fra starten fundet ikke blot 'den anden' men også 'den tredje' og dermed har det antagonistiske felt fået tilført en væsentlig dynamik. Fortalerne for ID er nu gået fra at være en antagonistisk pol til at være en midterposition med det ydmyge projekt

"[...] at finde spor, som kan bevidne intelligensens tilstedeværelse i naturen". Samtidig gør Skau det klart, at fortalerne for ID blot mener, at "[...] der er andet i verden end tilfældigheder".

I forhold til Skaus projekt om at se nærmere på filosofiens muligheder for at bidrage konstruktivt til at løse den gordiske knude er den skitserede opblødning af det antagonistiske felt et konstruktivt greb. Man kan nemlig med Lévinas sige, at det først er med indførelsen af 'den tredje' at der opstår mulighed for sammenligninger, afgørelser og ansvarlighed (Lévinas 2007: 213).

Skau behandler blandt andet videre en empirisk tilgang til verden og hun afdækker via Ockhams ragekniv, at der ikke umiddelbart findes belæg for metafysiske hypoteser a la tanken om ID, men samtidig introduceres Goethe som en slags korrektiv til den rene empirisme, idet han, som en dynamisk *pontifex maximus*, med sit holistiske blik formår at fastholde eksistensen af andre dimensioner i tilværelsen end den rent empiriske. Goethe fremtræder dermed som en tværkulturel forløser, der negerer det antagonistiske felt.

I denne proces påpeger Skau, at vi i mødet med verden nødvendigvis må benytte et righoldigt begrebsapparat. Dermed knytter hun fint an til den rummelighed, der må være et kendetegn i den skitserede opblødning af det antagonistiske felt. Risikoen ved denne manøvre er imidlertid, at der med frygten for at smide barnet ud med badevandet åbnes rum for usundt grums i selvsamme badevand. Som J.S. Mill minder os om:

> The tendency has always been strong to believe that whatever received a name must be an entity or thing, having an independent existence of its own; and if no real entity answering to the name could be found, men did not for that reason suppose that none existed, but imagined that it was something peculiarly abstruse and mysterious, too high to be an object of sense (Mill 1869: 5).

Skau er dog selv opmærksom på denne fare og hun fremhæver derfor vigtigheden af et filosofisk projekt om at bekæmpe dogmatisme og reduktionisme.

Afslutningsvis vil jeg forsøge at udpege et par steder, hvor Skaus analyse rummer uudnyttede potentialer. For det første vil jeg argumentere for, at det antagonistiske felt med fordel kan nuanceres yderligere. Årsagen er, at de anførte kategoriseringer som "fundamentalistiske tilhængere af kristendommen", "tilhængere af ID" og "dogmatiske naturvidenskabsmænd" kan vise sig for simple i forhold til at realisere ambitionen om at skabe grobund for frugtbar dialog. I sin iver efter at dekonstruere antagonismen risikerer Skau at sætte nye kategoriseringer, der ganske vist overvinder et problem, men som i stedet medfører nye begrænsninger i forhold til feltet. En måde at imødegå dette problem kan være at tage endnu et skridt med Goethe. Det handler her om, at det privilegerede domæne skal gå i lære hos andethedens domæne. At gå i lære fører til erkendelse af, hvorledes den privilegerede verden ser ud fra andethedens synspunkt: Hvordan er det at være underkastet en andens viden – viden som kommer fra en ukendt vinkel – og at få ens egen evne til viden nedvurderet? Denne proces kan pege på privilegiets blindhed og på den smerte som denne blindhed kan påføre andre.

For det andet vil jeg mene, at der opstår en fare for en ny reduktionisme, når Skau skriver, at: "[...] formålsrettetheden er nemlig en egenskab ved den menneskelige handling [...]". Skau forsøger fremdeles at gøre op med reduktionismen, men her kan man netop pege på, at den mangfoldighed af dimensioner, som Skau efterlyser i filosofien, kun kommer begrænset til udtryk. Hvis alle handlinger sker med et formål levnes der ikke plads til det, der sker 'imellem' i forholdet til den anden. Ifølge Buber er 'imellem' netop den ontologiske præmis for forholdet til den anden. Der er nemlig tale om en overskridelse af alt tilstedeværende (2002: 295). Man kender overskridelsens opståen, men ikke dens mål. Der er med andre ord tale om en bevægelse fra det determinerede til det udeterminerede. Theunissen fremhæver i samme forbindelse destruktionen af det transcendentalfænomenologiske intentionalitetsbegreb – et begreb som Theunissen overbevisende identificerer som problematisk i forholdet til 'den anden' (1977). Det handler nemlig om at levne plads til andre dimensioner i den menneskelige handlen.

III. Filosofi og mystik

Sara Green

Diskussionen om Intelligent Design har længe været begrænset til en videnskabsteoretisk diskussion, hvor teorien efter min mening er kommet til kort. Mette Smølz Skau forsøger med prologen at bringe ID-teorien ind i en erkendelsesteoretisk diskussion, hvor der åbnes for indsigter, som ikke kommer til udtryk i en analytisk terminologi. Den nye fremgangsmåde er at se bort fra ID-teoriens kristne rødder og i stedet gå empirisk til værks for at undersøge, om vi kan finde spor af intelligens, og om ID-teorien kan bidrage med nye indsigter til filosofien. Det er dog uklart, hvad Skau definerer som intelligens. Hun synes at mene, at begrebet står i modsætning til naturvidenskabelig erkendelse: "Tilhængerne af intelligent design behøver derimod ikke at forkaste naturvidenskabens resultater, men kan nøjes med at afvise påstanden om, at verden er præget af kaos og tilfældighed". Jeg kan dog ikke komme i tanke om en naturvidenskabsmand, der har hævdet denne tilfældighed og kaotiske tilstand. Naturvidenskabens grundlag er jo netop en verden, der er ordnet efter visse principper. Evolutionen er resultatet af en selektion, som er mulig på baggrund af spontane mutationer og tilfældig overkrydsning i meiosen, der bibringer en genetisk variation. Men genetikkens principper er på ingen måde tilfældige, ligesom termodynamikkens love, tyngdeloven, den genetiske kode osv. er regulariteter i en forholdsvis ordnet verden. Hvis disse principper er, hvad Skau kalder intelligens, så er der masser af intelligens i naturen.

Som biologistuderende bliver jeg dagligt fascineret af den organisering af processer, der ligger til grund for alt liv. Spørgsmålet er dog, om der er *noget*, der organiserer tingene. Dette spørgsmål er naturvidenskaben – og så vidt jeg kan se også filosofien – afskåret fra at svare på. Naturvidenskaben har (endnu?) ikke løst gåden om livets begyndelse eller forklaret, hvorfor kampen for overlevelse finder sted. Men et modspørgsmålet kan være, om vi overhovedet skal søge efter disse svar her, for vi synes at støde på en grænse for erkendelsen, som vi blot må acceptere som et vilkår. Dermed ikke sagt, at vi kan opgive vores søgen, for som Kant viste os med skellet mellem *Vernunft* og *Verstand*, forsøger fornuften konstant at transcendere forstandens indsigt i, at erkendelsen har en grænse. Fornuften søger forklaringer, som forstanden og videnskaben ikke kan erkende, fordi disse (irrationelle) forklaringer giver vores verden mening. Vi ser formålsårsager, selvom naturvidenskaben ikke kan bestemme dem som sådanne. Derimod kan filosofien inddrage beskrivelser af disse tankemønstre i beskrivelsen af et menneskeliv. Men ID har efter min mening kun en plads i filosofien i en beskrivende fremstilling af menneskets forsøg på at finde mening og formål i tilværelsen, og har udspillet sin rolle som seriøs konkurrent til evolutionsteorien indenfor videnskabsteorien.

Min position grunder ikke på en henvisning til Ockhams ragekniv, som allerhøjst kan være et praktisk redskab indenfor videnskabsteorien. Derimod er jeg skeptisk mht. Goethes bidrag til den nutidige diskussion, især den mystiske Goethe, som vi finder i Steiners fremstilling (1969). Som Skau skriver, kan et menneske ifølge Goethe "opleve åndens metamorfose, når det følger verdens virkninger og går fra at se dem rent yderligt – således at de fremtræder som tilfældigheder – til at se det geniale i dem, når de kommer til syne i deres uregne form". Jeg er ikke klar over, om "åndens metamorfose" svarer til, hvad Jakob Wolf (1990) opfatter som den fænomenologiske fremtrædelse af intelligent design i naturen. Hvis dette er tilfældet, kan man stille spørgsmålet, om en henvisning til en intelligens i naturen er en primær tilgang til naturen eller nærmere en refleksiv analogislutning. Desuden er det ikke givet, at den naive oplevelse står højere på stigen af erkendeformer end den videnskabelige erkendelse. Dette påstår Skau (i modsætning til Wolf) ikke – snarere synes hun at følge Goethe i at benægte skellet mellem de to verdener, hvilket jeg dog ikke uden videre godtager. Goethe mener at kunne "gøre naturen gennemsigtig for ideen". At påstå at have gennemskuet den guddommelige lovmæssighed er noget ambitiøst, ligesom Goethes kritik af Newtons teori om, at lyset er sammensat af farver, var det. I dag ved vi, at Newton havde ret, selvom vi stadig oplever farver som egenskaber ved tingene. Tilsyneladende har vi brug for begge beskrivelser for at forstå begrebet farve; en fysisk og en oplevelsesmæssig beskrivelse. Jeg savner derfor en begrundelse for reduktionen af forskellige aspekter ved tilværelsen til en erfaringsverden. Hvis alle umiddelbart oplevede naturen "gennemsigtigt" som Goethe, ville der ikke være nogen uoverensstemmelse. Men måske består et menneskeliv netop i forsøget på at forstå disse modsætninger i stedet for at benægte eksistensen af menneskets splittelse mellem videnskabelige erkendelse og meningssøgende tænkning.

IV. Relationen mellem det subjektive og det objektive

Mette Smølz Skau

Christian Ydesen skriver i sit dialogindlæg:

> [...] det antagonistiske felt [kan] med fordel nuanceres yderligere. Årsagen er at de anførte kategoriseringer som "fundamentalistiske tilhængere af kristendommen", "tilhængere af ID" og "dogmatiske naturvidenskabsmænd" kan vise sig for simple i forhold til at realisere ambitionen om at skabe grobund for frugtbar dialog.

Det er helt korrekt, at jeg i prologen har sat tingene på spidsen, for at klargøre pointen. Dermed gør jeg også til dels samme fejl som dem, jeg opponerer imod, idet det netop er det reduktionistiske sort/hvide syn på sagen, jeg vil gøre op med. Ved at opstille modparterne i hver deres ekstreme ende af skalaen i stedet for at medtage mere nuancerede positioner i den oprindelige fremstilling er jeg selv med til at forsimple diskussionen. Det er imidlertid blot ment som et kort overblik over, hvad der har provokeret mig til i første omgang at tage emnet op. Jeg er altså enig med Ydesen i, at der her ligger en fare for mit projekt, hvis jeg ikke løsner op for kategoriseringerne. Jeg vil derfor anvende epilogen til at udfolde mere af Goethes filosofi, da det netop er i hans tænkning, jeg finder en mulig løsning for en opblødning af denne hårdknude.

Friheden

Ydesen gør endvidere opmærksom på, at:

> [H]vis alle handlinger sker med et formål levnes der ikke plads til det der sker 'imellem' i forholdet til den anden. Ifølge Buber er 'imellem' netop den ontologiske præmis for forholdet til den anden. Der er nemlig tale om en overskridelse af alt tilstedeværende. Man kender overskridelsens opståen, men ikke dens mål. Der er med andre ord tale om en bevægelse fra det determinerede til det udeterminerede.

Således åbner Ydesen op for en debat om frihed og moral, hvilket udgør et interessant element i Goethes tænkning. Moralen må for Goethe at se komme indefra. Det er ikke en ydre pligt, som mennesket følger, når det handler moralsk. Det kan ikke være tilfældet. Verdensgrunden er ikke et noget, der har trukket sig bort fra verden og styrer verden fra en distance, den er derimod i verden. Den driver verden indefra, og den viser sig i sin højeste form i menneskets tænkning og personlighed. Mennesket er sin egen lovgiver. Der er ikke udefrakommende påbud, men derimod noget i mennesket, der styres af den suveræne vilje, og viljen er altså primær i forhold til pligten. Har verdensgrunden mål, må de være identiske med de mål, mennesket sætter sig (Steiner 1969: 96).

Der er ingen verdensbestemmelser udenfor mennesket, da det udelukkende er gennem menneskets vilje, at viljerne udfolder sig (Steiner 1969: 97). Mennesket handler ikke ud fra andre hensigter end sine egne, og når verdensgrunden ad den vej leves ud, kan denne ikke have en egen vilje (1969: 97). Goethes filosofi kan derfor i eminent forstand siges at være en frihedsfilosofi, da mennesket ikke er underlagt ydre påbud, men kun handler efter egen (begrænsede) indsigt. Mennesket handler ikke fordi det skal, men fordi det vil. Frihed er således muligheden for at handle i overensstemmelse med sin vilje. Det frie menneske handler altså ud af sin indsigt, ud fra bud, som det pålægger sig selv. Dog må man her holde sig i mente, at Goethe med sin sans for naturens mangfoldighed og tilværelsens deraf følgende komplicerethed og dermed uforudsigelighed ikke vil mene, at mennesket altid formår at gennemskue sin egen situation med henblik på at handle rationelt, og der er altså tale om en frihed med visse begrænsninger. Der vil altid være mange ubekendte faktorer, og man kan selvfølgelig kun handle ud fra de faktorer, man rent faktisk har indsigt i og de deraf følgende konsekvenser. Det giver, som Ydesen meget fint påpeger i sin medialog, nogle komplikationer med henblik på at handle med et klart formål for øje.

I Sara Greens medialog rejser hun et væsentligt spørgsmål, idet hun spørger, hvad intelligensbegrebet i denne sammenhæng dækker over. Det er klart – som også hun gør opmærksom på – at definitionen af dette begreb spiller en afgørende betydning for debatten, og den varierende anvendelse af netop dette begreb har gjort, at debattørerne ofte taler forbi hinanden. Definitionen af begrebet afgør, om påstanden om intelligens i naturen er stærkt kontroversiel eller fuldstændig triviel. Green skriver i sin tekst, "[j]eg kan dog ikke komme i tanke om en naturvidenskabsmand, der har hævdet denne tilfældighed og kaotiske tilstand", hvilket implicerer, at en løs brug af begrebet vil gøre påstanden om en orden i naturen triviel. Dog vil jeg her pege på, at f.eks. Jacques Monod skriver: "Den rene tilfældighed og den alene, altså en absolut men blind frihed, er roden til udviklingens storslåede bygningsværk" (1971: 106). Dertil skal naturligvis siges, at jeg er klar over, at det langt fra er alle naturvidenskabsmænd, der deler denne holdning.

Da Green skriver, at hun finder Goethes position mystisk, vil jeg her benytte lejligheden til at uddybe den. Når Goethe påstår, at han umiddelbart ser intelligens i naturen, er det en subjektiv oplevelse. Det er altså ikke noget, som filosofien bare må hypostasere. Goethe tager selv skarpt afstand fra f.eks. vitalisterne, da de netop hypostaserer "intelligensen". Goethe adskiller sig fra både vitalisterne og mekanisterne, da de ikke synes at forstå, at man ikke kan undersøge en organismes væsen isoleret fra dens element. Vitalisterne indfører entelekien for at forklare det hensigtsmæssighedssystem, de mener, organismen er, hvor mekanisterne anser den for overflødig, da hensigtsmæssigheden kan forklares kausalt og ikke behøver en hensigt bag sig. Det vil sige, at de differentierer organismer i forhold til deres forskellige formål, ligesom man gør det med maskiner, men det synes ikke at være en korrekt metode. Når det kommer til organismerne har vi med en mangfoldighed af former at gøre, uden at der er en erkendelig forskel i formål (Wolf 1990: 110). Mekanismen forklarer måske naturen – eller måske *beskriver* den kun naturen – men kun på ét plan, hvorimod vitalismen blot er tom spekulation, som Goethe derfor tager afstand fra, da den indfører begrebet om en enteleki, der ikke er uddraget af erfaringen (Wolf 1990: 110). Goethe tager stærkt afstand fra spekulative begreber og benytter sig i stedet af begreber, der skal forstås analogisk.

Der er altså hos Goethe ikke tale om en hypostasering af en intelligens på samme måde, som det forholder sig hos vitalisterne, og jeg vil her tale for en anden form for intelligens – en form, som jeg tror i det mindste ligger tæt på den intelligens, som også Goethe forfægter. Denne intelligens er ikke noget, der blot "ligger ude i verden" uafhængigt af os. Ej heller er den blot vores menneskelige intelligens projiceret ud på verden. Derimod mener jeg, det er muligt at tale om en tredje vej, der lægger sig tæt op ad Goethes begreb om ånd. Denne ånd eller intelligens er noget oversanseligt, der indbefatter, men ikke kan reduceres til, vores tækning/sansning. Det er nærmere bestemt det, der opstår i vores møde med naturen. Dette kan måske lyde netop som en ren menneskelig projektion, men en lidt simpel analogi kan måske hjælpe forståelsen på vej: Mange diskussioner begrænser sig til at handle om forholdet mellem det objektive (videnskaben) og det subjektive (det fænomenologiske). Man glemmer ofte, det der binder disse to dimensioner sammen, nemlig relationen. F.eks. taler man ofte om, at farver blot er molekylærstruktur eller reflekteret lys (objektivt, verden an sich) eller en ren fænomenologisk oplevelse hos den perciperende (subjektivt). Sandheden er dog nærmere den, at selve farven ligger i relationen imellem subjektet og objektet – hvilket altså stemmer overens med Ydesens bemærkninger – da farveoplevelsen først opstår hos subjektet i mødet med naturen. Denne relation er objektiv, da alle med et normalt fungerende erkendeapparat vil opfatte græsset som grønt og tomaterne som røde.

På samme måde kan man i diskussionen om teleologi tale om, at der opstår noget ekstra i vores møde med naturen. Analogien er ganske vist simpel, men den kan alligevel (eller måske netop derfor) være med til at pege på, at den menneskelige erkendelse er indrettet således, at vi umiddelbart forstår verden som hensigtsmæssig. Det er ikke nødvendigvis rent subjektivt, ligesom farverne ikke er begrænset til noget rent fænomenologisk. Tværtimod kan der måske her gemme sig noget objektivt, og endda mindre kontingent end hvorledes det menneskelige erkendeapparat er indrettet, i relationen mellem mennesket og naturen, når vi undersøger, hvorvidt verden er teleologisk indrettet.

Goethe beskriver naturen som gennemvævet af ideer, og dét, der gennemtrænger naturen, er idéverdenen, der fungerer som den drivende kraft i naturens opståen og undergang, dens tilblivelse og vækst. For at et menneske kan erkende tingenes væsen, er det nødvendigt, at man stiller sig i livets strøm, så at sige. Vi kan intet erkende ved at iagttage verden fra sidelinjen, vi må engagere os i verden og tage udgangspunkt i, at vi selv er et led i den levende natur (Steiner 1918: 41f). Oplever man ikke det levende og skabende i naturen, får ens tænkning ikke adgang til naturen, og enhver tænkning om den er afskåret fra at blive til andet end en subjektiv virksomhed, der giver en abstrakt fremstilling af naturen. Man er derved fremmedgjort overfor naturen. Det er først idet man oplever ideen virke i sit indre, man erkender, man er en sammenvokset del af naturen, og tænkningen er derfor ikke subjektiv, men har objektiv gyldighed, og det objektive er gennemtrængt af ånden. Tænkningen fremstår som værende subjektiv, indtil man erkender, at den er et udtryk for naturens tænkning, og man holder op med at tale om ideerne som sine egne. Det kunstige skel mellem subjektivt og objektivt falder da bort: "Naturen arbejder ud fra ideer, akkurat som mennesket i alt hvad det foretager sig forfølger en idé" (Steiner 1918: 49).

Goethe taler for en intuitiv anskuelsesform, i hvilken iagttagelse og idé smelter sammen, når man aktivt retter sit blik mod naturen. Man søger ikke lovens nødvendigheder i det empiriske, som hos den spekulative tænker (f.eks. Schiller), der tager udgangspunkt i det individuelle (Steiner 1918: 53). Derimod ses begge sider af virkeligheden samtidig i et hele. Man kan formulere det således, at Goethes tænkning er genstandstænkning, idet den aldrig afsondrer fra genstanden. Anskuelsen går restløs op i tænkningen. Goethes anskuelse er selv tænkning, hans tænkning anskuelse.

Mennesket bliver bekendt med naturens yderside gennem iagttagelsen og med naturens inderside – naturens skabende ordnede kræfter – gennem subjektive oplevelser i sit eget indre. De subjektive og de objektive oplevelser gennemtrænger hinanden, og hvad der før deltes, for at tillade menneskets tilegnelse, forenes atter. Ved at forene det man iagttager i den objektive verden, med det man oplever som tingenes inderside i ens eget indre, tilfredsstiller mennesket sit dybeste åndelige behov.

Mennesket er med til at skabe verden, forstået på den måde, at det ikke blot tilegner sig et allerede færdigt billede af verden, men gennem sin subjektive oplevelse giver mennesket naturen mulighed for at vise sig, som den er. Uden mennesket ville naturen stadig virke og være, men den ville være skjult bag fænomenerne, den selv skabte.

Slutnoter

1. Det synes dog som om, at naturvidenskaben i sin rod selv er "religiøs", idet der nok ligger en fortrængt teleologi gemt et sted bag deres begrebsapparatur – også videnskaben grunder i en metafysik: kraftbegrebet, eller sammenfaldet af årsag og virkning gør videnskabelige forklaringer cirkulære, og måske i sidste ende direkte intetsigende, og mange vil derfor hævde, at videnskaben ikke er forklarende, men udelukkende beskrivende.

2. Myterne synes dog at besidde visse ligheder, hvilket jo ikke siger så lidt om den menneskelige (teleologiske) bevidsthed. Lignende myter er også at finde hos blandt andre Heraklit og Platon. Måske følger også videnskaben det samme grundskema, bare uden at vide det.

3. Schillers tankegang kan her forsigtigt sidestilles med den platoniske, mens Goethes minder mere om den aristoteliske.

4. Sådan bliver Platon nogle gange læst, hvilket dog nok er en fejltolkning.

5. Selvopretholdelse og stofskifte er en vigtig del af den mest udbredte definition af liv, og disse begreber synes at være svære at indfange via en rent naturvidenskabelig begrebsramme.

6. Jeg forstår her vitalisme som en position, der hævder, at den levende natur besidder noget ekstra, som det ikke er muligt for naturvidenskaben at indfange. Dette ekstra, som for vitalisternes vedkommende ofte refereres til som en livskraft, er en immateriel egenskab.

Litteratur

Behe, M. J. (2003). *Darwin's Black Box*. New York: The Free Press.

Buber, M. (2002). *Das dialogische Prinzip*. Gütersloh: Gütersloher Verlagshaus.

Dembski, W. A. (1999) *Intelligent Design. The Bridge between Science & Theology*. Illinois: InterVarsity Press.

Goethe, J. W. von (1981) *Werke, bd. 13, Naturwissenschaftliche Schriften I*. München: Verlag C.H. Beck.

Kant, I. (1974). *Kritik der Urteilskraft*. Hamburg: Felix Meiner Verlag.

Lévinas, E. (2007). *Totality and Infinity: An Essay on Exteriority*. Pittsburgh: Duquesne University Press.

Mill, J. S. (1869). *Analysis of the Phenomena of the Human Mind*. London: Longmans, Green and Dyer.

Monod, J. (1971). *Tilfældigheden og nødvendigheden*. København: Fremad.

Steiner, R. (1918). *Goethes verdensanskuelse*. Oslo: Antropos.

Steiner, R. (1969). *Grundtræk af en erkendelsesteori for Goethes verdensanskuelse med særligt henblik på Schiller*. København: Antroposofisk Forlag.

Theunissen, M. (1977). *Der Andere*. Berlin: Walter de Gruyter.

Vincents, C. (2004). En tanke bag verden. *Kristeligt Dagblad*, 15. maj.

Willis, R. (1993) *World Mythology*. London: Duncan Baird Publisher.

Wolf, J. (1990). *Den farvede verden*. København: Munksgaard, København.

About the Editors and the Contributors

Alan Hajo, born 1976, Master of political science and Arabic. PhD fellow in Arabic at the University of Gothenburg.

Alan Klæbel Weisdorf, born 1976, Master of political science, PhD, external lecturer at the University of Copenhagen.

Christian Ydesen, born 1974, Master of Arts in history and philosophy, PhD.

Frank Bækholm Nielsen, born 1977, Master of Arts in philosophy and psychology. Currently employed at Metropolitan University College.

Hans Dieleman, born 1955, Master of Arts in sociology, PhD, Professor at the Centre of Urban Studies of the Autonomous University of Mexico-City.

Jesper Garsdal, born 1962, Master of Arts in philosophy, PhD, currently employed at VIA University College, Aarhus, Denmark.

Joakim Kromann, born 1980, stud.merc.(fil.) at Copenhagen Business School.

Jonas Jakobsen, born 1975, Master of Arts in philosophy and German. PhD fellow at the University of Tromsø, Norway.

Jonas M. N. Sørensen, born 1971, Master of Arts in philosophy. Currently employed at Kunst in Oslo, Norway.

Julia Suárez Krabbe, born 1974, PhD fellow at Roskilde University, Denmark.

Lizaveta Dubinka-Hushcha, born 1982, PhD fellow at the Danish Institute for International Studies.

Maria Refer, born 1951, Master of Arts in Danish, minority studies, integration and language. Currently employed at the Copenhagen language centre.

Mette Smølz Skau, born 1983, Master of Arts in Philosophy.

Michael Paulsen, born 1974, PhD, Assistant professor at the University of Southern Denmark.

My K. Sadolin Holst, born 1971, Master of Arts in religous studies.

Oleg Koefoed, born 1966, action-philosopher, PhD, Co-founder and director of Cultura21, External Lecturer at Roskilde University and Copenhagen Business School.

Peter Wolsing, born 1963, PhD. Associate professor at the University of Southern Denmark.

Rasmus Ahrenkilde, born 1976, public school teacher and graduate student at the University of Aalborg, Denmark. Currently employed as project manager at Fundatia Maria Margareta, Romania.

Sacha Kagan, born 1978, Master of Arts in cultural economics, founder of Cultura21, International Network for Cultures of Sustainability, as well as the International Summer School of Arts and Sciences for Sustainability in Social Transformation (ASSiST).

Sara Green, born 1984, PhD fellow at Aarhus University, Denmark.

Thomas Burø, born 1977, Master of Arts in philosophy, theory of science, and Middle Eastern studies. External lecturer at Copenhagen Business School.

Torben Albertsen, born 1975, Master of Arts in the history of ideas. PhD fellow at Universidad de Santiago de Chile.

Torgeir Skorgen, born 1967, PhD, Lecturer at the University of Bergen, Norway.